Lars Deile, Frank Oliver Sobich

Arbeitsblätter im Geschichts- unterricht

Konzeption und Einsatz

WOCHEN SCHAU VERLAG

Bibliografische Information der Deutschen Nationalbibliothek
Die Deutsche Nationalbibliothek verzeichnet diese Publikation in
der Deutschen Nationalbibliografie; detaillierte bibliografische Daten
sind im Internet über http://dnb.d-nb.de abrufbar.

© WOCHENSCHAU Verlag
   Dr. Kurt Debus GmbH
   Schwalbach/Ts. 2014

www.wochenschau-verlag.de

Umschlag: Ohl Design
Gesamtherstellung: Wochenschau Verlag
Titelbild: dpa

Gedruckt auf chlorfreiem Papier
ISBN 978-3-89974780-5

Inhalt

1. Nicht verzetteln!
Guter Geschichtsunterricht und
Arbeitsblätter

Arbeitsblätter sind aus dem modernen Geschichtsunterricht, ja aus dem modernen Unterricht überhaupt, nicht mehr wegzudenken. Computer, Drucker und Kopierer gehören heute zur Grundausstattung von Lehrer/innen und Schulen und sind so selbstverständlicher Bestandteil unseres beruflichen Alltags geworden wie Tageslichtschreiber, Wandtafeln, Fernseher oder Beamer. Braucht man darüber ein Buch und zudem auch noch eins, dass sich „nur" mit Arbeitsblättern im Geschichtsunterricht beschäftigt?

Unsere Antwort lautet natürlich ja – sonst hätten wir dieses Buch wohl nicht geschrieben. Unsere These ist: Das Arbeitsblatt ist eine mediale Revolution des Unterrichts, deren Bedeutung bis heute nicht angemessen reflektiert wurde – und deren Potential darum bis heute nicht ausgeschöpft wurde. Wir behaupten aber weiterhin, dass gute Arbeitsblätter unverzichtbar für guten Geschichtsunterricht sind, und dass gelungene Arbeitsblätter historisches Lernen erleichtern und befördern.

Damit ist vermutlich bereits klar geworden, was dieses Buch ist, und was nicht: Es ist eine Programmschrift und keine Bestandsaufnahme. Es will zu einer bestimmten Praxis anregen, nicht aber empirisch untersuchen, wie heute Arbeitsblätter im Geschichtsunterricht eingesetzt werden. Dass wir uns nicht in allen Punkten vollständig einig sind, wird der aufmerksame Leser/die aufmerksame Leserin recht bald bemerken, aber die gemeinsame Stoßrichtung dürfte ebenso schnell klar werden.

Wir wollen zu einer Arbeitsblattpraxis anregen, die echtes historisches Lernen ermöglicht. Technisch sind durch die Entwicklungen der letzten 30 Jahre die praktischen Voraussetzungen dafür geschaffen worden. Und die Geschichtsdidaktik hat in eben diesen 30 Jahren zu diesen Themen geforscht, gedacht und gestritten. Echtes historisches Lernen ist nicht die bloße Reproduktion von Zahlen, Daten und Fakten, das Auswendiglernen von historischen Lehrmeinungen oder das methodische Können bei einer gelungenen Quelleninterpretation, auch wenn alles drei durchaus ganz nützlich sein kann.

Was historisches Lernen bedeutet, was Geschichte als Fach ausmacht, was es letzten Endes legitimiert, ein Buch nur über Arbeitsblätter im Geschichtsunterricht zu schreiben – um das zu verstehen, muss man etwas weiter ausholen.

Wo wir gerade so schön normativ sind: Dieses Buch will Lehrerinnen und Lehrern Mut machen, selber Arbeitsblätter zu produzieren. Nicht, dass es nicht auch gute „Ware von der Stange" gäbe; nicht, dass wir nicht auch schon mal selber welche verwendet oder sogar empfohlen hätten. Nur: Die wirklichen Vorteile des Arbeitsblattes entfalten sich da nicht. Und ein Buch über gelungene vorgefertigte Arbeitsblätter zu schreiben, am besten noch mit einer Reihe Kopiervorlagen – das wäre uns schlicht zu langweilig gewesen.

Einem neuen „Universalmedium" wollen wir aber wirklich nicht das Wort reden, eher das Arbeitsblatt als Querschnittsmedium begreifen. Weil es so vielfältig ist, gibt es eigentlich kaum einen Bereich des Geschichtsunterrichts, über den wir in diesem Buch nicht reden müssten. Darum reden wir in diesem Buch über sehr viele Dinge, die auf den ersten Blick nicht viel mit Arbeitsblättern im Geschichtsunterricht zu tun haben. Aber, versprochen: Auf den zweiten Blick schon.

Die Gefahr, dass wir mit diesem Buch offene Türen einrennen, weil längst alle praktizieren, was wir vorschlagen, halten wir trotzdem für gering. Unsere Erfahrungen als Schüler, Studenten, Teamer, Referendare, Lehrer und Hochschullehrer sprechen dagegen; die vielfältigen Praxisbeispiele die wir im eigenen Unterricht, in Schulpraktischen Übungen und in universitären Unterrichtssimulationen diskutiert und gesammelt haben, weisen auf eine ganze Reihe von Problemen hin. Nicht für alle Probleme haben wir Lösungsvorschläge; einige Hindernisse für historisches Lernen sind untrennbar mit der Institution Schule verbunden.

Was wir versprechen können, ist: Dass wir nichts empfehlen, was wir nicht selber ausprobiert haben (oder, um ganz ehrlich sein, hin und wieder auch beobachtend ausprobieren haben lassen).

Darum denken wir, dass auch wer die folgenden theoretischen Ausführungen für „praxisfernes, universitäres Geschwätz" hält, trotzdem mit einigen unserer Vorschläge und Hinweise gut wird arbeiten können. Und dass andererseits auch die, die unsere folgenden Ausführungen für Ausdruck eines „unterkomplexen, unreflektierten Praxisfetischismus" halten, in unseren Vorschlägen und Hinweisen doch genug Denkanregungen finden werden, um unsere Arbeit nicht ganz vergeblich zu finden.

Wir wollen im Folgenden unsere Thesen ausführen: Arbeitsblätter als mediale Revolution mit besonderer Bedeutung für guten Geschichtsunterricht. Das erfordert, dass wir auch klar sagen, was wir meinen, wenn wir von gutem Geschichtsunterricht reden. Und das ist gar nicht so leicht.

Das Arbeitsblatt – eine stille Revolution

Das Arbeitsblatt ist ein Unterrichtsmedium, dessen flächendeckende Einführung eine stille Revolution bedeutete; eine grundlegende Umwälzung, die nur teilweise begrüßt und gar nicht von allen Beteiligten beabsichtigt war, sich zum Teil sogar schleichend hinter dem Rücken der Beteiligten vollzog. Zum ersten Mal[1] wurden Materialien für Schülerinnen und Schüler produziert, die von diesen aktiv bearbeitet werden konnten und durften. Zum Vergleich: Das Unterstreichen, Markieren und Kommentieren in einem Schulbuch widerspricht nicht nur dem gesellschaftlich erwünschten Umgang mit Büchern[2] (was sich übrigens auch im mangelnden Platz für eigene Bemerkungen ausdrückt), wurde von Lehrkräften auch hin und wieder bestraft – es ist auch verboten und Weiterbenutzer-unfreundlich, wo Lehrmittelfreiheit besteht, und ist Weiterbenutzer-unfreundlich und ökonomisch schädlich, wo Bücher privat gekauft werden müssen und entweder an jüngere Geschwister zu vererben sind oder weiterverkauft werden sollen. Das gilt auch im Vergleich zum Schulheft und seinen Vorgängern Wachs- und Kreidetafel, wo eben nicht das Bearbeiten und Weiterverwenden von Vorgefertigtem, sondern im Regelfall nur das eigene Schreiben, häufig sogar nur Abschreiben der Schülerinnen und Schüler gefordert war.

Das Arbeitsblatt hat – auch im Geschichtsunterricht – die vielfältigsten Formen und Funktionen.[3] Was aber allen Arbeitsblättern gemein ist, ist das Zusammenspiel von fertigem, vorgegebenen Text, Bild, Schema, Karte, Statistik, Diagramm usw. und der geforderten Bearbeitung durch Schülerinnen und Schüler. Sei es rein reproduktiv, sei es zusammenfassend -reflektierend, sei es beantwortend, sei es kreativ, sei es kritisch. Damit ermöglicht das Arbeitsblatt zum ersten Mal die Methode des aneignenden, aktiven Lesens. Was bei Büchern einfach eine Form des Vandalismus ist, die selbst bei Privatbesitz nur schwer verzeihlich ist, ist bei Arbeitsblättern geforderte Praxis: den Text mit Zwischenüberschriften zusammenzufassen, zu kommentieren, wichtige Gedanken oder bestimmte sprachliche Ausdrucksformen, in welcher Form auch immer, zum Teil sogar farblich unterschieden, hervorzuheben – das alles ist einfach, gut und sozial erwünscht erst durch das Arbeitsblatt möglich geworden. Und darum hat es so rasch seinen Siegeszug in allen Fächern angetreten, die auf Arbeiten mit Texten besonderen Wert legen, seit

---

1 Zu den Vorformen des Arbeitsblatts und inwieweit diese das auch ermöglichten oder ermöglichen hätten können s. Kapitel 3.
2 Mit der Position, das Schulbuch sei „ein ausgesprochenes Arbeitsmaterial. Man kann es durch Randbemerkungen, Hervorhebungen, usw. ergänzen", (Kozdon: Schulbuch, S. 143) steht Baldur Kozdon allein auf weiter Flur. Sein durchaus bedenkenswertes Plädoyer von 1974, die Bücher so zu gestalten, dass „der Schüler schon beim ersten Durchblättern merkt: Es ist nicht allein zum Lesen da" (Kozdon: Schulbuch, S. 128), ist freilich auch kaum umgesetzt worden.
3 Zu den verschiedenen Formen s. Kapitel 2.

die technischen Möglichkeiten einfache und billige Formen der Vervielfältigung ermöglicht haben.

Arbeitsblätter ermöglichen Lehrerinnen und Lehrern zudem, sich von den inhaltlichen Vorgaben von Schulbuch-Autoren zu befreien. Die Möglichkeit eigene und selbstausgewählte fremde Texte zu vervielfältigen, Texte mit Karikaturen, Bildern, Karten, Diagrammen so zusammenzustellen, dass durch die räumliche Nähe direkte Vergleiche, Übereinstimmungen, Abweichungen, Entgegenstellungen, Widersprüche, Fragen möglich werden, hat dabei eine inhaltliche Seite – Lehrerinnen und Lehrer emanzipieren sich vom vorgegebenen Material, werden u. U. sogar selbst zu Autor/innen, wo sie früher nur erzählen konnten. Das ist gerade für den Geschichtsunterricht, der sich auf den langen Weg vom Verkündigungs- zum Fragen-und-Denk-Unterricht gemacht hat, von besonderer Bedeutung. Darüber hinaus ermöglicht es, Materialien passgenau für Lerngruppen zu erstellen, d. h. Texte zu übersetzen und vereinfachen, im Text Wörter zu erläutern, ihnen ein Glossar beizufügen – und all die anderen Dinge zu tun, die unnötige Verständnishürden abbauen, damit Kraft und Zeit für die Überwindung der nötigen Hürden bleibt.

So weit so allgemein. Für die Geschichtsdidaktik ergibt sich natürlich eine besondere Bedeutung, wenn es um den Umgang mit Quellen geht. All das zu visualisieren und textnah umzusetzen, was wir wollen, wenn wir von Quellenkritik und Quelleninterpretation sprechen – das ist erst möglich, seit die Quelle in das Zeitalter ihrer vereinfachten und billigen technischen Reproduzierbarkeit eingetreten ist. Zugegeben: Selbstverständlich gab es Quelleninterpretation schon vorher, und vielleicht ist es auch gründlicher und besser, eine Quelle Satz für Satz abzuschreiben und zu interpretieren. Nur: Eben auch mühsamer, zeitaufwändiger und darum unbeliebter!

Wenn aber die emanzipatorische Wende, die die Forderung *ad fontes* immer darstellt, nicht in den Sümpfen der Arbeitsüberlastung, des Schulfrusts, der Zeitknappheit und der repetitiven Langeweile stecken bleiben soll, dann sind Fragen nach Vervielfältigungsapparaten und ihren technischen Möglichkeiten von didaktischem Belang!

Die einfache, schnelle Vervielfältigung von passgenauen Materialien, die selbstständig bearbeitet werden können und die intensive Auseinandersetzung mit den Quellen historischen Wissens befördern und ermöglichen – klingt das nicht großartig?

In der Geschichtsdidaktik regiert dagegen häufig die Furcht: Was werden die Lehrer/innen mit den schönen Quellen anstellen. Liest man sich etwa die „Todsünden der Quellenarbeit" (Pandel) durch,[4] so ist dem Schullehrervolk ebenso wie den Schulbuchautoren die ewige Verdammnis sicher, so sich nicht ein geschichtsdidaktischer Papst zur allgemeinen Absolution entschließt. Ohne dass wir unser Buch an die Türen irgendwel-

---

4 Pandel: Quelleninterpretation, S. 190/191.

cher Schlosskirchen nageln wollen – wo wichtige Schriftstücke zumeist nur in der Legende befestigt sind – versprechen wir unseren Leserinnen und Lesern manchen reformorientierten Vorschlag, der geschichtsdidaktischen Purismus und schulische Praxis zumindest ein bisschen näher zu einander bringt. Nicht alle, aber doch einige verschiedene Wege führen zur guten Quelleninterpretation, und Arbeitsblätter werden sich als geradezu ideal erweisen, sie zu gehen.

Auch auf der anderen Seite gibt es wenig Begeisterung: Kaum ein Medium erfreut sich geringerer Beliebtheit bei Schülerinnen und Schülern als das Arbeitsblatt.[5] Ob das Stöhnen bei dem Satz „Ich habe euch ein Arbeitsblatt mitgebracht" lauter ist als bei der Aufforderung „Holt bitte Eure Bücher heraus und schlagt Seite XY auf", haben wir zugegebenermaßen nicht empirisch überprüft. Es scheint uns aber so.

Offensichtlich verbinden Schülerinnen und Schüler mit Arbeitsblättern vor allem Arbeit – was uns dazu führt, einen Blick darauf zu werfen, warum das Lernen in der Schule mit Arbeitsblättern nicht auf ungeteilte Begeisterung der Betroffenen stößt und die stille Revolution zu lautstarken Reaktionen führt.

Diese Revolution frisst keine Kinder, ist aber nicht nur nett zu ihnen

Ehe wir zu große Hymnen auf die Möglichkeiten von Arbeitsblättern als „Selbstbildungsmittel"[6] anstimmen, sollte vielleicht noch einmal die Schattenseite dieser Entwicklung beleuchtet werden. Die Abkehr vom traditionellen Belehrungsunterricht mag aus hehren Motiven begonnen worden sein. Sie hat sich aber über alle politischen Konjunkturen erhalten können, weil der traditionelle Geschichtsunterricht in hohem Maße unbefriedigende Ergebnisse geliefert hat und immer noch liefert. Die Überwindung des institutionell erzeugten Desinteresses an jeglichem Lernstoff funktioniert am besten, wenn es gelingt, die Schülerinnen und Schüler zu aktivieren. Das Arbeitsblatt ist dabei ein Arbeitsmittel, das genauso wie verschiedene Methoden der Aufmerksamkeitserzwingung dient und im Gegensatz zum klassischen Frontalunterricht nicht mehr die Möglichkeit bietet den Unterricht einfach zu ignorieren. All das, was wir im Folgenden vorschlagen, anbieten, anpreisen und feiern werden, sind allesamt Mittel und Wege, Schülerinnen und Schüler für Lerninhalte zu interessieren – ob sie wollen oder nicht. „Arbeitsblätter zielen stets auf die Aktivierung von Schülern."[7] Diese wollen mitunter aber gar nicht

---

5   Während 1973 – vielleicht noch unter dem Eindruck des Neuartigen – Otto Meißner über das Arbeitsblatt behauptete: „Es motiviert die Schüler" (Meißner: Arbeitsblätter S. 234 ff., zit. n. Hagmüller: Einführung, S. 116), schreibt Ladenthin 2002 unter Berufung auf einen Beitrag von 1979 (Wellenhofer: Grundlagen, S. 23 ff.)., das Arbeitsblatt sei ein „von Schülern aber oft wenig akzeptierte[s] Medium" (Ladenthin: Arbeitsblatt, S. 153).
6   Würth: Einsatz, S. 624.
7   Hagemann/Tulodziecki: Unterrichtsplanung, S. 106.

aktiviert werden, weswegen die „Freude am selbständigen Lernen"[8] nur zu oft ein from-
mer Wunsch bleibt. Zudem: Selbsttätigkeit darf eben nicht mit Selbstständigkeit verwechselt werden.[9] Wo das Arbeitsblatt die gelungene Reproduktion von Bruchstücken
historischen Wissens kontrolliert, da wird aktiviert was das Zeug hält, aber nicht gelernt.
Es ist eben nicht nur so, dass „zum Schulbesuch verpflichtete Schüler in Form von
Noten … bewertet werden"[10], wie viel „Stoff" in wie wenig Zeit im Vergleich zu anderen
sie „lernen" können – und dass die Lernerfolge und Misserfolge benutzt werden, um die
Schülerinnen und Schüler auf Schulformen und Lebenswege zu sortieren.[11] Mehr noch:
Diese institutionellen Rahmenbedingungen verlangen Schülerinnen und Schülern eine
„strategisch-berechnende" Stellung zum Wissenserwerb ab.[12] Die Ökonomie des Lernens
für Noten bringt dann folgerichtig das mittlerweile berüchtigte „Bulimielernen" hervor –
unzerkaut herunter, unverdaut wieder hinaus. Kurzfristig memorierter Stoff wird repro-
duziert und anschließend für alle Zeit vergessen. Letztlich liegt es – rein lernökonomisch
betrachtet – im Interesse der Schülerinnen und Schüler, möglichst wenig zu lernen,
damit sie in den entsprechenden Tests und Klausuren möglichst wenig gefragt werden
können und so mit dem geringstmöglichen Arbeitsaufwand gute Noten erzielen können.
Schulzeitverkürzungen mögen diese generelle Tendenz schulischer Sozialisation bestärken, die Zukunftschancen eines Abschlusses mögen je nachdem zumindest ein Interesse an guten Noten verstärken oder gar nicht erst entstehen lassen. Prinzipiell gilt: Ein
konstruktives Interesse an Unterricht überhaupt, an gutem Unterricht zumal, kann nicht
nur nicht vorausgesetzt werden, sondern darf von Schülerinnen und Schüler gar nicht
erwartet werden.

Für den Geschichtsunterricht heißt das, dass Schüler/innen häufig Zahlen, Daten,
Fakten auswendig lernen und wiederkäuen *wollen,* auch wenn sie immer das Gegenteil
sagen. Anstatt sich mit Quellen jeglicher Art kritisch auseinanderzusetzen, werden ein-
gepaukte Behandlungsschema ohne Interesse, ohne Neugierde und ohne eigene Fragen
abgespult. Die meistgestellten Fragen im Geschichtsunterricht sind nach wie vor: „Brauchen wir das für den Test/die Arbeit/die Klausur/das Abitur?" (Schüler/innen) und „Habt
ihr noch Fragen?" (Lehrer/innen). Die Ergebnisse sind zumeist entsprechend trostlos.
Und es wundert nicht, dass Lehrer/innen eine hohe Burn-out-Quote haben, und das
Geschichtslehrer/innen – wiewohl sie das interessanteste und vielseitigste aller Fächer
unterrichten – da keine Ausnahme sind.

---

8   Eckert: Arbeitsblatt, S. 61.
9   Hagemann/Tulodziecki: Unterrichtsplanung, S. 103, ebenso: Ladenthin: Arbeitsblatt, S. 159.
10 Henke-Bockschatz: Geschichtsunterricht, S. 299.
11 Die Absurdität, dass gerade die Schülerinnen und Schüler, die nicht erfolgreich waren, vom weiteren
    Wissenserwerb ausgeschlossen werden, sei nur erwähnt – sie zu analysieren, würde uns zu weit vom
    Thema abbringen.
12 So die treffende Formulierung von Henke-Bockschatz: Geschichtsunterricht, S. 299.

Wer dieses schulische Verhaltensmuster durchbrechen will, sollte sich im Klaren sein, dass die Begeisterung der Lernenden trotz allem Leiden an der bestehenden Form der Beschulung nicht gerade überschäumend sein wird. Zwar erwarten Schülerinnen und Schüler genau das von Lehrerinnen und Lehrern: die methodisch versierte, gezielte Überwindung der anerzogenen Lernunlust. Aber zugeben würde sie das genauso wenig wie die vielfältigen Einführungen in die Geschichtsdidaktik, die uns zwar einiges über das Ineinandergreifen anthropologischer Voraussetzungen und soziokultureller Bedingungen erzählen,[13] aber diese eigentlich offen zutage liegenden Konsequenzen der selektionsorientierten staatlichen Zwangsbeschulung nicht einmal ansprechen, geschweige denn in ihrer Bedeutung für die Gestaltung von Geschichtsunterricht diskutieren.[14] Und so verlagert sich dieses Problem mit all seinen Folgen in die unreflektierten, subjektiven Unterrichtstheorien von Lehrkräften, die diese meistens gar nicht für Theorien halten, sondern für „praktische Erfahrung" und die auch darum mit einem gewissen mitleidigen Lächeln die geschichtsdidaktische Theorieentwicklung ignorieren. Ganz ehrlich und auf die Gefahr hin, in Zukunft als Geschichtsdidaktiker nicht mehr ernst genommen zu werden: Diese verdient es eben auch nicht besser, wenn sie die realen Bedingungen, unter denen historisches Lernen stattfindet, selber ignoriert.

Klingt das trostlos und pessimistisch? So ist es nicht gemeint. Trotz aller Aberziehung von Neugier und Begeisterung, trotz Druck des Lehrplans und des Zentralabiturs, trotz G 8 und Re-Verschulung der Gymnasialen Oberstufe – es gibt ein gemeinsames Interesse von Schülerinnen und Schüler und Lehrkräften an gutem Unterricht. Denn so sehr die Schülerinnen und Schüler darauf geeicht werden, mit ihrer Hirnkapazität schonend und noten-effektiv umzugehen, so sehr wissen die meisten[15] natürlich auch, dass es besser wäre, etwas zu lernen. Und sie ahnen zumindest, dass Lernen aus Interesse sinnvoller wäre und dass das Herauswürgen von eingepauktem „Stoff" eigentlich Zeitverschwendung für alle Beteiligten ist. So sind die Schülerinnen und Schüler in einer höchst widersprüchlichen Rolle und es produziert den etwas komischen idealen Lehrer, der die

---

13 Gies: Geschichtsunterricht, S. 15 ff.

14 „In dem Maße, wie die Schülerinnen und Schüler zu intrinsischer Motivation (noch) nicht fähig sind, ist die Lehrperson herausgefordert, sie durch extrinsische Motivation in diese Richtung voranzubringen" (Gies: Geschichtsunterricht, S. 27). Selbst wo in jüngster Zeit deutlich die Disziplinierungsfunktion der Schule angesprochen und kritisch hinterfragt wird (Girmes: Schule, S. 47 ff.) oder sogar völlig zutreffend festgestellt wird, dass das deutsche Bildungssystem strukturell „vor allem Kinder und Jugendliche aus den unteren, sogenannten bildungsfernen Schichten, mit Migrationshintergrund und mit Behinderungen ausgrenzt bzw. institutionell diskriminiert" (Hafeneger: Bildung, S. 32) fehlt die Reflexion auf diese Mechanismen nicht nur der Auslese, sondern auch der Produktion von schlechtem Unterricht.

15 Die Ausnahmen sind häufig jene Schülerinnen und Schüler denen durch frühzeitige Selektion und Ausschluss von weitergehender Bildung bereits frühzeitig signalisiert wurde, dass ihr Lernerfolg gesellschaftlich nicht interessant sind und von ihnen sowieso nichts erwartet wird.

Schülerinnen und Schüler motiviert und ggf. diese Motivation mit Zwangsmitteln zu verstärken weiß, der die Schülerinnen und Schüler zu dem zwingt, von dem sie wissen, dass sie es wollen sollten. Vertrackt? Wohl wahr, aber die Grundlage für ein „Arbeitsbündnis"[16] von Schülerinnen und Schülern und Lehrerinnen und Lehrern. Ein Arbeitsbündnis, in dem es immer wieder Konflikte, Kraftproben, Misserfolge und schlechte Tage geben wird, und an dem permanent gearbeitet werden muss. Das ist die notwendige Voraussetzung für einen Unterricht, der auf das eigene Denken, Fragen, Forschen und Kritisieren der Schülerinnen und Schüler abzielt. Sprich: für guten Geschichtsunterricht.

Man möge uns also nicht missverstehen: Wir sind davon überzeugt, dass Geschichte interessant IST. Wir behaupten sogar, dass alles Lernen besser funktioniert, wenn es von der Auseinandersetzung mit der Geschichte begleitet, unterstützt und illustriert wird.[17] Wir wissen, dass Schülerinnen und Schüler sich vor allem außerhalb der Schule durchaus für geschichtliche Fragestellungen und Themen interessieren und dass es durchaus möglich ist, sie auch für Geschichtsunterricht zu interessieren, manchmal sogar zu begeistern. Das alles kann aber nicht verdecken, dass das historische Lernen unter dem „Diktat der Notenvergabe"[18] Verlaufsformen hat, die der Feiertags-Geschichtsdidaktik geradezu ins Gesicht schlagen, und die bedacht werden müssen, wenn es um guten Geschichtsunterricht gehen soll.

Was ist guter Geschichtsunterricht?

Was schlechter Geschichtsunterricht ist, ist leicht festzustellen. Sobald man ihn sieht, weiß man: Er ist schlecht.[19] Kriterien für guten Geschichtsunterricht zu finden, die alle Beteiligten überzeugen und keine dogmatischen Setzungen sind, ist schon schwieriger.

Diskussionen darüber beschäftigen theoretisch die Geschichtsdidaktik. Praktisch schlagen sich alle mit ihr herum, die als Leser/innen dieses Buchs in Betracht kommen: Diese Fragen spielen eine Rolle bei jeder Lehrprobe und jedem bewerteten Unterrichtsbesuch, und darum bei der Lehrerausbildung, wo Referendar/innen nicht ganz verstehen, was ihre Fachleiter/innen eigentlich auszusetzen haben an der gehaltenen Stunde, die doch ganz nach Plan verlief. Sie werden aufgeworfen, wenn fröhliche Abiturientinnen und Abiturienten auf entsetzte Dozentinnen und Dozenten treffen, und beide sehr un-

---

16 Meyer: Unterricht, S. 14.
17 Um ein Beispiel zu nennen, folgert der Philologe Brüggemann über historisch verortete Literatur im Deutschunterricht, es sei „unstrittig", „daß es historische Anknüpfungspunkte bedarf, um Interesse an der Aneinandersetzung mit Literatur zu erzeugen." (Brüggemann: Lernarrangements, S. 278.)
18 Huisken: „... nicht glauben", S. 1.
19 Ähnlich argumentiert Hencke-Bockschatz: Geschichtsunterricht, S. 298.

terschiedliche Vorstellungen davon haben, was Studierende des Lehramts Geschichte auch im 1. Semester bereits wissen und können müssten. Sie beschäftigen Lehrerinnen und Lehrer, Schülerinnen und Schüler spätestens dann, wenn in Form des Zentralabiturs auf den Tisch kommt, was das Kultusministerium sich vom bisherigen Geschichtsunterricht erwartet.

Wunschkataloge für guten Geschichtsunterricht aufzustellen, ist einfach, das machen wir jedes Semester mit den Studierenden. Und es kommt immer dasselbe dabei heraus: inhaltliche Richtigkeit, klare Strukturierung, Methoden- und Medienvielfalt, Einbezug außerschulischer Lernorte sowie Zusammenhänge statt isolierter Fakten. Und mit Nachhilfe und Eingaben kommt noch hinzu: Hoher Anteil echter Lernzeit, Partizipationsmöglichkeiten der Schüler/innen, demokratische Unterrichtskultur, denk- und fragefreundliches Lernklima ...[20]

Dass diese Kriterien nicht fachspezifisch sind, ist nicht weiter verwunderlich, sondern entspricht dem, was auch die Befragungen von Lehrer/innen und Schüler/innen immer wieder zeigen.[21] Mit ein paar Nachfragen und illustrierenden Beispielen lassen sich auch einige geschichts-spezifische Kriterien finden, die *an der Universität* auf allgemeines Wohlwollen stoßen: (kritische) Quellenorientierung, Kontroversität, Multiperspektivität und der große Begriff, den alle verwenden, auch wenn kaum jemand sich so recht etwas darunter vorstellen kann: (kritisch-reflexives) Geschichtsbewusstsein. Nur: Diese erscheinen den meisten nicht praxisrelevant. Außerhalb der geschichtsdidaktischen Community sind alle, die professionell mit Geschichtsunterricht beschäftigt sind – und dazu zählen Lehrer/innen, Schüler/innen, Schulleitungen, Kultusministerien, aber auch Studierende bei Unterrichtsversuchen und -simulationen – eigentlich ziemlich desinteressiert an dem, was die „Eierköpfe" so bewegt und am „allgemeinpädagogischen" Leben und Überleben[22] viel mehr interessiert.

Das ist nachvollziehbar, aber nicht gut. Und weil wir als Pragmatiker ein Buch für Pragmatiker/innen geschrieben haben, wollen wir – ganz pragmatisch – versuchen, zu erklären, zu welch' Nutz und Frommen die geschichtsdidaktische Diskussion der letzten Jahre geführt wird und warum sie alle interessieren sollte (wenn auch zugegebenermaßen nicht jeder einzelne Diskussionsbeitrag gleichermaßen interessant ist). Und da fangen wir gleich mit dem Gegenstand an: Die Geschichtsdidaktik hat sich in den letzten zwanzig Jahren von der Stoffvermittlungs-Effektivierungsmethodik mit zufällig historischem Inhalt zur Wissenschaft von der Produktion, Weitergabe, Aneignung, Inszenie-

---

20 Diese Liste beruht auf einer jeweils zu Beginn des Semesters stattfindenden Befragung von Studierenden des Grundstudiums an den Universitäten Greifswald, Paderborn und Frankfurt von WiSe 2009/2010 bis SoSe 2014 mit anschließender Sortierung und Besprechung der Ergebnisse.
21 Vgl. die Aufsätze in GWU 62/2011.
22 Diesen Ausdruck übernehmen wir von Michael Sauer.

rung, Rezeption und Reflexion historischen Wissens und Pseudo-Wissens emanzipiert. Das hat viele Gründe, aber der Überzeugendste davon ist: In einer Welt voller medialer und mittlerweile auch populärer Geschichtsvermittlung, in der der Geschichtsunterricht nur noch eine und nicht mal die wichtigste Quelle historischen Wissens (und Pseudo-Wissens) ist, ist historisches Faktenwissen weiter nötig, kann aber auf keinen Fall ausreichend sein. Heute[23] müssen nach Möglichkeit alle Mitglieder einer Gesellschaft in der Lage sein, Geschichts-Inszenierungen zu erkennen und auf ihre Motive, Ziele und Konsequenzen zu befragen; sie müssen Geschichtsbilder erkennen – auch bei sich selbst –, sie müssen Geschichtskultur und Geschichtspolitik nicht nur erleben, sondern analysieren können; sie müssen Geschichtsbewusstsein nicht nur haben, sondern auch darum wissen, um darüber reflektieren können. Große Worte, schöne Forderungen, aber Utopie? Vielleicht. Aber Angebote und Einladungen zum Denken und Fragen müssen zumindest formuliert werden, und zwar im Geschichtsunterricht. Wo auch sonst?

Ist das wichtig für ein Buch, das sich auf Arbeitsblätter im Geschichtsunterricht bezieht? Am besten wir illustrieren das mit einem Beispiel: Ein Film wird im Geschichtsunterricht gesehen, sagen wir die „Canossa"-Folge aus unserer speziellen Lieblingsserie „Die Deutschen". Ginge es nur um den „Stoff", so würde der Film als Transportmedium für Faktenwissen benutzt, und allenfalls seine – vorhandenen – sachlichen Fehler und didaktisch nicht zu rechtfertigenden Verkürzungen thematisiert werden. Wollte man noch die Medienkompetenz dazu addieren, würde vielleicht besprochen werden, wie die Bilder den kommentierenden Text überspielen, der eigentlich das Gegenteil erzählt. Auch der seriöseste Historiker hat Schwierigkeiten, zu erklären, dass dieser jesusmäßig leidende König – zumindest kurzfristig – der Gewinner der ganzen Angelegenheit ist.[24] Spannend aber sind weitergehende Fragen: Was hat die ganze Sache in einer Serie namens „Die Deutschen" zu suchen? Welches Bild von Geschichte wird damit vermittelt, wie wird hier Geschichte benutzt, in der Absicht, Tradition zu erfinden und Identität zu stiften? Es ist ja wohl klar, dass ein Arbeitsblatt für einen Unterricht, der solche Fragen aufwerfen will, anders konzipiert sein muss. Während des Films können nur Beobachtungsaufgaben gestellt werden, die im Regelfall reproduktiv sind und höchstens ganz leichte Ansätze zum Transfer haben – denn die Schülerinnen und Schüler sollen sich ja auf den Film konzentrieren und nicht in ihren Heften und Köpfen kramen. Allerdings sollten die Beobachtungsaufgaben bereits die Aufmerksamkeit auf das lenken, was thematisiert werden soll: den Vogelflug über „Deutschland"; den auktorialen Erzählertext

---

23 Ob diese Notwendigkeit wirklich jüngeren Datums ist, und ob nicht die ganze Moderne von Geschichtsinterpretationen durchzogen ist, ja ob nicht in jeder Gesellschaft die Interpretation der Vergangenheit Teil des kulturellen Gedächtnis ist, sei dahingestellt.
24 Darauf hat treffend Ralf-Peter Märtin hingewiesen: Märtin: Suche, S. 41.

mit der „väterlich-autoritären Stimme"[25], der uns berichtet, dass es noch lange brauchen wird, bis sich die Deutschen als ein Volk fühlen – also sind sie es wohl bereits –; die Witterungsbedingungen, unter denen der König drei Tage am Burgtor verharrt haben soll; die Fragen und Kritiken des Historikers, usw. Alle weitergehenden Fragen sind im Anschluss zu diskutieren, wo dann auch die Quellentexte ihren Ort haben, die mit der filmischen Meistererzählung zu vergleichen sind. Das gehört auf ein gemeinsames Arbeitsblatt, um die Einheit von Rezeption und Reflexion zu wahren und den Film nicht als bloßes Material, sondern als Unterrichtsgegenstand ernst zu nehmen. Und dann sind wir schnell bei Fragen nach Format, Layout usw. Dass das ein anderes Arbeitsblatt wäre, als jenes, welches das ZDF so nett und kostenlos für Lehrerkräfte zum Download bereitstellt, kann jeder selber überprüfen.

Die Ausweitung des Gegenstandsbereichs der Geschichtsdidaktik lässt die Geschichtsmethodik, also die Lehre von den Formen und Wegen des historischen Lernens und Lehrens,[26] nicht unberührt. Denn wenn zum historischen Wissen Reflexion und Kritik dazu gehören, wenn neben den Ereignissen und Fakten auch ihre Interpretation und Rezeption zum Gegenstand von Geschichtsunterricht wird, wenn dies alles getan wird, um die Selbstreflexion über das eigene historische Wissen und Lernen zu befeuern, dann müssen sich auch die Aufgaben, die gestellt werden, ändern. Und wenn *das* nicht für ein Buch über Arbeitsblätter im Geschichtsunterricht relevant ist – was dann?

Was wir mit diesem Buch erreichen wollen

Bücher, zumal aus der Wissenschaft, haben häufig das Problem, dass sie nicht von denen gelesen werden, die sie lesen sollten. Wir selber haben jede Menge Arbeitsblätter produziert, bevor wir jemals auf die Idee gekommen sind, jene reichlich vorhandenen allgemeinpädagogischen Ratgeber für Arbeitsblätter aufzuschlagen und zu Rate zu ziehen. Später ist uns aufgefallen, dass wir durch eigenes Nachdenken und kritische Auswertung eigener Unterrichtspraxis auf die meisten guten Tipps auch so gekommen sind. Und das wird anderen Leser/innen auch mit unserem Buch nicht anders gehen.

Wenn die Geschichte der Vervielfältigungsapparate die Geschichtsdidaktik etwas lehren kann, dann dies: Von der bahnbrechenden Idee zur seriellen Praxisreife und von da zur Durchsetzung als Selbstverständlichkeit kann viel Wasser Spree, Pader, Main und Ryck hinunterfließen. Wenn also eine Studie 2008 zu dem niederschmetternden Schluss kommt, „dass weder in den Abiturklausuren" (also in den zentralen Erwartungshorizon-

---

25 Augstein: Woher, S. 15.
26 Eine weitere Definition liefert Günther-Arndt, wenn sie Geschichtsmethodik als jenen Teil der Geschichtsdidaktik definiert, der „sich vor allem mit Fragen und Möglichkeiten des Lehrens und Lernens von Geschichte" befasse (Günther-Arndt: Umrisse, S. 12).

ten und den Korrekturen durch die Lehrer/innen) „noch – soweit erschließbar – in der Kursvorbereitung gesteigerter Wert auf Kompetenzen historischen Denkens gelegt wurde"[27], dann heißt dies: Wir stehen – 20 bis 30 Jahre nach einer epistemologischen Wende in der Geschichtsdidaktik – noch ganz am Anfang. Und wie die meisten Zeitzeugen historischer Prozesse denken wir, das Wichtigste wäre längst passiert.

Wir wollen mit unseren Überlegungen, vor allem mit den praktischen Hinweisen, keinen neuen verbindlichen Kanon aufstellen – dafür fehlt zu viel. Vollständigkeit streben wir nicht an und war unter den gegebenen Umständen auch nicht zu erreichen. Uns geht es vielmehr darum, zu zeigen, warum man was wie machen *kann,* also darum die Schnittmenge zwischen geschichtsdidaktisch Wünschbarem, geschichtsmethodisch Sinnvollem und unterrichtspraktisch Machbarem abzustecken. Wir wollen damit *geschichtsdidaktische Phantasie* entfachen, um Lust auf historisches Lernen und Lehren zu machen. *So,* und wir möchten fast sagen: nur so, entstehen neue Ideen und gute Stunden, nicht indem Checklisten abgearbeitet werden oder brav nachgekäut wird, was in diesem Buch steht. Wer sich ein Rezeptbuch für „das perfekte Arbeitsblatt im Fach Geschichte" erhofft, wird sowieso enttäuscht werden. Die geschichtsdidaktische Allzweckwaffe, die für jede Lerngruppe geeignet ist und alle Kriterien erfüllt, gibt es sowieso nicht; wir kennen kein Arbeitsblatt, das nicht Vor- und Nachteile hat.

Wir haben versucht, dieses Buch so flüssig und leicht lesbar wie möglich zu schreiben, wie sich das für Didaktiker/innen eigentlich gehören sollte. Manches Kapitel mag trotzdem trockenere Kost sein als andere. Und dabei haben wir – so hoffen wir – zugleich absichtlich so geschrieben, dass man dieses Buch nicht gut auswendig lernen kann, sondern selber denken muss. Ob das gelungen ist, müssen die Leserinnen und Leser entscheiden.

Mit einer geschichtsdidaktischen Buchveröffentlichung erhoffen wir uns vor allem, dass das Thema Arbeitsblätter im Geschichtsunterricht verstärkt in den Fokus der Geschichtsdidaktik gerückt wird, dass es – nicht unbedingt unser Buch – Thema von studentischen Referaten, Hauptseminaren, Prüfungen, vielleicht sogar Forschungsvorhaben wird und so zu einer sinnvolleren Verwendung von Arbeitsblättern im Geschichtsunterricht führt. Könnten wir einen solchen Prozess (mit-)anstoßen, wären wir's zufrieden.

Dieses Buch beruht auf einer ganzen Reihe eigener und beobachteter Schulstunden und Lehrproben, Unterrichtssimulationen, Schulpraktischer Übungen, Nachbesprechungen, Hospitationsberichten und Seminarsitzungen. Daran waren viele Schüler/innen, Lehrkräfte, Referendar/innen, Studierende, Mentor/innen, Fachleiter/innen und Professor/innen beteiligt, ohne die dieses Buch nicht geworden wäre, was es ist. In einem

---

27 Schönemann/Thünemann/Zülsdorf-Kersting: Abiturienten?, S. 127.

früheren Stadium des Manuskripts haben wir auch von einigen wichtigen Geschichts-
didaktiker/innen ein sehr skeptisches Feedback bekommen. Diese Kritik formulierte
Erwartungen an unser Buch, die wir nicht erfüllen können. Dennoch war sie hilfreich,
hat sie uns doch dazu gebracht, einige Sachen klarer zu formulieren und einige Leerstellen des Buchs zu erkennen und – hoffentlich – sinnvoll zu füllen.

Wie bei jedem Buch ist die Allein-Autorschaft also eine Fiktion; vielmehr sind in
dieses Buch eine Vielzahl von Ideen, Anregungen, Kritiken, Feedbacks usw. eingegangen, die wir beim besten Willen nicht mehr individuell nachverfolgen können. Wir
danken allen an dieser Stelle für ihre unwissentliche Hilfe, und bei einigen, insbesondere unseren studentischen Hilfskräften und Tutor/innen, für ihre wissentliche, aktive
Unterstützung. Für alle Fehler sind aber selbstverständlich wir verantwortlich.

Berlin/Frankfurt im Juli 2014

2. Zwischen Informationsträger und Bastelbogen – Typologie des Arbeitsblattes

Erscheinungsspektrum

Was ist ein Arbeitsblatt? Die Frage scheint vielleicht widersinnig.

Jedenfalls dann, wenn man sie Schülerinnen und Schülern stellt. Die wissen, was kommt, wenn der Lehrer mit einem Stapel Kopien den Raum betritt – nichts Gutes.[1] Das, was da auf sie zuflattert, bedeutet Arbeit. Der Lehrer wird heute nicht die ganze Stunde vor der Klasse stehen, erzählen, ab und an etwas an die Tafel schreiben, was dann am Ende in aller Ruhe abgeschrieben werden kann und zu Hause – das ist noch weit weg – gelernt werden muss. Auch die Arbeit mit dem Schulbuch wird es nicht geben, also: Buch auf, Seite soundso lesen und Aufgaben 1 bis 3 und 5 still oder, noch besser, vielleicht mit Partner lösen, dann weitschweifig die Ergebnisse vergleichen. Auch so würde die Stunde einigermaßen entspannt vorbeigehen. Nein – stattdessen ein Arbeitsblatt: Das heißt viel Text lesen, Statistiken auswerten, Bilder interpretieren, viele Aufgaben, vielleicht sogar ein Aufsatz. Und all das durch diese schlechte Kopie, die der Lehrer zufrieden verteilen lässt, weil er wohl zu wissen scheint, dass er sich gleich zurücklehnen kann und die Schüler die ganze Arbeit haben werden.

Auch Lehrerinnen und Lehrer dürften eine Vorstellung davon haben, was ein Arbeitsblatt ist: ein loses Blatt mit Material und Aufgaben drauf. Entweder hat man es im besseren Fall von einem/einer Kollegen/Kollegin bekommen, der/die in der Parallelklasse das Thema schon durch hat. Oder es gab Brauchbares bei einem der Schulbuchverlage, etwas zu teuer, aber immerhin Arbeit und Zeit gespart.[2] Oder, und in dem Fall wird das Austeilen und anschließende Zurücklehnen noch stolzer und selbstzufriedener ausfallen, man hat selbst eine Menge Arbeit gehabt. Es sollte doch unbedingt dieses eine

---

1 Empirisch untersucht einzig bei Wellenhofer: Arbeitsblatt-Praxis, S. 23-38.
2 Verheißungsvoll schon am Titel nach etwa: Wettstädt: Vertretungsstunden. Vergleichbares gibt es von jedem Schulbuchverlag und einschlägigem Methodikverlag. Und in diesem Sinne wird auch der Markt weiter bestückt und ausgebaut, indem fertiges Material zur bequemen Arbeit angeboten wird: www.4teachers.de oder als Metazugriff: www.meinunterricht.de.

Thema sein. Aber im Schulbuch gab es mal wieder nichts. Also musste man all die anderen Bücher durchblättern, die man sich im Referendariat damals mit 50 Prozent Rabatt noch leisten konnte. Hier fand man ein Bild, dort einen ganz guten Text, im Dritten eine Quelle und, ja, das könnte man auch mal wieder einsetzen, eine Karte oder Statistik. Klebezettelchen. In der Klappstunde dann an den Kopierer (da ist dort immer weniger los), alles kopiert, ausgeschnitten, aufgeklebt. Die Statistik passte leider nur quer. Noch ein paar Arbeitsaufträge handschriftlich ergänzt. Eine Probekopie. Das Bild wird zwar etwas unscharf, aber was soll's. Anzahl: 26. Fertig ist die Stunde. Immer kann man sich diesen Aufwand aber nicht machen. Und mit den noch warmen Blättern geht es auf in die Klasse. Die werden sich freuen.

Konnten Sie sich wiederentdecken, oder zumindest Unterricht, den Sie kennen? Überzeichnet sollen diese Stereotypen nur eines zeigen: Das Arbeitsblatt gehört routiniert zum heutigen Geschichtsunterricht dazu. Lehrerinnen und Lehrer setzen es vielfach ein. Schülerinnen und Schüler kennen diese Form der Unterrichtsgestaltung. Das Arbeitsblatt ist ein loses Blatt mit Material und Aufgaben, das von den Schülern selbstständig bearbeitet werden muss – soweit die intuitive Ausgangsdefinition. Und so fällt in etwa auch die Definition eines wirklichen Kenners der Materie aus:

> „Wesentlich ist, daß es als didaktisches Material, gedruckt oder vom Lehrer selbst erstellt, in Lose-Blatt-Form, in Heft- oder Blockform vorliegend, mit oder ohne obligatorische Aufgabenstellung, die Schüler zum gezielten, selbständig-aktiven Denken am Gegenstand veranlassen will und kann."[3]

Doch schon mit dieser recht allgemeinen Definition beginnen bei genauem Lesen die Selbstverständlichkeiten zu verschwinden. „[D]idaktisches Material" – es gibt also eine begründete Absicht, Lernen bewusst zu planen und zu strukturieren und unter diesen Zeichen wird Material ausgewählt und aufbereitet. „[G]edruckt oder vom Lehrer selbst erstellt" – das lässt auf eine Differenzierung der Urheberschaft und Verfügbarkeit schließen. „Lose-Blatt", „Heft- oder Blockform" – sehr vieles scheint möglich, solange es kein eigenes Buch ist. Gehört eine Aufgabenstellung dazu oder nicht? Das selbständige und aktive Denken ist Anspruch und Möglichkeit, scheint aber nicht immer erreicht zu werden.

Mit dem Blick in die einschlägige Forschungsliteratur wollen wir versuchen, den Reflexionsprozess darüber in Gang zu setzen, was ein Arbeitsblatt ist und was es kann. Außerdem wollen wir damit schärfen, worüber wir eigentlich reden, wenn wir vom Arbeitsblatt sprechen.

Mit Wellenhofers Definition verfügt man über ein erstes Set an Kriterien, die aber mit vielen Konjunktiven belegt sind:

---

3 Wellenhofer: Arbeitsblatt-Praxis, S. 13.

• didaktische Aufarbeitung des Materials (unbedingt)
• Herstellung (kommerziell oder individuell)
• Form (lose oder geheftet)
• Aufgabenstellung (mit oder ohne)
• selbsttätiges Denken der Schülerinnen und Schüler als Zielfunktion (Anspruch oder Wirklichkeit)

Die merkwürdige Unbestimmtheit dieser Definition kann als Symptom dafür verstanden werden, dass Arbeitsblätter breit eingesetzt werden, dass aber auch sehr heterogene Formen, Funktionen, Einsatzweisen und Lernergebnisse mit dem Begriff ‚Arbeitsblatt' verbunden sind. Darunter werden in der Fachliteratur so unterschiedliche Dinge subsumiert wie: „Aufgabenblatt, Handout, Informationsblatt, Informationsunterlage, Kopie, Merkblatt, Paper, Testblatt, Tischvorlage, Umdruck",[4] „Schülerversuchsblätter, Blätter zur Erarbeitung von Sachverhalten, Blätter zur Beschreibung von Gegenständen, … Ergebnissicherungsblätter, Theorie- und Merkblätter, Übungsblätter",[5] „Informations- oder Materialblatt, Präsentationsblatt, Ergebniserarbeitungsblatt, Arbeitsblatt i. e. S., Versuchsbegleitblatt, Ergebnissicherungsblatt, Merkblatt, Leistungsbewertungsblatt, Testblatt, Aufsatzblatt, Prüfungsblatt"[6] …

Haben wir es mit dem Chamäleon der Unterrichtsdidaktik und -methodik zu tun? Kann das Arbeitsblatt alles sein, solange es nur Blatt ist? Dann wäre dieses Buch der Stein der Weisen. So einfach ist das nicht.

Bei einem derart breiten Auftauchen ist es zwingend nötig, zu ordnen, zu kategorisieren, zu differenzieren und zu definieren. Das soll kein Selbstzweck, keine theoretische Fingerübung sein. Denn nur so kann es ein sinnvolles Erstellen und Einsetzen von Arbeitsblättern geben: Wenn wir wissen, was wir meinen, wenn wir von Arbeitsblättern reden; wenn wir verstehen, was wir wollen, wenn wir Arbeitsblätter einsetzen; wenn wir uns im Klaren sind, was Schülerinnen und Schüler machen sollen, wenn ihnen ein Arbeitsblatt ausgehändigt wird. Und nur so macht auch dieses Buch Sinn.

Kleinster gemeinsamer Nenner: Das Blatt zum Arbeiten – Etymologische Annäherungen

Was haben all die genannten Erscheinungsformen gemeinsam? Vielleicht kann man noch einmal von vorn und etymologisch ansetzen. Ein Arbeitsblatt ist ein Blatt zum Arbeiten. Als solches ließe es sich nach Form (Blatt) und Funktion (Arbeiten) beschrei-

---

4 Ladenthin: Arbeitsblatt, S. 155. Konkreter und differenzierter: S. 169-178.
5 Eckert: Arbeitsblatt, S. 10.
6 Als Übersicht bei Wellenhofer: Arbeitsblatt-Praxis, S. 67.

ben und kategorisieren. Schauen wir uns diese beiden Grundkriterien doch einmal genauer an.

Ein Arbeitsblatt ist zum Arbeiten da. Es steht als Medium zwischen einem Anbieter und einem Nutzer. Beide sind in einen Arbeitsprozess involviert. Ohne zuviel kommerzialisierende Sprache verwenden zu wollen – man könnte auch von Unternehmer und Arbeiter sprechen. Für Schülerinnen und Schüler bedeutet ein Arbeitsblatt immer Arbeit. Ein Testblatt bedeutet Arbeit mit hohem Leistungsdruck. Ein Versuchsblatt erfordert Erarbeitung. Und selbst ein Merkblatt riecht schon nach der Arbeit, die auf einen außerhalb des eigentlichen Unterrichts zukommen wird. Ein Arbeitsblatt, das keine Arbeit initiiert, ist unmöglich. Dem Arbeitsblatt ist nur mit Arbeitsverweigerung beizukommen.

Doch auch Lehrerinnen und Lehrer müssen, wenn Arbeitsblätter eingesetzt werden, arbeiten. Mindestens den Kopierer bedienen, das Arbeitsblatt sinnvoll in Unterrichtsstruktur einplanen, die Schülerinnen und Schüler bei der Arbeit begleiten und die Arbeitsergebnisse reflektieren.

Entlastung verspricht ein vielfältiges Angebot von Schulbuchverlagen. Sie wollen Lehrerinnen und Lehrern die Arbeit abnehmen. Die Häufigkeit dieses Einsatzes gibt Eckert Anlass, grundsätzlich zwischen vorgedruckten und selbst erstellten Arbeitsblättern zu unterscheiden.[7] Mit solcher Ware von der Stange – um in unserer Metapher zu bleiben: mit derart vorgefertigter Arbeitsanweisung – ändert sich das Arbeitsverhältnis zwischen Lehrerinnen/Lehrern und Schülerinnen/Schülern. Es kommt eine dritte Kraft hinzu, die beide dominiert und die insbesondere Lehrkräfte in ihrer Rolle beschränkt. Man könnte etwa davon sprechen, dass sie nicht mehr die Firmenleitung innehaben, sondern nur noch für die Ausführung der Arbeitsgänge in der Produktion verantwortlich sind, also nur noch die Schülerinnen und Schüler am Fließband einsetzen und beaufsichtigen. Die Arbeitsgänge an sich sind durch andere vorstrukturiert und normiert. Weil solche Vorstrukturierung nie individuell auf die Bedürfnisse und Fähigkeiten einer/eines einzeln arbeitenden Schüler/in abgestimmt sind, müssen die Meister am Band zu Druck oder zu Tricks greifen, um die Arbeit am Laufen zu halten und die Arbeitenden zu motivieren.

Besser ist es, die Arbeitsprozesse selbst zu strukturieren, Arbeitsblätter selbst herzustellen. Auch wenn viele Praktiker hier verständlich auf pragmatische Zwänge hinweisen werden. Passgenauer sind selbst erstellte Arbeitsblätter, auch wenn deren Erarbeitung zweifellos einen nicht unerheblichen Aufwand darstellt.

Bedenkt man die pragmatischen Einwände gegen das eigene Herstellen, ist es wesentlich, Aufwand und Nutzen, die Erstellung und den Lernerfolg, also die Arbeitsverteilung

---

7 Eckert: Arbeitsblatt, S. 9.

zwischen Lehrenden und Lernenden abzugleichen. Einzelne Formen von Arbeitsblättern könnte man in eine diese Arbeitsverteilung veranschaulichende Matrix einteilen:

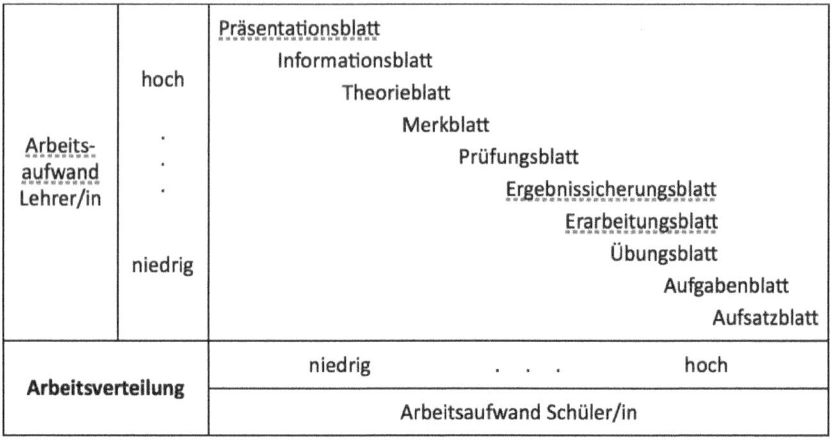

Arbeits- aufwand Lehrer/in	hoch . . . niedrig	Präsentationsblatt Informationsblatt Theorieblatt Merkblatt Prüfungsblatt Ergebnissicherungsblatt Erarbeitungsblatt Übungsblatt Aufgabenblatt Aufsatzblatt
Arbeitsverteilung	niedrig . . . hoch
	Arbeitsaufwand Schüler/in

Abb. 2.1 – Arbeitsverteilung schematisch (Deile/Sobich).

Am effektivsten sind Arbeitsblätter, bei denen der Erstellungsaufwand niedrig und der Bearbeitungsaufwand hoch ist. Im schulischen Umfeld ist es eigentlich unsinnig, wenn Lehrerinnen und Lehrer aktiv, Schülerinnen und Schüler hingegen passiv wären.

Den meisten Nutzen im Hinblick auf den beabsichtigten Prozess historischen Lernens haben potentiell Arbeitsblätter, die eine hohe Schüleraktivität erzielen (was ohne inhaltliche und pragmatische Qualität selbstverständlich noch kein Garant für Lernerfolg ist).

Eine vollkommene Verteilung der Arbeit auf die Schülerinnen und Schüler wäre aber ebenso unsinnig. Es macht Arbeit, Arbeits- und Lernprozesse z. B. mit Arbeitsblättern zu initiieren, zu motivieren und zu strukturieren.

Bei der Arbeit mit Arbeitsblättern sind also immer beide beteiligt: Schülerinnen/ Schüler und Lehrerinnen/Lehrer. Die Verteilung dieser Arbeit muss pragmatisch geplant verlaufen. Letztendlich entscheidend ist am Ende aber immer der Arbeitsprozess der Schülerinnen und Schüler, sein Verlauf und sein Ergebnis.

Ein Arbeitsblatt ist ein Blatt. Und damit sind wir bei eher formellen Bestimmungen. Es steht im schulischen Kontext zwischen Schulbuch und Blankoblatt. Seine lose Erscheinung ist entscheidend für seinen Erfolg. Denn dergestalt ist das Arbeitsblatt flexibel. Es kann nach und bei Bedarf entworfen, hergestellt und eingesetzt werden. Es ist kein ganzes Buch und damit leichter, kostengünstiger und spezieller als dieses.

Daraus ergeben sich auch didaktische Möglichkeiten, die entscheidend sind. Lehrerinnen und Lehrer haben mit dem Arbeitsblatt ein Lernmaterial, das im besten Sinne individuell auf die Ansprüche der Lerngruppe oder sogar einzelner Lernender zugeschnitten ist. Ja – die Praxis, die auch von Verlagen so bestimmt wird, ist anders. Da wird das Arbeitsblatt auf eine Form der Kopiervorlage reduziert.[8] Aber selbst die ist noch freier und modularer als das Schulbuch, das für ein gesamtes Bundesland die gleiche Materialvorlage ist.

Ein Arbeitsblatt, das die eigenen qualitativen Möglichkeiten voll ausschöpft, wäre aber eines, das für jede neue Lerngruppe auch neu modifiziert werden kann. Das geht mit den abgehefteten Kopiervorlagen weniger gut, als mit solchen, die im Grunde ohne allzu großen Aufwand elektronisch mit einem Schreibprogramm erstellt werden. Grenzt man das Arbeitsblatt also vom Schulbuch ab, dann ergibt sich als entscheidender Vorteil die Möglichkeit eines individuellen Lernmaterials.

Mit dem Arbeitsblatt behalten Lehrerinnen und Lehrer eine starke Strukturierungsmöglichkeit des Lernprozesses der Schülerinnen und Schüler. Im Gegensatz zum Blankoheft oder -hefter, gibt es beim Arbeitsblatt Vorgaben (vgl. Abb. 2.2). Schülerinnen und Schüler sind nicht frei in ihrer Gestaltung. Sie bekommen ein vorstrukturiertes Material, das ihren Arbeitsprozess bestimmt. Diese Kontrolle kann variieren. Von großer bis kleiner Vorgabe ist vieles möglich. Ein Arbeitsblatt kann so strukturiert sein, dass über die Möglichkeit des Einsetzens von Jahreszahlen oder Begriffen in ein festes Raster nichts möglich ist. Es kann aber auch viel Raum für eigene Gestaltung bieten. Aber es wird nie ohne Vorgabe sein. Selbst ein leeres Blatt könnte durch einen Arbeitsauftrag zu einer anspruchsvollen Aufgabe werden – die dem Schüler vorgegeben wird.

Daraus ergibt sich die Notwendigkeit einer schwierigen didaktischen Entscheidung. Macht man sich den Ort des Arbeitsblatts derart klar, wird offensichtlich, dass Material von der Stange die Qualität dieser Entscheidung nur in Ausnahmefällen angemessen erfüllen kann. Entspricht die durch das vorgefertigte Arbeitsblatt gegebene Struktur nicht der des beabsichtigten Lernprozesses, ist dieses Arbeitsblatt für Lehrerinnen und Lehrer zwar eine Entlastung, für Schülerinnen und Schüler aber eine Belastung. Die einen brauchen dann zwar keine didaktisch-methodische Entscheidung zu treffen, die anderen müssen aber mit nicht zielführenden Arbeitskonsequenzen leben.

Führt man sich aus Perspektive der Lernenden die Möglichkeiten des Arbeitsblatts vor Augen, dann liegen sie auch hier wieder vor allem in der Möglichkeit zur individuellen Gestaltung. Im Gegensatz zum Schulbuch kann das Arbeitsblatt individueller sein. Gesteuert und begrenzt wird diese Möglichkeit nur durch die Art der Vorgabe der Lehrkraft. Daraus ergeben sich unmittelbar Motivations- und Frustpotential des Ar-

---

8 Manches Begleitmaterial zu Schulbüchern trägt diese Funktion schon im Titel; etwa: Fieberg: Horizonte.

Abb. 2.2 – Fast leer und doch elaborierte Vorgabe (Kirchner/Peez: Kreativität, S. 85).

beitsblatts. Schwierig ist auch hier wieder die Differenzierung. Was die eine inspiriert, kann für den anderen belastend sein. Aber das Arbeitsblatt bietet eben auch hier die Möglichkeit zur Differenzierung. Nicht für alle das eine gleiche Schulbuch; zumindest möglich wäre auch: nicht für alle das eine gleiche Arbeitsblatt.

Ordnung nach Aufgabenstellung – oder: Arbeiten ohne Auftrag?

Was für unterschiedliche Arten von Arbeitsblättern gibt es nun? Vielfach zitiert, vielleicht auch wegen ihrer visuellen Eingängigkeit, ist die Ordnung von Otwin Loeser.

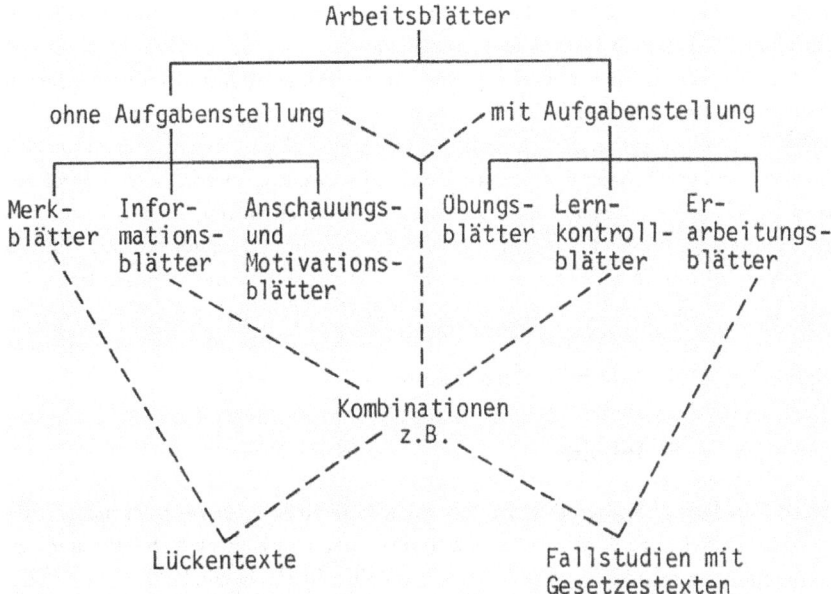

Abb. 2.3 – Ordnung nach Otwin Loeser (Loeser: Arbeitsblatt, S. 109).

Positiv fällt hier wieder eine entscheidende Möglichkeit des Arbeitsblatts auf: es gibt nicht die eine starre Form, vielmehr können verschiedene Funktionen miteinander kombiniert werden. Diese Flexibilität ist die Grundlage, bietet die Möglichkeit für erfolgreichen Einsatz – individuell auf einen Lernprozess zugeschnitten.

Die Funktionen, die ein Arbeitsblatt haben kann, sind nach Loeser anders dargestellt: Merken, Informieren, Motivieren, Üben, Lernerfolg kontrollieren und Erarbeiten. Hier merkt man schon, wie es einigermaßen durcheinander geht. Einige dieser Prozesse sind auf die Arbeit von Lehrerinnen und Lehrern bezogen, andere auf die von Schülerinnen und Schülern. Als Beispiele werden lediglich Lückentexte und Fallstudien genannt und als Kategorisierungskriterium dient ein Formmerkmal: mit oder ohne Aufgabenstellung.

Kann es überhaupt ein Arbeitsblatt ohne Aufgabenstellung geben? Nein. Ein Arbeitsblatt ist ohne Arbeitsauftrag nicht vorstellbar.[9] Oder anders: Ein Arbeitsblatt verliert dann seine Wirkung, wenn nicht mit ihm gearbeitet wird. Dieses Arbeiten muss initiiert werden. Das kann durch die Lehrerin oder den Lehrer geschehen. Dann sollte sich der Arbeitsauftrag auch auf dem Blatt finden. Das gibt individuellem Arbeiten Sicherheit und erspart müßiges Nachfragen. Es gibt der/dem Arbeitenden während des Arbeitspro-

---

9 Wellenhofer: Arbeitsblatt-Praxis, S. 61-65.

zesses und danach die Möglichkeit, zu überprüfen, ob das Arbeiten zielführend ist. In dem Sinne: kein Arbeitsblatt ohne Arbeitsauftrag.

Möglich wäre das nur, wenn der Arbeitsauftrag flankierend in anderer Form geboten wird, mündlich oder an der Tafel. Dann kann er sinnvollerweise aber auch auf das Blatt selbst. Vorstellbar wäre natürlich auch ein Arbeitsblatt ohne Arbeitsauftrag, wenn sich Schülerinnen und Schüler den Arbeitsauftrag selbst erteilen. Aber selbst ein unprofessionelles ‚Schaut Euch das mal an!‘ wäre ein externer Arbeitsauftrag. Es müsste sich also um rein offenes Forschen handeln,[10] das durch Lehrerin und Lehrer nur mit Material versorgt wird. Nur in dieser engen Form wäre ein Arbeitsblatt ohne Arbeitsauftrag sinnvoll, auch wenn dann Schülerinnen und Schüler vielleicht besser grundlegend selbst recherchieren könnten. Also: fast kein Arbeitsblatt ohne Arbeitsauftrag. Und deshalb ein eigenes Kapitel zur Aufgabenstellung (Kap. 6).

Ordnung nach Inhalten

Wenn die Unterscheidung nach dem Vorhandensein eines Arbeitsauftrags nicht weiter hilft, das Feld möglicher Arbeitsblätter zu ordnen, dann muss ein anderes Kriterium her. Man könnte es anhand dessen versuchen, was Arbeitsblätter beinhalten.

Wird der Charakter des Arbeitsblattes durch die didaktischen Entscheidungen von Lehrerinnen und Lehrern bestimmt, so wird die Erscheinung wesentlich durch die Inhalte geprägt. Wichtiger als gelocht oder ungelocht, auf weißem oder farbigem Papier ist die Form, die sich aus der Kombination verschiedener Inhaltskomponenten ergibt. Da ist vieles möglich, aber nicht alles.

Arbeitsblätter können im weitesten Sinne Texte und Bilder enthalten. In ihrer heutigen Form als gedrucktes Blatt sind Gerüche, Geräusche, Objekte und bewegte Bilder ausgeschlossen. Mag sein, dass das in wenigen Jahren anders ist und flash-Arbeitsblätter über entsprechende Endgeräte zur Verfügung gestellt und bearbeitet werden können. Gegenwärtig sind da nur Tendenzen auszumachen und so bleibt es vorerst bei Texten und Bildern, die aber in verschiedener Form denkbar sind.[11]

Jede dieser medialen Formen kann in ein Arbeitsblatt einfließen. Das bestimmt die äußere Erscheinungsform und sollte formalen Gestaltungskriterien genügen.

Bedeutsamer noch als die Einflüsse auf die äußere Form sind die Konsequenzen, die die Verwendung einzelner Medienformen auf die von Schülerinnen und Schülern zu erbringenden Arbeiten haben. Anders gesagt: Jedes Medium stellt spezifische Anforderungen an Schülerinnen und Schüler, erfordert bestimmte Kompetenzen, schult und

---

10 Henke-Bockschatz: Forschend-entdeckendes Lernen.
11 Schneider: Schriftliche Quellen. Brüning: Textquellen. Bergmann/Schneider: Bild. Hamann: Bildquellen.

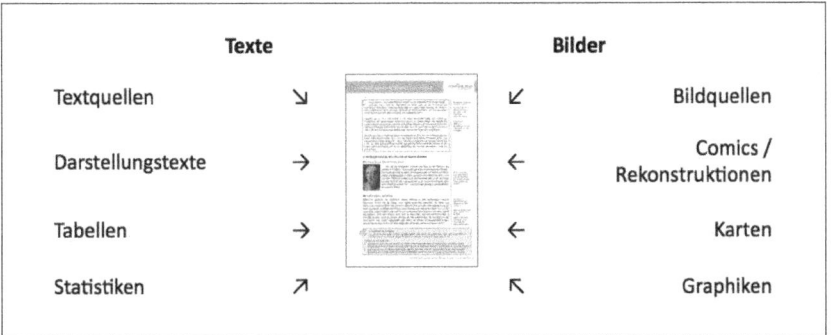

Abb. 2.4 – Möglichkeiten von Text und Bild auf Arbeitsblättern (Deile/Sobich).

trainiert bestimmte Kompetenzen. Darüber muss beim Erstellen eines Arbeitsblattes noch stärker reflektiert werden als über die äußere Form. Ein gut aussehendes Arbeitsblatt, das von der/dem Lernenden nicht bearbeitet werden kann, macht keinen Sinn.

Nimmt man diesen Ordnungsansatz ernst, kommt man im besten Fall zu reflektierter Arbeitsblattgestaltung. Es ergibt sich ein Baukastensystem: Ein Arbeitsblatt mit oder ohne Bild, mit oder ohne eine Textquelle, mit oder ohne einen Verfassertext usw. Bei jedem Baustein muss sich der/die Lehrer/in immer fragen, ob die Schülerinnen und Schüler mit den einzelnen Bausteinen bereits umgehen können und was sie im Umgang mit diesen Baustein Neues lernen können.

Wenn wir Arbeitsblätter nach den Inhaltskomponenten einteilen, stellt sich die Frage, was wir wissen, wenn wir über ein Arbeitsblatt Aussagen von dieser Art treffen: ein Arbeitsblatt ohne Textquelle, mit Bildquelle, mit Darstellungstext, ohne Rekonstruktionszeichnung, mit Karte, ohne Tabelle, Statistik und Grafik, dessen Bearbeitung folgende Kompetenzen schult: … Weder ist klar, worum es inhaltlich geht, noch, was die Schüler/innen mit dem Arbeitsblatt anstellen und lernen sollen.

Ordnung nach Funktion

Als letzte vielversprechende Möglichkeit auf der Suche nach Ordnung drängt sich das Kriterium der Funktion von Arbeitsblättern auf. Diese Herangehensweise ist auch deshalb charmant, weil sie den Fokus schon in der Konstruktionsphase des Arbeitsblatts von Arbeitsblättern auf Zieloperationen des Lernprozesses, also des beabsichtigten Arbeitsprozesses, lenkt: Was soll mit dem Arbeitsblatt erreicht werden? Zielt die Perspektive auf die Form eher auf Methodenkompetenz, so gerät mit der Frage nach der Funktion eher Sachkompetenz, Analysekompetenz und Urteilskompetenz in den Blick. Ladenthin hat in Anlehnung an Wellenhofer den Versuch unternommen, die Funktionen, die ein Arbeitsblatt einnehmen kann zu kategorisieren:

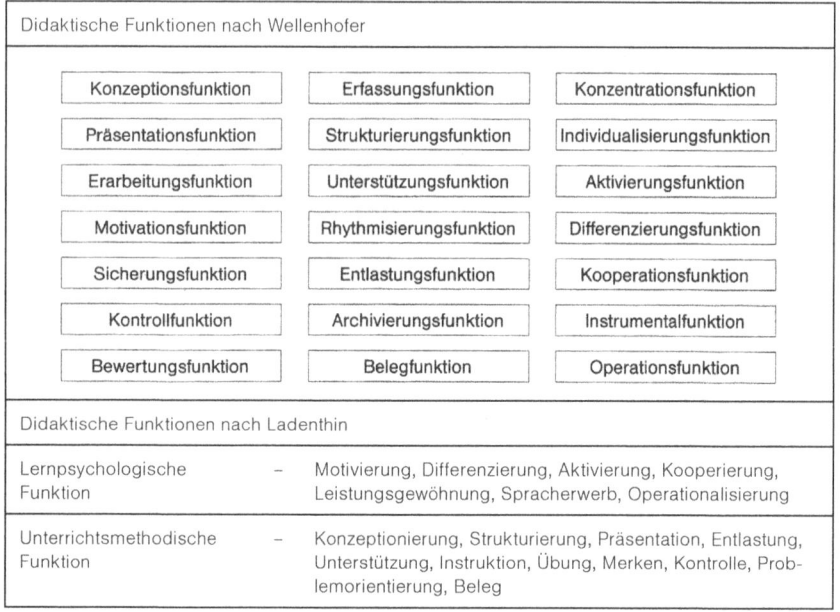

Didaktische Funktionen nach Wellenhofer

Konzeptionsfunktion	Erfassungsfunktion	Konzentrationsfunktion
Präsentationsfunktion	Strukturierungsfunktion	Individualisierungsfunktion
Erarbeitungsfunktion	Unterstützungsfunktion	Aktivierungsfunktion
Motivationsfunktion	Rhythmisierungsfunktion	Differenzierungsfunktion
Sicherungsfunktion	Entlastungsfunktion	Kooperationsfunktion
Kontrollfunktion	Archivierungsfunktion	Instrumentalfunktion
Bewertungsfunktion	Belegfunktion	Operationsfunktion

Didaktische Funktionen nach Ladenthin

Lernpsychologische Funktion	–	Motivierung, Differenzierung, Aktivierung, Kooperierung, Leistungsgewöhnung, Spracherwerb, Operationalisierung
Unterrichtsmethodische Funktion	–	Konzeptionierung, Strukturierung, Präsentation, Entlastung, Unterstützung, Instruktion, Übung, Merken, Kontrolle, Problemorientierung, Beleg

Abb. 2.5 – Ordnung nach Funktion bei Wellenhofer und Ladenthin (Wellenhofer: Arbeitsblatt-Praxis, S 39. Ladenthin: Arbeitsblatt, S. 159-165).

Mit Ladenthin käme man damit auf 18, mit Wellenhofer auf 21 Arbeitsblatttypen, mit beiden ließen sich insgesamt 28 Typen ausmachen. Dieses Panorama zeigt vor allem, was ein Arbeitsblatt alles kann. Es offeriert ein beeindruckendes potentielles Leistungsspektrum, es kann inspirieren, sich zu fragen: Was soll mit dem Arbeitsblatt erreicht werden? Soll es eher motivieren oder soll es kooperative Lernprozesse bestärken, soll es differenziertes Lernen ermöglichen oder Gelerntes reflektieren? Solche Grundsatzfragen nach der Funktion helfen, Arbeitsblätter passgenau für konkrete Lernprozesse zu erstellen und einzusetzen. Mit solchen Fragen kann es gelingen, die eigene Aufgabenstellung noch einmal zu überprüfen und weiterzuentwickeln, bewusstseinsschärfend können solche Auflistungen also sein, aber unpraktisch im konkreten Unterrichtsgeschehen bleiben sie doch – wer will sich 28 Typen von Arbeitsblättern merken? Zumal die meisten guten Arbeitsblätter verschiedene dieser Funktionen kombinieren werden, also noch sehr viel mehr Typen möglich wären.

Es muss, nachdem man sich die ganze Bandbreite verdeutlicht hat, etwas Einfacheres her. Und das geht auch.

Boeckmann/Heymen versuchen es mit „Motivieren", „Informieren", „Aktivieren", „Rückmelden" und „Kontrolle", gehen dabei aber sehr von aktiver Lehrerrolle und passiver Schülerrolle aus.[12]

Bedenkt man, dass das Arbeitsblatt als Medium zwischen Lehrerin/Lehrer und Schülerin/Schüler fungiert, dann müsste eine Ordnung nach Funktion auch beide Seiten erfassen. Für die eine Seite ist es entscheidend, welche Arbeiten initiiert werden, für die andere, welche Arbeiten erbracht werden soll. Und am Ende muss eine Möglichkeit erfasst werden, mit der das Arbeiten gemeinsam ausgewertet werden kann. Eine Kategorisierung könnte so aussehen:

Funktion:		Lehrerin/Lehrer ist:	Schülerin/Schüler ist:
Initiieren	-	produktiv	rezeptiv
		>>> z.B. Aufgabenblatt, Informationsblatt, Merkblatt, Theorieblatt, Präsentationsblatt	
Erarbeiten	-	inaktiv	aktiv
	-	>>> z.B. Erarbeitungsblatt, Versuchsblatt, Übungsblatt, Materialblatt	
Reflektieren	-	rezeptiv	(re)produktiv
	-	>>> z.B. Ergebnissicherungsblatt, Testblatt, Leistungsbewertungsblatt	

Abb. 2.6 – Ordnung nach Funktion: Erweiterung von Boeckmann/Heymen (Deile/Sobich).

Fraglich wäre an einer solchen Ordnung nur noch, ob Blätter, deren zentrale Funktion das Unterstützen einer Lehrerpräsentation ist, überhaupt sinnvoll als Arbeitsblätter bezeichnet werden sollten. Jedenfalls dann, wenn man davon ausgeht, dass Lehrerinnen und Lehrer mit Arbeitsblättern vordringlich Lernprozesse von Schülerinnen und Schülern vorstrukturieren wollen. Eine Präsentation als solche, zudem ohne Arbeitsauftrag, kann aber noch nicht als Lernprozess der Schülerin/des Schülers aufgefasst werden.

Ebenso wäre es eine Überlegung wert, ob Testblätter nicht auch nur als Testblätter verstanden werden sollten, statt sie als Arbeitsblätter zu verstehen. Sicher ist ein Test auch Arbeit – Arbeit, die aber von Schülern mental ganz anders bewältigt wird, eben nicht als Lernprozess, sondern eher als Bewährungsprozess. Auch wenn Testblätter ähnlich wie

---

12 Boeckmann/Heymen: Unterrichtsmedien, S. 86.

Erarbeitungsblätter aufgebaut sein können, so initiieren sie doch eher die Reproduktion von Gelerntem als die Produktion von Kenntnissen und Fertigkeiten.

Dieses Unbehagen, Testblätter und Informationsblätter als Arbeitsblätter anzusehen ist nicht neu und wird in der Fachliteratur durch eigentümliche Begriffsbildungen gelöst. Aus der Vielzahl möglicher Arbeitsblattformen stellt etwa Wellenhofer ein „Arbeitsblatt im engeren Sinne" heraus.[13] Auch Eckert definiert diese Kerngruppe von Arbeitsblättern: „Sie sollen

- zur Erarbeitung eines Sachverhaltes eingesetzt werden,
- dem Schüler Gelegenheit geben, in irgendeiner Form selbsttätig zu werden,
- in ihrer Gestaltung dem Entwicklungsstand der Schüler entsprechen,
- sich planmäßig in das Unterrichtsgeschehen einfügen."[14]

Wir wollen von einem Arbeitsblatt nur dann sprechen, wenn Schülerinnen und Schüler mit ihm historisch lernen können. (Was das heißt, versuchen wir in Kapitel 3 zu erklären.) Das ist der Kernbereich, die Kernkonstellation der Arbeitsblattpraxis im Geschichtsunterricht.

Beherzigt man das, können auch Wege zu einem sinnvollen Arbeitsblatteinsatz gefunden werden. Gerade Berufsanfänger/innen neigen dazu, ihr unterrichtliches Engagement in eine Flut von Arbeitsblättern zu kanalisieren, auch in Arbeits- und Lernprozessen, die sinnvoll durch andere Medien strukturiert und begleitet werden können, was regelmäßig zu Beschwerden von Schülerinnen und Schülern führt.[15] Die Kontrollfrage könnte hier lauten: Optimiert das Arbeitsblatt Lernprozesse oder nicht?

In einem so abgesteckten Feld bewegen sich die Ausführungen und Hinweise dieses Buchs. Es geht um die sinnvolle Gestaltung und den sinnvollen Einsatz von Arbeitsblättern als Blättern, die Lernprozesse begleiten.

---

13 Das bleibt bei seiner „mediendidaktischen Flurbereinigung" (Kap. VII) übrig: Wellenhofer: Arbeitsblatt-Praxis, S. 94.
14 Eckert: Arbeitsblatt, S. 10. In etwas anderer Form beschränkt auch Ladenthin den gleichen Kernbereich des Arbeitsblattfeldes auf „sachbezogene, Selbsttätigkeit erfordende, adressatengemäße und didaktisch eingesetzte Materialien" (Ladenthin: Arbeitsblatt, S. 155).
15 Deshalb: Bauer/Drew: Alternativen. Ladenthin: Arbeitsblatt, S. 161. Wellenhofer: Unterricht, S. 307.

3. Von Briefchen, Bögen und Blättern – Zur Geschichte des Arbeitsblatts als Geschichte des Lernens

„Am Medium Arbeitsblatt läßt sich die Geschichte der Theorie der Schule und schließlich der Theorie der Bildung ablesen", behauptet Volker Ladenthin in seinem instruktiven Artikel über Arbeitsblätter,[1] und an dieser These scheint uns etwas dran zu sein. Denn das Arbeitsblatt hat sich in seiner Geschichte so gewandelt wie der Unterricht, und es hat auch mittlerweile so vielfältige Formen wie der Unterricht. Da es uns um den Geschichtsunterricht geht und hier vor allem um von Lehrer/innen selber gefertigte Arbeitsmaterialien, bleiben unsere Ausführungen notwendig kursorisch. Wir wollen und können hier keine vollständige Geschichte des Arbeitsblatteinsatzes im Geschichtsunterricht vorlegen, dazu sind die Quellen zu spärlich. Wir wollen ganz geschichtsdidaktisch die Geschichte des Arbeitsblattes als Alteritätserfahrung konzipieren, das heißt vor allem die Unterschiede zu den in den letzten dreißig Jahren entstandenen Möglichkeiten aufzeigen.

Die Idee selbstgefertigte Arbeitsmaterialien für Lernende anzufertigen, ist alt. Bereits Rousseau hatte die Vorstellung, seine imaginären Zöglinge mit kleinen, selbstgeschriebenen Briefchen zu informieren, zu Fragen anzuregen oder gar vorgefertigte Fragen beantworten zu lassen. Inwieweit diese literarische Phantasie von einzelnen Reformpädagogen des 18. und frühen 19. Jahrhunderts tatsächlich in die Praxis umgesetzt wurde, ist schwer nachzuvollziehen; angesichts des hohen Arbeitsaufwandes, den dieses Verfahren beim damaligen Stand der Technik nötig machen würde, erscheint es aber unwahrscheinlich, dass diese Idee in größerem Maße praktiziert wurde. Zwar gab es bereits seit Ende des 18. Jahrhunderts verschiedene Vervielfältigungstechniken (Kopierpresse, Mimeograph), die dann im 19. Jahrhundert durch den Hektographen und andere Vervielfältigungstechniken ergänzt wurden, bis schließlich im 20. Jahrhundert verschiedene Fotokopiersysteme entwickelt wurden.[2] Allerdings waren diese Geräte recht teuer, und es dauerte zum Teil mehrere Jahrzehnte, bis sie einigermaßen erschwinglich waren. Dass

---

1 Ladenthin: Arbeitsblatt, S. 156.
2 Zur Geschichte der Vervielfältigung s. Imlau: Copy-Story.

diese im nennenswerten Umfang in der Schule eingesetzt wurden, ist nicht überliefert. Freilich ist die Frage, ob solche Vervielfältigungen überhaupt aufgehoben wurden. Noch fraglicher ist aber, ob sie heute noch lesbar wären – Papier- und Druckqualität waren zum Teil bescheiden, wo beschichtetes Papier benötigt wurde, dürfte dieses mittlerweile so gut wie unleserlich sein.

　　In konventioneller Literatur zum Geschichtsunterricht im deutschen Kaiserreich tauchen Arbeitsblätter oder Arbeitsbögen nicht auf. Als „Hilfsmittel des Geschichtsunterrichts" werden in der 1892 erschienen Methodik des Geschichtsunterrichts neben den „Karten und Atlanten", den „Abbildungen", dem „Lesebuch", dem „Realienbuch", der „Schülerbibliothek" und der „Feier vaterländischer Gedenktage" auch „Quellen" und „Ergänzungen zum Seminarlesebuch" aufgeführt. Die Quellen, die auch alltagsgeschichtlicher Natur sein durften, sollten aber allenfalls laut vorgelesen werden, „durch eingestreute Fragen" solle der Lehrer sich davon überzeugen, „daß alle dem Vorleser folgen".[3] Zumeist aber hatten sie nur als Vorbereitung für den Lehrvortrag zu dienen. Bei den „Ergänzungen zum Seminarlesebuch" handelt es sich um zusätzliche Lesetexte, die als „Rüstzeug gegen die sozialdemokratischen Lehren"[4] gedacht waren, nicht aber um Arbeitsblätter.

　　In der Reformpädagogik des späten 19. und frühen 20. Jahrhunderts spielten Arbeitsblätter durchaus eine Rolle. Während A.S. Neill davon ausging, dass der traditionelle Unterricht aufgrund der Freiwilligkeit des Lernens und des Interesses der Lernenden ausreichend lernwirksam werden würde, und entsprechend methodisch relativ konservativ war,[5] haben andere Reformpädagogen den Schwerpunkt auf die Selbsttätigkeit der Lernenden gesetzt. Hier sind v. a. Petersen mit seiner Theorie der Arbeitsmittel und Freinet, dessen Druckwerkstätten auch die Produktion von Arbeitsblättern ermöglichten oder zumindest hätten ermöglichen können, zu nennen. Maria Montessori schrieb sogar von Hand Arbeitsblätter,[6] Helen Parkhurst nutzte „Assignments", die in Geschichte vor allem kurze Sachtexte mit Lektürevorschlägen und Aufgaben waren.[7] Diese Vorläufer der Arbeitsblätter gab es mit unterschiedlichen Anspruchsniveaus zur Binnendifferenzierung.[8] In der reformpädagogisch orientierten Praxis des Geschichtsunterrichts in der

---

3　Hübner: Methodik, S. 138.
4　Hübner: Methodik, S. 138.
5　In seiner Autobiographie nennt Neill Lehrmethoden „irrelevant" (Neill: Birnenstiel, S. 194), in seinem wohl bekanntesten Sachbuch formuliert er eindeutig: „Deswegen haben ich kein großes Interesse, den Lehrstoff durch moderne Methoden interessant zu machen; lieber möchte ich das unnütze und langweilige Zeug über Bord werfen." (Neill: Prinzip, S. 73)
6　Dazu ausführlich: Latenthin: Arbeitsblatt, S. 153-156.
7　Ein Beispiel findet sich bei Döring: Lernmittel, S. 225, über die Vervielfältigung war nichts in Erfahrung zu bringen. In der 1955 entstandenen Dissertation von Besuden werden Arbeitsblätter nur am Rande erwähnt.
8　Hagemann/Tulodziecki: Unterrichtsplanung, S. 103.

Weimarer Republik scheinen Arbeitsblätter aber keine – oder keine nennenswerte – Rolle gespielt zu haben; zumindest gibt es dazu keine Überlieferung.[9]

Abseits der Reformpädagogik scheinen Arbeitsblätter in der Ausbildung für sog. praktische Berufe eine größere Rolle gespielt zu haben. Die Berliner Staatsbibliothek verfügt noch heute über einen Fundus an Arbeitsblättern für die Ausbildung zum Gartenbaufachmann aus den 1920er und 1930er Jahren. Diese gebundenen und gedruckten Arbeitsblätter, die sich auch mit historischen und politischen Themen auseinandersetzen, waren in erster Linie Skizzen, die zu beschriften waren, veranschaulichende Bilder und Schemata und zielten alle darauf ab, entweder als Lernkontrolle zu funktionieren oder aber die Schulbucharbeit und den Lehrvortrag zu unterstützen. Aber auch für den Schulunterricht gab es fertige Arbeitsbögen: „Handels Arbeitsbogen für Volksschulen" von 1924 zum Thema deutsche Geschichte etwa, ist eine Sammlung von Aufgaben, sehr kurzen Quellen(bruchstücken), Leseempfehlungen und Rekonstruktionszeichnungen, die zumeist mit dem Arbeitsauftrag „Sprecht über diese Zeichnung!" versehen waren.[10] Viele dieser Arbeitsbogensammlungen scheinen aber im II. Weltkrieg verloren gegangen zu sein.

Eine größere Quellenüberlieferung – zur Zeit noch ein ungehobener Schatz der Geschichte des Geschichtsunterrichts – sind zahlreiche Arbeitsbögen aus der NS-Zeit. Zwar ließen die gängigen Geschichtsbücher der Weimarer Republik in Sachen Geschichtsklitterung, Sozialdarwinismus, Nationalismus und Revanchismus eigentlich wenig für die Nazis zu wünschen übrig.[11] „Der Schmach von Versailles"[12] „Unsere blutenden Grenzen"[13], „Unsere Kolonien in Vergangenheit und Zukunft"[14], „Das Auslandsdeutschtum"[15] oder „Luise – Königin von Preußen"[16] hätten auch in der Weimarer Republik entstehen können.[17] Doch die spezifisch nationalsozialistischen Zutaten wie Rassenideologie, Antisemitismus und Großraumdenken, sowie die Interpretation des Kaiserreichs und der Weimarer Republik waren den neuen Machthabern und ihren Gefolgsleuten offensichtlich nicht angemessen genug vertreten, sodass Schulbuchverlage und wer sich noch berufen fühlte, eine ganze Reihe von „Arbeitsbogen" bereit hielten, mit denen nationalsozialistische Lehrer/innen die deutschnationalen Geschichtsbücher ergänzen konnten.

---

9 Vgl. Engeler: Geschichtsunterricht, S. 251-302.
10 Handels Arbeitsbogen für Volksschulen: Deutsche Geschichte. Arbeitsunterrichtliche Ergänzung zu jedem Schülerheft für Geschichte. Breslau 1924. StaBi, Ne 15106-4.
11 Ausführliche scharfe Kritik mit vielen Quellenbelegen bei Kawereau: Geschichtsunterricht.
12 Schriften zu Deutschlands Erneuerung, Nr. 2.
13 Schriften zu Deutschlands Erneuerung, Nr. 3.
14 Schriften zu Deutschlands Erneuerung, Nr. 4.
15 Schriften zu Deutschlands Erneuerung, Nr. 13/14.
16 Schriften zu Deutschlands Erneuerung, Nr. 17.
17 Was sich u. a. daran zeigt, dass z. B. Heft 13 Material von 1929 verwendet.

Abb. 3.1 – *Diese Arbeitsbögen waren in der NS-Zeit als Ergänzung für die Schulbücher gedacht (Staatsbiliothek Berlin).*

Denn die Bewertung der Bedeutung des 9. Novembers 1923 („Und er hat doch gesiegt!"),[18] der Ahnenkunde („fester, reiner gesünder!"),[19] von 5000 Jahren Hakenkreuz („zum heiligen Zeichen des gesamten deutschen Volkes geworden")[20] und von Horst Wessel („Deutsche Jungen und Mädels ... Seid auch Ihr zu jedem Opfer bereit und betet zu Gott: ‚Herr lass mich nie feige werden'")[21] war vor 1933 sicherlich eine andere, nicht zu reden von der Vermittlung jenes „wertvolle[n] Wissens", das zu einer positiven „Einstellung als Staatsbürger des 3. Reichs" führen sollte.[22]

Diese Heftreihe war vom NS-Lehrerbund, Kreisgruppe Breslau begründet worden. Angeblich hatten diese „bescheidenen billigen[[23]] Bogen" eine „begeisterte Aufnahme" gefunden, vor allem wegen ihrer „kindertümlichen Darstellungsweise". Der Sache nach handelte es sich aber um Schulbuchergänzungen mit viel Text und einigen Abbildungen und Karten. Ähnlich waren auch „Schöninghs Arbeitsbogen für den Deutschen Gesamtunterricht" beschaffen. Erst 1940 kamen die Geschichtsbücher „Volk und Führer", die freilich aufgrund der Kriegssituation keine größere Verbreitung und Wirkung mehr gehabt zu haben scheinen.

Für die Nachkriegszeit und die 1950er Jahre liegen uns wenige Hinweise darauf vor, dass Arbeitsbogen oder Arbeitsblätter im nennenswerten Umfang überhaupt im Unterricht, geschweige denn im Geschichtsunterricht, benutzt wurden. Der Stand der Vervielfältigungstechnik war freilich noch bescheiden: „Durchdrücken", „Umdrucken", „Schablonieren" und „Pausen" nennt ein 1948 erschienenes Buch als die vier Gruppen der Vervielfältigungsarten.[24] Die – der Nachkriegszeit geschuldet – selbstgebauten Hektographen ließen nur auf 30-50 gute Abzüge hoffen, wiewohl der Autor darauf hinweist, dass man „in den allergünstigsten Fällen mit einer Erreichung von hundert Abzügen rechnen kann".[25] Keines der vorgestellten Verfahren war so einfach, dass sein massenhafter Gebrauch im Schulunterricht wahrscheinlich ist.[26] Seit Ende der 1950er Jahre wurden Schuldruckereien üblicher, die häufig vom Hausmeister oder einem seiner Angestellten betrieben wurden. Mit den nunmehr erschwinglichen Druckmaschinen konnten nicht nur Schul- und Schülerzeitungen gedruckt werden, sondern auch Arbeitsma-

---

18 Schriften zu Deutschlands Erneuerung, Nr. 20, Titelblatt.
19 Schriften zu Deutschlands Erneuerung, Nr. 22, S. 16.
20 Schriften zu Deutschlands Erneuerung, Nr. 23, S. 15
21 Schriften zu Deutschlands Erneuerung, Nr. 13
22 Schriften zu Deutschlands Erneuerung, „Zur Einführung" (BII, 331ª- 1/20, o.S.)
23 Die Hefte kosteten zunächst 11 Reichspfennige, einige spätere Hefte kostete dann auch mal 30 Rpf, „bei Klassenbezug 22 Rpf". Sie wurden zusätzlich vom Verlag auch als gebundene Bücher vertrieben. (Niemer: Dichter, Umschlagseite)
24 Gruber: Apparate, S. 7.
25 Gruber: Apparate, S. 8.
26 Dieses Urteil muss allerdings cum grano salis genommen werden. Unsere Vorstellung eines günstigen Verhältnisses von Aufwand und Ertrag ist ja bereits vom Hochleistungskopierer geprägt.

terialien aller Art. Prinzipiell hätten Arbeitsblätter gedruckt werden können und wurden es sicherlich auch zum Teil. Ob allerdings häufig die Druckerei bemüht wurde, bloß um einen Klassensatz von Arbeitsblättern erstellen zu lassen, erscheint fraglich. Interviewte Zeitzeugen können sich nicht daran erinnern, dass Arbeitsblätter im Geschichtsunterricht in nennenswertem Umfang benutzt wurden. Auch die Schulgeschichtlichen Sammlungen und Museen haben keine nennenswerten Überlieferungen aus dieser Zeit. Das verwundert nicht, sah doch das Fachverständnis der meisten Geschichtslehrkräfte Geschichtsunterricht als einen rein rezeptiven Vorgang an, in dem Schülerinnen und Schüler zu lesen, zuzuhören und abzuschreiben hatten. Für Arbeitsblätter war da kaum Raum. Allerdings gab es von Schulbuchverlagen eigene Großstempel (vgl. Abb. 3.3),[27] mit denen eigene Arbeitsblätter produziert werden konnten, zum Teil mit Lücken, die ausgefüllt werden sollten, zum Teil mit Umrissen, die auszufüllen waren.

Allerdings gab es seit Anfang der 1950er Jahre die Tellus-Lesebogen für verschiedene Unterrichtsfächer – auch für Geschichte. Sie waren in Nordrhein-Westfalen sogar für den Gebrauch im Schulunterricht zugelassen und widmeten sich den verschiedensten historischen Themen „Bei unseren Vorfahren, den Germanen", „Der Kampf um den Glauben", „Große Entdecker und Erfinder", aber auch für die damalige Zeit recht innovative Themen wie z. B. „Frauenleben im Mittelalter" und auch bemerkenswert vielen zeitgeschichtlichen Heften wie z. B. „Die Republik von Weimar", „Hitlers Außenpolitik", „Der zweite Weltkrieg"[28] oder die „Bundesrepublik Deutschland". Vom Konzept her ähnelten sie den Arbeitsbögen aus den 1930er und 1940er Jahren: einfach geschriebene Texte, mit einigen wenigen Konstruktionszeichnungen und Karten als Illustration versehen, zum Schluss größerer Sinnabschnitte Aufgaben für die Schülerinnen und Schüler. Als solche waren die Lesebogen mehr als nur eine Ergänzung zum Schulbuch.

Die Texte entsprachen von Format und Inhalt dem Zeitgeist der 1950er und 1960er Jahre: autoritative Geschichtserzählungen, keine Quellen, keine Kritik. Es war, verrät uns ein Bogen, ein „rohes Volk", nämlich „die Türken", das durch seine brutalen Übergriffe die Kreuzzüge provozierte, denn dass „das Land, welches durch den Welterlöser geheiligt worden war, in den Händen so grausamer Nichtchristen war", habe man im „Abendlande" natürlich als „Schmach" empfunden.[29] Ein anderer Bogen informiert uns: Hitler habe den Krieg „über die Welt gebracht", deswegen hätten „feindliche Flieger unsere Städte und viele Dörfer durch Spreng- und Brandbomben verwüstet". Von Zwangsarbeitern, Massenerschießungen, Konzentrations- und Vernichtungslagern findet sich kein Wort, aber: „schöne Wohnstätten wurden vernichtet"[30]. Man sieht: Das Nar-

---

27 Hinweise bei Döring: Lernmittel, S. 252.
28 Schreibweise i. O.
29 Alle Zitate aus Tellus-Bogen Geschichte, GB 16: Das Zeitalter der Kreuzzüge, S. 1
30 Alle Zitate aus: Tellus-Bogen Geschichte, GA 19: „Deutschland baut wieder auf", S. 1 (1/63).

TELLUS-BOGEN · GESCHICHTE · GA 19

Deutschland baut wieder auf

Zerstörtes Land, zerrissene Grenzen

Der schrecklichste aller Kriege. Im Laufe der Geschichte haben schon viele Kriege unser deutsches Land verwüstet, aber noch keiner hat soviel Leid und Not über die Menschen gebracht wie der letzte, den Hitler 1939 begann, der bis 1945 dauerte und den man den zweiten Weltkrieg nennt. Die Kinder, die heute zur Schule gehen, können das nicht genau wissen; sie lebten entweder damals noch nicht, oder sie waren noch zu klein, um die Not und das Elend zu sehen und zu verstehen. Doch eure älteren Geschwister, vor allem eure Eltern, entsinnen sich noch mit Schrecken dieser furchtbaren Zeit.

Schöne Wohnstätten wurden vernichtet. Besonders die letzten zwei Jahre von 1943 bis 1945 hatten feindliche Flieger unsere Städte und viele Dörfer durch Spreng- und Brandbomben verwüstet. Ihre Angriffe sollten den Krieg, den Hitler über die Welt gebracht hatte, mit Gewalt beenden. Ganze Häuserreihen und Stadtteile wurden dem Erdboden gleichgemacht. Tausende von Menschen lagen unter den Trümmern begraben, zerschlagen, erstickt und verbrannt. Wenn die geängstigten und gequälten Menschen aus den schützenden Bunkern kamen, fanden manche ihr Haus, das vor einer Stunde noch gestanden hatte, nicht wieder; und wenn es heute auch erhalten blieb, morgen schon konnte es ausgebrannt oder von einer Mine weggefegt sein. Auf den Straßen häuften sich die Trümmer, reihte sich Bombentrichter an Bombentrichter. Über ihnen hingen die zersplitterten Masten der Straßenbahn mit ihren zerrissenen Leitungen. Längst schon fuhren die Straßenbahnen nicht mehr oder nur noch in den entlegenen Außenbezirken der Stadt. Immer von neuem beseitigte man die Trümmer auf den Straßen. Aber am andern Morgen waren sie wieder verschüttet, weil ein neuer nächtlicher Bombenangriff weitere Häuser in Trümmer gelegt hatte. Die Menschen fanden sich in ihrer nächsten Umgebung kaum noch zurecht.

Blick über eine zerstörte Stadt

Abb. 3.2 – Titelblatt eines Tellus-Bogen Geschichte, i. O. zweifarbig (Privatarchiv).

rativ des deutschen Volkes als eigentlichem Opfer des Nationalsozialismus ist keine Erfindung des 21. Jahrhunderts. Im Kampf gegen den Kommunismus verfallen die Bogen schon mal in eine Jargon, der durchaus schulhoftauglich scheint: Die sogenannte DDR heiße „sogenannte", weil „nicht das deutsche Volk, sondern die dortige kommunistische Regierung sie so genannt hat, die zu den Russen hält, aber nicht von uns anerkannt ist".[31] Schon bevor die Geschichtsdidaktik das Identitätsbewusstsein als Teil des Geschichtsbewusstseins entdeckt, wurde die Fähigkeit der „Wir-Ihr-Differenzierung"[32] also kräftig gefördert.

Methodisch waren die Aufgabenstellungen allerdings für die damalige Zeit erstaunlich offen und innovativ: Neben reproduktiven und moralisierenden Aufgaben wurden die Schülerinnen und Schüler auch zu Zeitzeugeninterviews und Recherchen auf dem Dachboden ermuntert, Karten sollten verglichen, Lehren aus der Geschichte gezogen und Bewertungen abgegeben werden. Und sogar zur Selbstreflexion wurde aufgefordert: „In weiteren Tellus-Bogen hören wir noch ausführlich Regierung und Volksvertretung. Warum muss schon ein Schulkind darüber Bescheid wissen?"[33] Damit waren die Bogen weiter als die meisten Schulbücher, bevor Hans Ebelings „Reise in die Vergangenheit" erschien.

Die wirkliche Wende zum selbst gefertigten Arbeitsblatt als einem normalen und üblichen Instrument des Unterrichts in Westdeutschland scheint Anfang der 1960er Jahre mit der Durchsetzung des Spirit-Carbon-Umdruckers, auch Matrizendrucker, Hektograph, Ormig oder scherzhaft „Nudelmaschine" genannt,[34] begonnen zu haben.[35] Diese Vervielfältigungsmöglichkeit, die einfach und billig war, ermöglichte es, mit einer Matrize zwischen 200 und 300 Exemplare herzustellen, mit schwach-lila[36] Schrift und einem leichten Alkoholgeruch. Ob tatsächlich das Gerücht, die Lösungsmittel seien krebserregend zum Verschwinden der Apparaturen Anfang der 1990er Jahre geführt hat, oder ob sich die modernen Kopierer einfach als überlegen erwiesen haben, ließ sich nicht mehr rekonstruieren.[37] Bis in die 1980er Jahre hinein waren Kopiergeräte jedenfalls

---

31 Tellus-Bogen Geschichte GA 21: Bundesrepublik Deutschland (4/64), S. 2.
32 Pandel: Geschichtsdidaktik, S. 144.
33 Tellus-Bogen Geschichte GA 19: Deutschland baut wieder auf (1/63), S. 8.
34 Die Vielfalt der Begriffe wird ergänzt durch vielfältige Vervielfältigungsverfahren, die zum Teil ähnlich, zum Teil verschieden sind, in der Literatur z. T. aber recht bunt durcheinander gehen, so dass nicht immer klar ist, was gemeint ist, wenn z. B. vom Wachsmatrizendrucker die Rede ist – wirklich, das aufwändigere Wachsmatrizen-Verfahren oder doch nur der Spirit-Carbon-Umdrucker.
35 Eckert geht noch 1980 davon aus, dass Arbeitsblätter „meist im Umdruckverfahren" hergestellt werden (Eckert: Arbeitsblatt, S. 14).
36 Es war möglich, die übliche Matrizenfarbe durch rot, grün, gelb und manchmal sogar schwarz zu ersetzen oder zu ergänzen. Diese Farben erlaubten allerdings eine geringere Vervielfältigungszahl.
37 Wikipedia behauptet freilich: „An manchen Schulen haben alte Matrizendrucker heute eine Renaissance, da aufgrund sinkender Etats die Kopienzahl reduziert ist. Er ist dann für Massenvervielfälti-

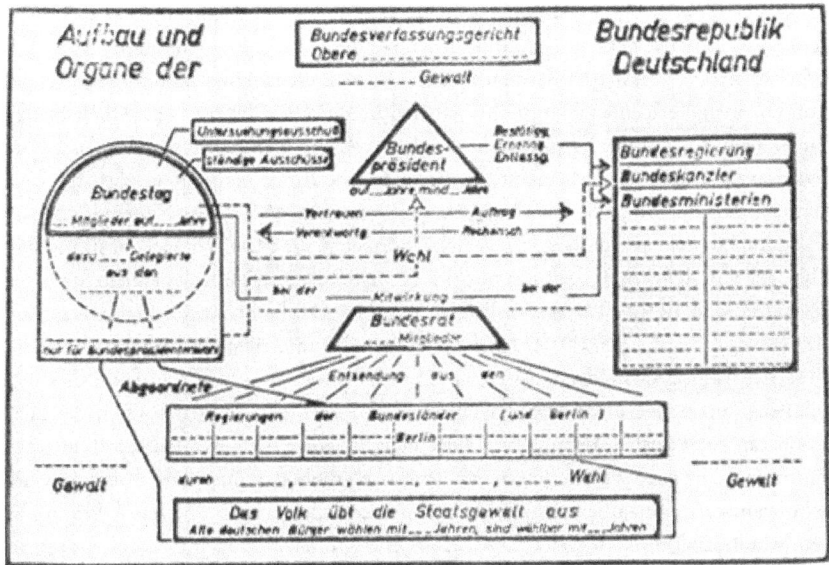

Abb. 3.3 – Beispiel für einen Stempeldruck (hier aus dem Fach Politik). Schüler/innen sollten die Lücken beschriften (Privatarchiv).

keine Alternative: Noch 1971 stellte Joachim Pfennig resigniert fest, dass es „kein verfügbares Gerät" gäbe, das den Anforderungen „originalgetreue Wiedergabe, Haltbarkeit der Kopien, Schnelligkeit, Einfachheit und Wirtschaftlichkeit der Kopienherstellung" in vollem Umfang genüge.[38] Das verwundert, da bereits 1971 Xerografie-Kopierer auf dem Markt waren, die mit unbeschichtetem Papier Trockenkopien produzieren konnten. Allerdings war die Firma Rank Xerox der einzige Anbieter, der die Kopierer auch nur vermietete – offensichtlich zu Preisen, die die Einzelkopie „etwas teurer" als die 0,15 DM Durchschnittspreis werden ließen.[39] Generell waren die meisten Selbstbedienungsgeräte „recht störanfällig".[40]

Mit dem Ende der 1960er begannen sich Arbeitsblätter flächendeckend durchzusetzen; auch wohl deshalb, weil viele neue Lehrer/innen mit den alten Schulbüchern unzufrieden waren. In einem Lehrbuch werden 1969 Arbeitsbogen ganz selbstverständlich

---

gungen von einem Original eine billige Alternative zum Kopiergerät." (http://de.wikipedia.org/wiki/Matrizendrucker, eingesehen am 3.5.2012)
38 Pfennig: Geräte, S. 12.
39 Pfennig: Geräte, S. 78, 91.
40 Pfennig: Geräte, S. 98.

als Arbeitsmittel genannt,[41] ohne dass ihnen allzu große Bedeutung zugesprochen wurde. Bereits 1973 beklagte Baldur Kozdon den „weithin sichtbaren Kult mit Arbeitsblättern"[42], und 1980 schrieb Eckert: „Es ist in den letzten Jahren zur Regel geworden, in nahezu allen Unterrichtsfächern und in allen Jahrgängen Arbeitsblätter einzusetzen".[43] Damit waren aber wohl vor allem von Verlagen gedruckte, im Klassensatz angebotene Arbeitsblätter gemeint, denn der gleiche Autor befürchtete, dass für viele Lehrer/innen der Umgang mit *selbstgefertigten* Arbeitsblättern noch „Neuland"[44] sei.

Für den westdeutschen *Geschichts*unterricht spielten die Matrizen nach einstimmigen Aussagen von Zeitzeugen zunächst nur eine geringe Rolle. Sie kamen vor allem für Tests, Klausuren und sonstige Lernkontrollen zum Einsatz. Das hatte zum einen damit zu tun, dass bis zum Beginn der 1970er Jahre der Geschichtsunterricht ein klar instruierender Unterricht war. Der Lehrer wusste, ‚wie es wirklich gewesen war' und hatte dies den Schülern mitzuteilen und beizubringen. Die üblichen Methoden dazu waren der Lehrervortrag – der insbesondere in der DDR auch die Form der Geschichtserzählung annahm und dort auch zu einer eigenen Kunstform erhoben wurde –, die Arbeit mit der Schulwandkarte (unentbehrlich: der Lehrer mit dem Zeigestock) und das Arbeiten mit den Schulbüchern, die in erster Linie historische Großerzählungen in Form von Autorentexten waren. Dazu kam der relativ große Aufwand: Selbstgeschriebene Texte oder abgetippte Quellentexte mussten, nachdem die Matrize „abgenudelt" war, erneut abgeschrieben werden, sodass Arbeitsaufwand und Ertrag hier in keinem günstigen Verhältnis standen. Ob jemals ein Lehrer Historienbilder, Rekonstruktionszeichnungen oder anderes für historisches Lernen interessantes Bildmaterial tatsächlich abgepaust und auf eine Matrize aufgezeichnet hat, scheint fraglich. Und das gilt auch für andere Medien des historischen Lernens wie z. B. das Diagramm, die Statistik, die Karte, die Karikatur usw.

Mitte der 1970er Jahre trafen zwei Revolutionen aufeinander, die zunächst unbemerkt den Geschichtsunterricht insgesamt verändern sollten.

Zum einen hatte sich im Gefolge der 1968er-Bewegung die Vorstellung durchgesetzt, Schülerinnen und Schüler sollten im Geschichtsunterricht nicht mehr große Gesänge vernehmen, sondern selbst anhand von Quellenlektüre und Quellenkritik zu eigenen historischen Aussagen kommen. Sie sollten insbesondere in der gymnasialen Oberstufe an die Standards der Geschichtswissenschaft herangeführt werden, sich selbst ein Urteil bilden, Hypothesen von Historikerinnen und Historikern kritisch überprüfen, diskutieren, kurz: denken. Die Einstellungswelle von Lehrerinnen und Lehrern Anfang der

---

41 Döring: Lernmittel, S. 257.
42 Kozdon: Schulbuch, S. 127.
43 Eckert: Arbeitsblatt, S. 9.
44 Eckert: Arbeitsblatt, S. 8.

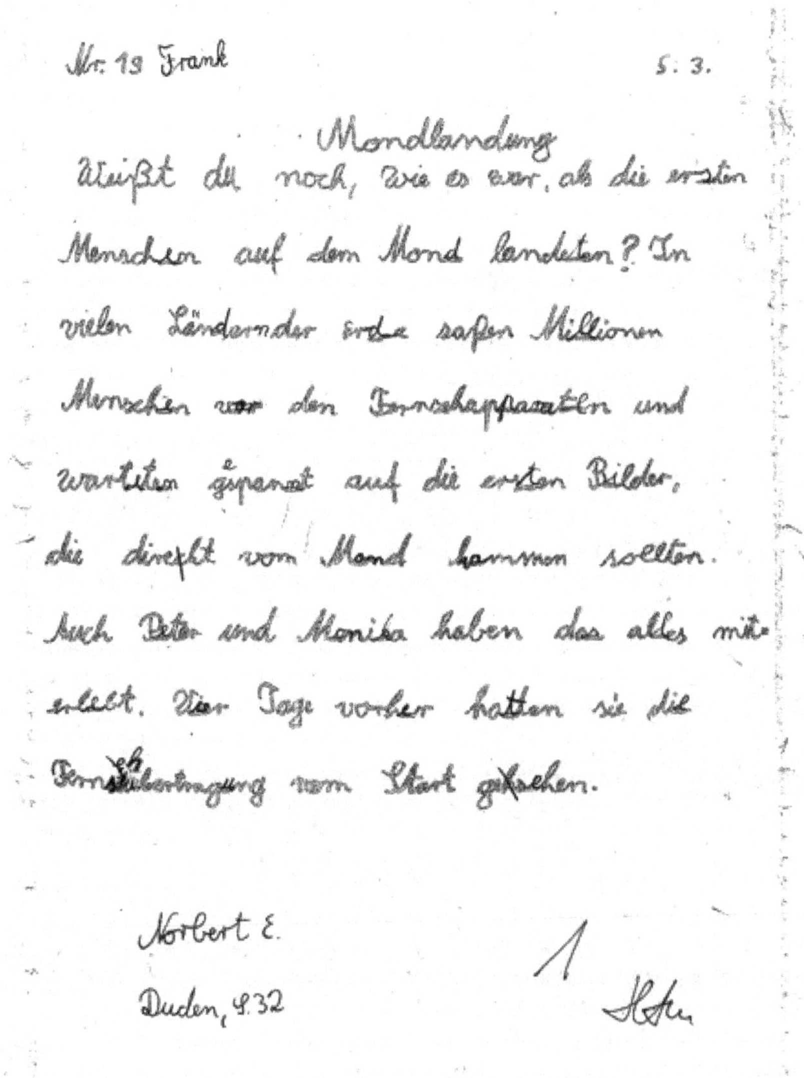

Nr. 19 Frank 5. 3.

Mondlandung

Weißt du noch, wie es war, als die ersten Menschen auf dem Mond landeten? In vielen Ländernder erde saßen Millionen Menschen vor den Fernsehapparaten und warteten gespanst auf die ersten Bilder, die direklt vom Mond kammen sollten. Auch Peter und Monika haben das alles miterleet. Vier Tage vorher hatten sie die Fernsehübertragung vom Start gesehen.

Norbert E.

Duden, S. 32

1

Abb. 3.4 – Historisches Großereignis als Rechtschreibprüfung: Beispiel für einen Umdruck von Mitte der 1970er Jahre, i. O. dunkel-lila auf stark vergilbt. Warum der Text mit einem „Weißt Du noch, wie es war“ beginnt, obwohl die damaligen Grundschüler/innen zum Zeitpunkt der Mondlandung noch nicht mal geboren waren, ließ sich nicht mehr herausfinden.

1970er Jahre und die Begeisterung für neue Formen und Methoden des Lehrens und Lernens führte gerade im Geschichtsunterricht zu einer zum Teil naiven und unkritischen Überhöhung der Quelle. Nach den Berichten von Zeitgenossen kam es auch zu einer wahren Schwemme von Arbeitsblättern, die alternativ zu den als verstaubt und veraltet geltenden Geschichtsbüchern für kurze Zeit an einigen Schulen zum Leitmedium des Geschichtsunterrichts wurden.

1983 polemisierte Gerhard Schoebe gegen Unterrichtsstunden mit „folgende[m] typischen Verlauf": „Der Lehrer beginnt mit einem ‚informierenden Unterrichtseinstieg', etwa drei Minuten nach dem Beginn seines Unterrichts verteilt … er ‚abgenudelte' ‚Arbeitsblätter' mit Auszügen aus einer oder mehreren Geschichtsquellen verschiedenster Quellensorten, meist mit dazu formulierten ‚Arbeitsanweisungen'"[45] und warnte davor „fast permanent selbst abgetrudelte Arbeitszettel" zwischen sich und die Schüler zu schieben. Dies schwäche den personalen Bezug.[46]

Zum anderen waren seit Mitte der 1970er Jahre Kopierer auf den deutschen Markt gebracht worden, die zu einem halbwegs bezahlbaren Preis verfügbar und somit in der Schule und der Universität einsetzbar waren. 1976 schwärmte ein Buch von der gelungenen Kombination von Spirit-Carbon-Umdruckern, Schablonen-Vervielfältigern, Thermokopierern und Fotokopierern,[47] weil eben jedes Gerät so seine Vor- und Nachteile habe. Denn die Trockenfotokopierer, die sich alsbald durchsetzen sollten, waren immer noch relativ teuer, kompliziert und langsam. Ab 1980 gab es erste Hochleistungskopierer, die in den folgenden Jahren immer weiter optimiert wurden: Vereinfachung der Bedienung, höhere Auflagen, größere Geschwindigkeit und geringere Störanfälligkeit machten sie recht schnell zu einem allgemeinen Arbeitsmittel. Damit stand eine Maschine zur Verfügung, die unproblematisch und billig große Mengen von Kopien erstellen konnte und deren einmal erstellte Vorlagen immer wieder verwendet werden konnten. Genauso wurden die Kopierer in den ersten Jahren dann auch eingesetzt. Kopien aus Büchern jedweder Art wurden dem Schülervolk ausgehändigt, zum Missvergnügen der Schulbuchverlage sowie einzelner Kultusminister. Das Potenzial, nämlich die Möglichkeit, als Lehrerin oder Lehrer Materialien zu erstellen, die eigenen didaktischen und methodischen Überlegungen folgten und passgenau für bestimmte Lerngruppen erstellt werden konnten, wurde häufig nicht gesehen.

In der DDR wurden Arbeitsblätter nur sehr sporadisch eingesetzt. Auch wenn das Handbuch der Geschichtsmethodik das Lernen mit Arbeitsblättern wegen ihrer mögli-

---

45 Schoebe: Quellen, S. 301. Der entsprechende Aufsatz ist Teil einer länger anhaltenden Polemik über den Aufbau von Schulbüchern, der uns in diesem Zusammenhang nicht interessieren muss. Ob „abgetrudelt" ein Tippfehler oder ein Synonym für „abgenudelt" ist, ließ sich nicht ermitteln.
46 Schoebe: Quellen, S. 302.
47 Andersen/Sörensen: Medien, S. 123 ff., S. 130 ff., S. 138 ff.

chen „anregenden Wirkung"[48] in höchsten Tönen lobt, waren sie vor allem als Ergän-
zungsmaterial zu dem für alle verbindlichen Schulbuch des entsprechenden Jahrgangs
gedacht und sollten „nach Erarbeitung als Bestandteile in die Schülerhefte eingefügt
werden"[49]. Die Funktion der Arbeitsblätter bestand darin, den Lernprozess der Schülerinnen und Schüler zu dokumentieren und „exakt kontrollierbar" zu machen;[50] eine
andere Verwendung hätte die „frontale und kanonische Wissensvermittlung"[51], die in
der DDR praktiziert werden sollte,[52] auch wohl kaum zugelassen. In der Praxis gab es
zudem ein gewisses Misstrauen gegen eine allzu eigenständige Unterrichtsplanung durch
Geschichtslehrerinnen und -lehrer. Da das Fach Geschichte eine wichtige Rolle bei der
ideologischen Legitimation der DDR spielte, war das freie Entwickeln eigener Unter-
richtsideen und -ziele wohl auch kaum gefragt. Inwieweit es dennoch praktiziert wurde,[53]
lässt sich heute nur noch schwerlich klären. In der DDR gab es auf jeden Fall eine eigene Kopierapparateproduktion, allerdings fast nur von Thermokopierern, die mit speziell
beschichtetem Papier funktionierten. Die normalen Trockenkopierer scheinen erst Mitte oder Ende der 1980er Jahre in Serienproduktion gegangen zu sein, und waren dann
auch sehr teuer, so dass ihr schulischer Einsatz äußerst unwahrscheinlich war.

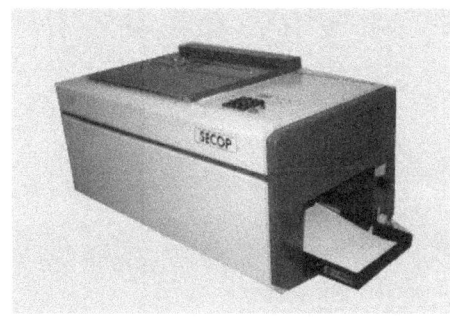

*Abb. 3.5 – Kopierer Secop der Firma
Robotron (Ende der 1980er Jahre).*

---

48 Gentner/Kruppa (LdAk): Methodik, S. 236.
49 Gentner/Kruppa (LdAk): Methodik, S. 233.
50 Gentner/Kruppa (LdAk): Methodik, S. 233.
51 Gies: Erbe, S. 255.
52 Zur Entwicklung der Geschichtsmethodik in der DDR s. Demantowsky: Geschichtsmethodik, die
   einige der harschen Urteile von Gies als zu undifferenziert und ahistorisch erscheinen lassen.
53 Das Beispiel eines Arbeitsblattes im Geschichtsmethodik-Handbuch der DDR war denn auch Tabelle auf einer Polylux-Folie, die von den Schülerinnen und Schülern in ihr Heft zu übertragen war.
   Ziemlich unbestimmt hieß es: „Die Technik der Herstellung von Arbeitsblättern kann weitgehend
   vom Grad der Kompliziertheit seiner Gestaltungselemente abhängig gemacht werden" Gentner/
   Kruppa (LdAk): Methodik, S. 233.

Spirit-Carbon-Umdrucker gab es sowohl aus der ČSSR als auch aus heimischer Produktion. Ob, wie verschiedentlich zu lesen ist, Vervielfältigungsapparate zum Teil unter Verschluss gehalten wurden, aus Furcht, sie könnten zur Produktion oppositioneller Flugblätter verwendet werden, ist für uns eine offene Frage geblieben.

Seit den 1990er Jahren hat die Durchsetzung des Computers auch das Arbeitsblatt revolutioniert. Wo früher geschnippelt, geklebt und getippt werden musste, und das Original sorgsam vor Kaffeeflecken und ähnlichen Bedrohungen bewahrt werden musste, können nun ganze Archive von Arbeitsblättern digital gespeichert werden. Mit einem durchschnittlichen Textverarbeitungsprogramm sind Variationen im Design möglich, für die mit der mechanischen, elektrischen oder elektronischen Schreibmaschine größere Anstrengungen nötig gewesen wären; vieles war auch ganz einfach unmöglich. Mit Scannern, Texterkennungs- und Bildbearbeitungsprogrammen und guten Druckern haben sich die Möglichkeiten Arbeitsblätter herzustellen, zu gestalten, weiterzuverwenden, zu verändern, auszutauschen vervielfacht und vereinfacht. Heute gehört das selbst gestaltete Arbeitsblatt zum selbstverständlichen Repertoire des Geschichtslehrers oder der Geschichtslehrerin. Was nicht heißt, dass das didaktische Potential dieses Mediums genutzt oder auch nur erkannt werden würde.

4. „Geschichte ist die Lüge, auf die man sich geeinigt hat"[1] – Zur Spezifik historischen Lernens

Es kann in einem Buch über historisches Lernen mit Arbeitsblättern entbehrlich erscheinen, noch einmal[2] ausführlich über historisches Lernen zu sprechen. Vielleicht. Aber manche, die zu diesem Buch greifen werden, tun das vielleicht vor allem mit methodischer Absicht. Wir sind der festen Überzeugung, dass es kein gutes Arbeitsblatt geben kann, mit dem historisch gelernt werden soll, dass kein sicheres geschichtsdidaktisches und geschichtstheoretisches Fundament hat. Und deshalb wollen wir hier auch noch einmal über historisches Lernen sprechen, um deutlich zu machen, was ein Arbeitsblatt im Geschichtsunterricht im Unterschied zum Physikunterricht oder Geografieunterricht leisten können muss. Damit es nicht gleich zu Anfang sehr kompliziert wird, wollen wir mit einer Entdeckung beginnen, die manches erhellen kann.

Eigensinnige Betrachtungen

Peenemünde, Usedom. Die Ruine des ehemaligen Sauerstoffwerks dominiert die Szenerie, gibt dem Ort etwas Gespenstisches, etwas Morbide-Mächtiges. Zwischen Bäumen und Gestrüpp ragen hier die Ruinen nationalsozialistischer Allmachtsphantasien hervor. Die Natur, Witterung, Rost und Pflanzenwelt nehmen sich zurück, was ab 1936 technologischer Wahn und mörderische Absicht der Insel geraubt haben. 1942 fliegt hier die weltweit erste Rakete, nicht um die Sterne zu besuchen, sondern um Westeuropa zu terrorisieren. Heute macht man es sich hier nicht leicht mit der Erinnerung an diese ambivalente und schwierige Vergangenheit.[3]

---

1 Das Zitat wird Napoleon zugeschrieben (Tange: Biß, S. 42) oder auch Voltaire (http://www.zitate-online.de/sprueche/historische-personen/19829/geschichte-ist-die-luege-auf-die-man-sich-geeinigt-hat.html, eingesehen am 11.6.2012); einige Autoren behaupten auch Napoleon habe den Spruch von Voltaire übernommen. Oder vielleicht war es auch ganz anders.
2 Nur eine Auswahl: Lorenz: Konstruktion. Rüsen, Lernen. Danto: Philosophie. Becker/Heuer: Grundlagen.
3 http://www.peenemuende.de/

Abb. 4.1 – Grafitto in der Ruine
des Sauerstoffwers in Peenemünde (Privatarchiv).

Was sehe ich dort?

Hinter einer Mauer, versteckt von Birken und Holunder hebt sich unscheinbar ein Graffito vom grau-verwitterten Stahlbeton ab. Übereinander liegen zwei Symbole, ein schwarzes Hakenkreuz, dilettantisch gesprüht. Darüber und das Hakenkreuz zu großen Teilen verdeckend, ein weißes Peace-Zeichen.

Was kann ich herausfinden? Was gibt es zu fragen?

Zunächst einmal gibt es hier zwei gegensätzliche ideologische Bekenntnisse, die man aber nur mit zwar verbreitetem, aber sehr speziellem Wissen entschlüsseln kann.[4] Das eine Zeichen wurde ab 1920 als Parteiabzeichen der NSDAP verwendet. Auf seine Verwendung stehen heute gemäß § 86a StGB bis zu drei Jahre Freiheitsstrafe. Das darüber liegende CND-Symbol (Campaign for Nuclear Disarmament) ist 1958 im Zusammenhang der Ostermarsch-Bewegung entstanden und steht für Frieden, Bürgerrechte und außerparlamentarisches Engagement. Wer hat hier diese Wissensbestände wie aufgenommen und warum mit Farbe an die Wand der Ruine geschmiert?

Was verstehe ich darunter?

Verwitterungszustand und die Tatsache, dass das Gelände in der DDR militärisches Sperrgebiet war, lässt die Datierung des Hakenkreuzes und damit auch des überlagernden CND-Zeichens auf den Zeitraum der vergangenen 20, höchstens 25 Jahre zu. Möglich wäre ein Zusammenhang des Hakenkreuzes mit rechtsextremen Gruppierungen,

---

4 Weißmann: Hakenkreuz. Kolsbun: Peace.

die sich im nahen Wolgast schon in der DDR formierten.[5] Es könnte sich aber auch einfach nur um das Spiel pubertierender Jugendlicher mit dem Verbotenen handeln, ein Reiben an Autorität und Common Sense. Für eine solche Erklärung spricht die dilettantische Erscheinung ebenso wie der halb versteckte Ort, der für wirkliche Propaganda nicht taugt, für einen tiefgehend rechtsextremen Hintergrund nicht genügend Präsenz bietet.[6] Und dennoch wirkt die Provokation nur mit dem Bezug auf historisches Wissen. Das historische Wissen ist notwendige Voraussetzung einer semiotischen Analyse: Der Bezeichnende und der Betrachter müssen in gleicher Weise darüber verfügen, damit die Decodierung gelingt und die Botschaft wirken soll.

Irgendwer hat sich hier hastig ausgelebt. Solange die Verwendung des Hakenkreuzes versteckt und anonym stattfindet, bleibt sie ein privater Protest– wogegen auch immer – oder ein privates Versichern der Treue zur (neo)nationalsozialistischen Ideologie. Durch die Dauerhaftigkeit der Farbe wird aber bewusst Öffentlichkeit gesucht. Das Aufsprühen bekommt eine politische Dimension. Beide Ebenen, die private und die politische, gründen aber auf einer historischen Ebene, die die beiden anderen erst wirksam werden lässt. Hier denkt nicht ein Täter: ‚Ich hasse den Staat‘ oder ‚Ich bin für eine andere Politik‘ und hier schreibt er das auch nicht auf ein Transparent. Hier wird ein Symbol gewählt, das seine Bedeutungsgenese außerhalb Indiens maßgeblich in der historischen Situation des Nationalsozialismus erhalten hat. Wird es heute verwendet, setzt das umfassendes historisches Wissen voraus.

Wo und wie hat der Täter dieses Wissen erworben? Da wir die Urheber nicht kennen, können wir nur mutmaßen. Doch selbst wenn wir wüssten, dass Danny X. aus Wolgast das Grafitto angebracht hat, um seinen Freund Ronny Y. zu beeindrucken, könnten wir kaum gesicherte Aussagen darüber treffen, wie die beiden ihre Kenntnisse über den Nationalsozialismus erworben haben – in der Schule, mit Guido Knopp, durch ein Computerspiel, durch Freunde, Eltern, Großeltern oder eine auf dem Schulhof verteilte NPD-CD? Und warum hat sich Danny für dieses Thema interessiert? Wie hat sich dieses Interesse generiert, entwickelt und aufgebaut? All diese Fragen sind kaum zu beantworten. Man sieht nur das Ergebnis eines Lernprozesses, nicht dessen Genese.

Was wird hier verhandelt?

Dem Wissen und Wollen des Hakenkreuzwriters hat (vermutlich) ein zweiter Täter eine weitere Aussage kontrastiv entgegengesetzt. Es könnten auch für diesen Widerspruch die gleichen Fragen nach Wirkungsabsicht und Wissensgenese gestellt werden. Mit der Überlagerung wird aber deutlich, dass es sich hier um einen Diskurs handelt, der auf Vergangenheit rekurriert. In diesem Diskurs überlagern sich mehrere Narrationsebenen: die Ebene historischer Zeitgenossenschaft, das davon als Quelle überlieferte,

---

5   Siegler: Rechtsextremismus, S. 617. Wagner: Rechtsextremismus, S. 71 185-193. Wagner: Subversion.
6   Treeck: Graffiti-Lexikon. ZEIT-Infografik Nr. 145.

die deutende Aneignung auf der Ebene einer historischen Aussage und die Ebene des Rezipienten, der sich mit dieser Deutung auseinandersetzen kann. Auch die hier von uns angestellten Deutungen sind Teil dieses Diskurses. Sie sind in hohem Grade mutmaßend, das objektiv Wahrnehmbare subjektiv deutend. Sie haben keinen Wahrheits-, stattdessen einen Plausibilitätsanspruch. Und sie laden zu Diskussion ein.

An diesem Beispiel wird alles deutlich, was Geschichte und ihr Wirken ausmacht. Hinter den dilettantischen „Bombings" stehen Prozesse historischen Lernens. Dadurch wird Vergangenheit in der Gegenwart deutend und absichtsvoll zu Wirksamkeit gebracht.

Notwendige Grundlagenreflexion

Geschichtstheorie und Geschichtsphilosophie gehören offensichtlich nicht zu den beliebtesten Gebieten der historischen Forschung. Die meisten Historischen Institute kommen ohne eine entsprechende Professur aus. Und wenn sich Studentinnen und Studenten an der Uni durch die Theoriekurse gequält haben, dann sind sie oft froh, diese Themen beim Wechsel in die Schule hinter sich lassen zu können.

Für viele Geschichtslehrerinnen und -lehrer ist die Sache dann ohnehin klar: „Der Lehrer hat die Aufgabe, den ihm durch den Lehrplan vorgegebenen Stoff den ihm anvertrauten Schülern zu vermitteln".[7] Nun ist es ein Leichtes, sich über eine Formulierung von 1980 lustig zu machen oder sich über Lehrer zu mokieren, die ihre Schülerinnen und Schüler offensichtlich für Stopfgänse halten. Auch die Vorstellung, der Lehrplan gebe den Stoff vor – im schlechtesten Fall definiert er so viele Unterrichtsinhalte, dass für andere kein Platz mehr ist –, ist leicht zu kritisieren.

Es ist freilich kein Wunder, dass solche (ver)alt(et)en Positionen heute quer durch die Republik in lauter hellen Köpfen anzutreffen sind. Denn dies ist die gesellschaftliche Erwartungshaltung an die Lehrkräfte, die sich in Elterngesprächen, Schulcurricula, Fachseminardiskussionen usw. ausdrückt: ‚Mit dem Stoff durchkommen'. Und, gehässig könnten wir hinzufügen, genau darauf würden die meisten Historiker/innen den Beitrag der Geschichtsdidaktik zu ihrer Wissenschaft reduzieren: Helfen, besser mit dem Stoff durchzukommen. Nur: wo kommt er her, der Stoff? Wer sich darüber keine Gedanken macht und wer Schülerinnen und Schülern die Möglichkeit nimmt, darüber nachzudenken, der wird nicht nur erkenntnistheoretisch die Scheuklappen nie ablegen, der wird auch nie herauskommen aus einem Unterricht, dem der Indoktrinierungsgestank anhängt. Geschichtsunterricht kann, will er Schülerinnen und Schülern aufrichtig begegnen, nicht sinnvoll ohne Reflexionsebene stattfinden.

---

7 Eckert: Arbeitsblatt, S. 9.

Was ist Geschichte?

Am beschriebenen Beispiel lässt sich anschaulich nachvollziehen, was Geschichte ist, wie Geschichte funktioniert. Damit erschließen sich auch hier neue, weitere Dimensionen des scheinbar banal Alltäglichen.

Wir können uns immer nur mit dem auseinandersetzen, was wir wahrnehmen können, sehen und hören, riechen, fühlen und schmecken. Aber was vergangen ist, ist unwiederbringlich fort und unseren Sinnen nicht mehr direkt zugänglich. Was davon übrig ist, sind lückenhafte Überlieferungen und vergammelte Überreste. Diese können wir versuchen, mit unserem heutigen Wissen und unseren heutigen Fähigkeiten irgendwie geistig zu verdauen.

Sehr schön wird das in einem Roman von Julien Barnes verdeutlicht, wo auf die Frage eines Lehrers, was Geschichte sei, ein Schüler eigensinnig antwortet: „Geschichte ist ein Sandwich mit rohen Zwiebeln, Sir." – „Warum das?" – „Sie stößt einem immer wieder auf, Sir. Sie rülpst."[8]

Was dabei herauskommt, kann untersucht und diskutiert werden und ist wiederum ein Zeugnis für unsere Zeit. Im weitesten Sinne könnte man von einer Erzählung, einer Narration sprechen. Zentrales Moment des Aktes der Geschichtsschreibung im Sauerstoffwerk waren die zischenden Spraydosen, war der Akt, in dem der Täter das Hakenkreuz auf dem Beton fixierte und ein anderer es übermalte. Und wir haben in diesem Buch um diese beiden Akte eine Geschichte entstehen lassen, bringen diese Handlungen zu Bewusstsein, deren Ergebnisse sonst unbemerkt in Peenemünde verwittern würden. Geschichte entsteht im Akt der Artikulation, im Akt der Narration.[9] Etwas apodiktisch hat Jörn Rüsen das Erzählen zum zentralen Akt der Historik, also der historischen Erkenntnis, des Forschens und Lernens von und an Geschichte gemacht.

„Historisches Lernen kann ... als ein mentaler Prozeß der Sinnbildung über Zeiterfahrung durch historisches Erzählen begriffen werden, indem die Kompetenzen zu diesem Erzählen entstehen und sich entwickeln."[10]

---

8 Barnes: Ende, S. 24 f.
9 Als für Geschichte konstitutiv wird seit die Geschichtswissenschaft im Zuge eines *linguistic turn* wieder für die Prozesse sprachlicher Konstruktivität von Geschichte sensibler geworden ist, der Akt der Narration verstanden (Barricelli: Schüler erzählen; Pandel: Genese). Dabei ist es für zahlreiche Kollegen entscheidend, dass eine Plot-Struktur entfaltet, also Entwicklung dargestellt wird (Pandel: Bildinterpretation, S. 14). Wir würden hier genereller denken wollen. Auch Medien, die nicht imstande sind, Entwicklungen darzustellen, vermögen Vergangenheit zu repräsentieren, vermögen Geschichte im weitesten Sinne zu erzählen. Begrifflich angemessener wäre es dann aber, allgemeiner von ,Artikulation' zu sprechen (in diesem Sinne: Magull: Sprache; Schörken: Imagination).
10 Apodiktisch deshalb, weil er zunächst die Frage stellt, ob es eine Grundoperation historischen Lernens geben kann, um dann unvermittelt und ohne Begründung selbst das Erzählen als solche präsentiert. Rüsen: Lernen (1997), S. 262.

Das bedeutet konsequenterweise, dass es ohne Erzählung keine Geschichte, keine vergegenwärtigte Vergangenheit gibt. Im Falle von Peenemünde ist das evident: Ohne vergegenwärtigte NS-Symbolik wäre die Betonwand leer. Das heißt nicht, dass Sinnbildung nicht im Bewusstsein des Writers stattgefunden hätte, aber sie wäre für uns nicht beobachtbar und hätte den zweiten Writer nicht zu kommentierendem Widerspruch provoziert.

Warum erzählt oder – etwas allgemeiner: präsentiert, also vergegenwärtigt – jemand Vergangenes? Dies geschieht immer mit der Absicht aktueller oder zukünftiger Wirkung, und darum wird ein Ausschnitt aus der Vergangenheit für diesen Zweck sinnvoll aufbereitet. Einer der Writer in Peenemünde verbindet mit dem Hakenkreuz etwas Positives oder hält es zumindest für eine gelungene Provokation und bringt dies zum Ausdruck, indem er es aufsprüht. Dafür muss er das Hakenkreuz kennen, und das heißt: Er hat es kennengelernt, sich also in irgendeiner Weise dieses Wissen angeeignet. Nicht dieses Wissen, sondern die Interpretation seines historischen Wissens, wie richtig oder falsch die auch ist, hat dazu geführt, dass er dieses Symbol aus der deutschen Geschichte an eine Wand gesprüht hat. Und ein Anderer hat aus seiner Interpretation seines historischen Wissens, wie vollständig oder durchdacht es auch war, den Schluss gezogen, ein anderes Symbol über dieses Hakenkreuz zu sprühen.[11]

Abb. 4.2 – Historische Sinnbildung, kurzgefasst (Deile/Sobich).

Das Ergebnis dieser aneignenden Artikulation ist für uns sinnvoll, ist aber nicht die Vergangenheit selbst, sondern ihre Deutung, ihre mit Blick auf die Zukunft vergegenwärtigte Vergangenheit. Diese Unterscheidung ist wichtig. Droysen hat vor 150 Jahren den Hörern seiner Vorlesung in Jena deutlich gemacht, dass Vergangenheit nur dann gegenwärtig bleibt, wenn man sich mit ihr als Geschichte beschäftigt:

„Die Geschichte ist nicht die Summe der Geschehnisse, nicht aller Verlauf aller Dinge, sondern ein Wissen von dem Geschehenen. Ohne dieses Wissen würde das Gesche-

---

11 Bei Jörn Rüsen heißen diese drei Ebenen: Erfahrung, Deutung und Orientierung. Rüsen: Lernen (2008), S. 61–69.

hene sein, als wäre es nicht geschehen, es würde vergangen sein. Nur erinnert, soweit und wie es der wissende Geist hat, ist es unvergangen."[12]

Hinzu kommt ein Erkenntnisproblem. „Wie es eigentlich gewesen ist",[13] lässt sich schon deshalb nie gänzlich sicher rekonstruieren, weil die Vergangenheit nur ausschnitthaft in Quellen greifbar ist. Die Lücken dieser Überlieferung müssen interpretativ gefüllt werden. Das Lückenhafte, was objektiv wahrnehmbar ist, kann nur im begrenzten Rahmen der Wahrnehmungsmöglichkeiten eines Subjekts wahrgenommen werden. Nur das, was unsere Augen sehen, unsere Ohren hören, unsere Nase riecht, unser Gehirn denken kann, kann auch wahrgenommen werden. Und nur das, was mit den von uns benutzten verbalen und nonverbalen Systemen artikuliert und erzählt werden kann, ist als Geschichte möglich.

Diese Beschränktheit ist erst einmal enttäuschend. Wir können die Vergangenheit unmöglich vollständig und getreu rekonstruieren – so wenig wie wir die Gegenwart vollständig und getreu rekonstruieren können. Aber genau in dieser Unmöglichkeit liegen entscheidende Möglichkeiten. Geschichte lebt im Diskurs. Den Deutungen des Einen widerspricht der Andere, ein Dritter bekräftigt sie. Die Aussagen der Einen werden durch Entdeckungen der Anderen korrigiert oder auch bestätigt.

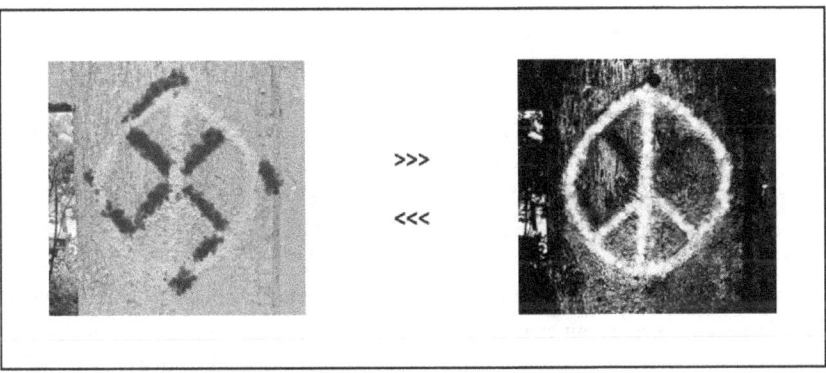

Abb. 4.3 – Geschichtliche Diskurse in Peenemünde; bearbeitet (Deile/Sobich).

In diesen Akten des Streitens um Deutungen reflektieren wir unser eigenes Wertesystem, handeln wir aus, was uns bedeutsam und unbedeutsam ist, was wir bewundern und was wir verachten. Dieses auf Vergangenheitsdeutung perspektivierte Kommunizieren ist Teil der Genese eines Wertesystems, mit dem wir diese Welt gestalten. In diesem Sinne sind wir in der Lage, historisch zu lernen und in diesem Sinne hat der oft zu banal verstan-

12 Droysen: Historik, S. 397.
13 Ranke: Werke, S. VII.

dene Satz ‚historia magistra vitae', Geschichte ist die Lehrmeisterin des Lebens, seinen nach wie vor gültigen Sinn.

Wie lernt man Geschichte?

Aus der skizzierten Historik ergibt sich sinnvollerweise, was ‚historisch lernen' bedeutet, welche Abläufe dabei notwendig wirksam werden müssen: Vergangenheit muss:
1. als Geschichte angeeignet,
2. sinnvoll gedeutet und
3. deutend artikuliert werden.
Das bedeutet, man muss:
1. die Hinterlassenschaften der Vergangenheit als Quellen erschließen und die Deutungen anderer analysieren können,
2. diese Erkenntnisse sinnvoll interpretieren, deuten und werten können und
3. diese historischen Sinnzusammenhänge artikulieren und diskutieren können.
So weit, so gut. Wir wissen also recht genau, was passiert, wenn wir aus Überkommenem der Vergangenheit Geschichte machen, wie man zu historischer Erkenntnis gelangt. Derart hat im Zuge einer stärkeren Kompetenzorientierung auch die Historik ihren Weg in Rahmenpläne der Schulen gefunden. Die entscheidende Frage bleibt dabei allerdings unterbelichtet: Wie lernt man das? Wie lernt man, Quellen zu erschließen, Einsichten zu artikulieren, vor allem aber Sinn zu generieren?

Einfacher mag es noch mit den ersten beiden Elementen sein. Quellen lesen und Geschichte schreiben sind handwerkliche Fähigkeiten und Fertigkeiten. An Universitäten gibt es traditionellerweise Lehrstühle für Historische Hilfswissenschaften, die Studierende in Sphragistik, Numismatik, Heraldik, Diplomatik usw. einweisen, oft durch Instruktion und Übung in einem Meister-Schüler-Verhältnis. Neuer indes ist die Erkenntnis, dass sich auch die Artikulation lernen lässt.[14] Auch wenn die Geschichtsschreibung lange Zeit diese Kompetenzen bildungsbürgerlich elitär vorausgesetzt hat, so gibt es in Universitäten zunehmend Seminare zum wissenschaftlichen Schreiben, finden Ausstellungsprojekte statt oder gibt es gar eigene Studiengänge zu Public History. Hier wird oft am Modell gelernt, reflektierend und durch eigenes Tun.

Schwieriger aber ist es, den entscheidenden Moment der Geschichtsschreibung zu lernen, den des Deutens, Interpretierens, der Sinn-Konstruktion. Wie funktioniert dieses Deuten und wie kann man es lernen? Es gibt oder gab Formen von Geschichtsschreibung, die die Deutungs- und Relevanzfragen ideologisch grundsätzlich gelöst und den Vorgang des Deutens dadurch ebenso klar erlernbar gemacht haben, wie das Erzählen

---

14 Zuerst und bahnbrechend: White: Klio. Dem pragmatisch folgend: Schmale: Schreib-Guide. Kühberger: Vergangenheitsbewirtschaftung.

und das Erarbeiten von Quellen. Die marxistisch-leninistische Geschichtsschreibung etwa sucht grundlegend nach dem emanzipatorischen Wirken der Arbeiterklasse und bringt den Sinn damit von Anfang an in den Prozess des Forschens ein. Konventionell nationale Großerzählung sucht nach den Anfängen von Volk und Vaterland in grauer Urzeit und interpretiert alles Geschehen als zielgerichteten Prozess der Nationalisierung. Ähnlich kann man dies für jede teleologische Form der Geschichtsschreibung sagen. Aber schwierig wird es bei grundsätzlicher Offenheit der Sinngebungsprozesse. Die setzt ein emanzipiertes, selbstkritisches und reflektierendes forschendes Subjekt und einen streitbaren und damit relativierenden und ausgleichenden Diskurs voraus. Diese Offenheit ist großer Anspruch, Anstrengung und Möglichkeit in einem.

An diesem Punkt setzt das Konzept des *Geschichtsbewusstseins* an.[15] Von dem hört man viel und dennoch bleibt es seltsam vage. Was ist dieses Geschichtsbewusstsein, wie sieht es aus, wie funktioniert es?

Von Hans-Jürgen Pandel stammt eine mittlerweile klassische Beschreibung einzelner Dimensionen dieses Geschichtsbewusstseins[16], die er freilich selber zum Teil problematisiert.[17] In einer Aufarbeitung durch Hartmann Wunderer sieht das so aus:

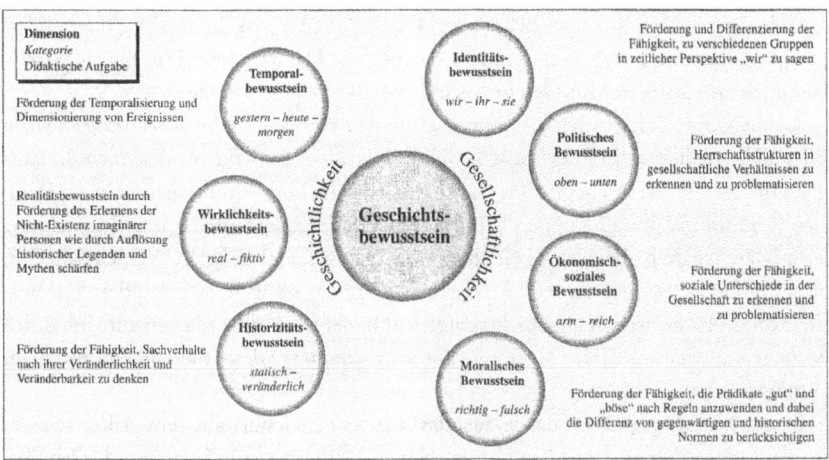

Abb. 4.4 – Pandels Dimensionen des Geschichtsbewusstseins in einer Aufbereitung Hartmann Wunderes (Geschichte Lernen 68 (1999), S. 11.

---

15 Aus der Breite der Literatur grundlegend: Jeismann: Geschichtsbewusstsein.
16 Pandel: Dimensionen.
17 Pandel: Geschichtsdidaktik, S. 123-160, bes. S. 133-136.

Mit Pandels Modell können wir uns vorstellen, in welchen Dimensionen, auf welchen Ebenen Geschichtsbewusstsein Wirksamkeit entfalten kann.

Ein historisch lernendes Subjekt muss, um zu sinnvollen Deutungen zu gelangen, Geschichtsbewusstsein haben. Das steht mittlerweile in allen Lehrplänen und auch die Geschichtsdidaktik ist sich einig, dass Geschichtsbewusstsein gefördert werden soll. Inhaltlich würden wohl alle, oder doch zumindest fast alle, zustimmen, dass es sich nicht um Geschichtsbewusstsein an sich, sondern um ein kritisch-reflexives Geschichtsbewusstsein gehen muss – egal wie man das nun genau benennt. Das geht nur, in dem der Einzelne sein eigenes historisches Denken selbst stetig reflektiert und damit fortwährend neu generiert.

Modelliert man Geschichtsbewusstsein in dieser Weise, lässt sich auch die alte Problematik von Freiheit und Notwendigkeit, von Instruktion und Konstruktion, von individuellem oder gesellschaftlichem Charakter historischer Bildung entspannt lösen.[18] Man wird nicht mit Geschichtsbewusstsein als fertiger Deutungsinstanz geboren, sondern bildet diese in immer wieder neuen Akten historischen Lernens weiter aus, bringt den eigenen Horizont in die Deutung gesellschaftlicher Wirklichkeit ein und erweitert ihn im Prozess des Lernens.

Schwieriger aber ist es, zu klären, wie Geschichtsbewusstsein arbeitet, oder anders gesagt, was passiert, wenn wir Vergangenheit deuten? Das müssten wir zwingend wissen, wenn wir Arbeitsblätter für Geschichtsunterricht konzipieren wollen.

Leider gibt es dafür bisher keine gesicherten Erklärungen.[19] Über *Vorstellungsmodelle,* die jeweils auch stark in Frage gestellt werden, sind hier die Erkenntnisse nicht hinausgekommen. Die Geschichtsdidaktik hatte zunächst die Entwicklungspsychologen Heinrich Roth und Waltraud Küppers bemüht, ehe die Idee einer stufenweisen Entwicklung vom Märchenalter über das Sagenalter, Abenteuergeschichtsalter, Geschichtsalter bis zum Politikalter wieder als verworfen galt.[20] Wäre das so, wäre ja zumindest klar, was die Arbeitsblätter für den Geschichtsunterricht in der jeweiligen Klassenstufe inhaltlich enthalten dürften – und was nicht. Quellen wären dann vor dem „Geschichtsalter" nicht sinnvoll!

Roths Modell ging stark davon aus, dass bereits bei Geburt alles entwickelt sei, was im Laufe des Lebens nur zur Entfaltung gelangt. Das lässt wenig Spielraum für Einflüsse von außen, von Lebenswelt oder gar Erziehung. Und in gleicher Weise reduziert es auch die Möglichkeiten eigenen Gestaltens.

Gegen Roths Prädestinationslehre haben insbesondere behaviouristische Entwicklungsmodelle die Sozialisation durch äußere Einflüsse betont. Aber Schülerinnen und

---

18 von Borries: Reifung. Grundlegend: Droysen: Erhebung.
19 In eng umgrenzten Ansätzen: Klose: Entwicklung.
20 Roth: Kind. Küppers: Psychologie.

Schüler sind – glücklicherweise – keine Reiz-Reaktionsmaschinen. Darum vermögen auch diese Modelle nicht zu überzeugen.

Einflussreich wurden auch flexiblere Stufenmodelle, besonders die von Kohlberg und Piaget. Christian Noack hat Piaget für historisches Lernen adaptiert und geht von fünf Entwicklungsstufen aus: intuitiv-projektiv (2-6), konkret-narrativ (6-12), konventionell-affirmativ (Pubertät), kritisch-reflektierend (erwachsen), selbstreflexiv-verbindend (reif).[21] Würde dieses Modell stimmen, befänden sich weit über 70 Prozent der deutschen Bevölkerung noch in der Pubertät und manch aufgeweckte Schülerin und manch weltoffener Schüler wären erwachsen vor der Pubertät. Nicht nur wir haben unsere Zweifel an diesem Modell.

Selbst die im Moment überzeugendste Kognitionspsychologie, die davon ausgeht, dass Wissen bereichsspezifisch organisiert ist, es deshalb auf die Schaffung dichter Sinnkontexte ankommt, bleibt letztendlich Hypothese.[22]

Das Ergebnis ist insgesamt ernüchternd. „Unangesehen einer reichhaltigen, zumeist psychologischen Literatur zur ontogenetischen und historischen Entwicklung mentaler Kompetenzen ist unser Wissen über die Ontogenese des Geschichtsbewusstseins sehr gering.“[23] Anders gesagt: wie sich Geschichtsbewusstsein entwickelt, wie seine Strukturiertheit entsteht, sich verändert und ggf. auch vergeht, das wissen wir trotz einer Reihe von Studien bis heute nicht. Am Ende hält sich die Psychologie des historischen Lernens an Ausschnitte des Beobachtbaren, versucht sich an Vorstellbarem und bleibt doch hypothetisch.[24]

Solange die psychologischen Erklärungen so spärlich sind und so wenig hilfreich, solange sind wir gut beraten, uns an die philosophischen Begründungen zu halten. Da gibt es durchaus Bemerkenswertes.

Wo es um den Charakter von Deutungsprozessen geht, bleibt die *Hermeneutik* nach wie vor das wirkungsvollste Modell. Wenn das Orakel von Delphi seine Weissagungen machte, waren diese nie direkt, sondern immer nur andeutend. Wollte man sie verstehen, musste man notwendigerweise seine eigenen Erfahrungen, Vorstellungen, seine Werte und seinen Scharfsinn in den Verstehensprozess einbringen. Das Ergebnis waren am Ende Deutungen, die nie sicher waren, immer nur plausibel und die in gemeinsamem Abwägen, im Diskutieren schärfer werden konnten. Der Akt des Verstehens ist ohne einen vorausgehenden Standpunkt nicht denkbar und er bringt immer nur neue Standpunkte, nie ein für allemal Festes hervor. Im Wesentlichen ist damit beschrieben, was Hermeneutik ist. Wer den Sinn menschlicher Handlungen und menschlicher Produkte

21 Noack: Stufen. Kohlberg: Entwicklung. Piaget/Inhelder: Psychologie.
22 Schaub: Grundlagen.
23 Rüsen: Einleitung, S. 11.
24 Kölbl: Geschichtsbewußtsein. Straub: Geschichten. Borries/Pandel/Rüsen: Geschichtsbewußtsein.

verstehen will, der bringt sich selbst als verstehendes Subjekt in diesen Prozess aktiv mit ein. Davon losgelöst ist auch historisches Denken und historisches Lernen nicht möglich. Wie historisch gelernt wird, ist damit recht gut beschrieben.

Auch wenn man sich fragt, warum historisch gelernt wird, kann ein großer Hermeneutiker helfen (ohne dass wir hier fragen wollen, warum er historisches Denken gerade so gedacht hat). Für Gadamer ist *Kontingenz* die Quelle historischer Erkenntnis.[25] Kontingenz ist das Zufällige, das Andere, das Unerwartete, das prinzipiell Offene und Unberechenbare. Unser Leben ist voll davon. Jahrelang schuften und sparen manche für ein Auto, ein Haus, das dann durch einen unerwarteten Blitzschlag, einen Unfall plötzlich zerstört ist. Von dieser Angst leben Versicherungen. Aber es geht auch anders herum: den Schlüssel, den wir seit Ewigkeiten suchen, plötzlich ist er wieder da. Die Jugendliebe, längst vergessen – plötzlich trifft man sie nach Jahren der Einsamkeit auf der Straße wieder.

Dieses Zufällige scheint einen Reiz auszumachen, der die Suche nach Sinn stimuliert. Warum? Warum so und nicht anders? Mit solchen Fragen versuchen wir, unser Leben berechenbar zu machen.

Da wir keine Propheten sind, können wir das Unsichere der Zukunft nicht bändigen. Das Unverständliche, das scheinbar Zufällige, auch das Unerwartete aber, das unsere Gegenwart ausmacht, kann durch sinnvolle Deutung der Vergangenheit verstehbar gemacht werden. Und daraus entsteht Sicherheit.

Und auch das ist anders herum möglich. Dort wo uns scheinbare Klarheit vorgemacht wird, kann die sinnerzeugende Aneignung der Vergangenheit als wohltuende Irritation, als Relativierung Trost spenden. Wo es in der Gegenwart ausweglos scheint, da kann uns das Wissen um die Unberechenbarkeit des Lebens neue Hoffnung geben.

Kontingenz stellt also einen doppelten Reiz dar, den nach Harmonisierung der Zufälligkeit und den nach Irritation der Selbstverständlichkeit. Beides motiviert uns, uns mit Vergangenheit zu beschäftigen und führt unweigerlich zur Erweiterung unserer Horizonte.

Das Ergebnis sind historische Erzählungen. „Jede Erzählung handelt … in der einen oder anderen Weise von Kontingenz, von Kontingenzerfahrungen und Kontingenzerwartungen sowie Versuchen der Kontingenzbewältigung …"[26]

Das heißt nichts anders, als dass wir in der Beschäftigung mit Geschichte den Versuch unternehmen, uns im Unberechenbaren der Welt zu orientieren und dadurch Ängste zu überwinden.

---

25 Gadamer: Wahrheit, S. 168 ff. Blanke: Kontingenz.
26 Pandel: Geschichtsbewusstsein, S. 70.

Wie lernt man Geschichte in der Schule?

Historisches Lernen findet fortwährend und an verschiedensten Orten statt. Mitunter geschieht es bewusst, politisch und auf wirksames Handeln abzielend (etwa in der Frage der Entschädigung von Zwangsarbeitern im Nationalsozialismus). Noch häufiger hingegen lernen wir historisch vorbewusst oder beiläufig. Schon das Wiederfinden eines Weges, den wir schon einmal gegangen sind, ist ein solcher Akt. Wir versuchen, Bekanntes auszumachen und Unbekanntes sinnvoll zu überbrücken, um ans Ziel zu gelangen. Wir sind täglich mit Spuren der Vergangenheit konfrontiert, die wir lesen können und müssen. Und wir sind mit Deutungen, eigenen und fremden, konfrontiert, zu denen wir uns positionieren, selbst dann, wenn wir sie ignorieren oder zu ignorieren versuchen.

Der entscheidende Qualitätssprung zwischen dieser alltäglichen Praxis und historischem Lernen in Schule oder Hochschule ist die Reflektiertheit und Reflexivität dieses Prozesses. Hier wird geübt, zu sicheren und begründeten Deutungen zu gelangen und auch den Prozess des Deutens einer Kritik zu unterziehen. Schon das allein macht historisches Lernen in der Schule zu etwas sehr Besonderem.

Vor welchen Aufgaben steht bewusstes historisches Lernen in der Schule?

1. Es muss Prozesse der Aneignung reflektieren und vor allem üben. Es muss Wahrnehmung schulen, den Blick für die Spuren der Vergangenheit ebenso schärfen, wie für ihre Deutungen. Das ist insofern wichtig, weil viele dieser Spuren derart verwischt sind, dass sie in ihrer Beiläufigkeit kaum zu bemerken sind. Das gilt auf primärer und auf sekundärer Ebene, gilt für die Quellen selbst und für ihre Deutungen. Dazu gehört Wachsamkeit und Handwerk. Historikerinnen und Historiker brauchen eine Spürnase und sie müssen wissen, wie sie professionell mit Quellen und Deutungen umgehen können, wie sie Bilder entschlüsseln und Texte lesen, wie sie Einordnungen und Abwägungen treffen.

2. Geschichtsunterricht muss Kontingenzbewusstsein schaffen und pflegen. Er muss das Unberechenbare annehmen und helfen, mutige Formen des Umgangs damit zu entwickeln. Er muss helfen, dass man sich sicher im Unsicheren zu bewegen vermag. Er muss die Scheu vor Problemen abbauen und die mutige Suche nach streitbaren Lösungen forcieren. Dafür braucht es ein Bemühen um echte Problemorientierung im Horizont der Lerner.[27] „Es sind vor allem kognitive und affektive Dissonanzen zwischen Zeiterfahrungen und historischen Deutungsmustern, die Lernen als Deutungskompetenzzuwachs ermöglichen und zu neuen Formen und Inhalten des historischen Wissens führen können."[28] In der Reflexion solcher Probleme, in der Deutung histo-

---

27 Uffelmann: Geschichtsunterricht. Barricelli: Problemorientierung.
28 Jörn Rüsen: Lernen, S. 67.

rischer Kontingenzen entsteht eine Praxis der Orientierung, die über den eigentlichen Akt historischen Lernens hinausführt.

3. Wenn Geschichte nicht außerhalb von Erzählungen existiert, dann müssen Lerner Erzählungen reflektieren und kritisieren. Und sie müssen vor allem selbst erzählen. Das kann in mannigfaltiger Weise geschehen: in Geschichten, in Comics, in Filmen, in Streitgesprächen, in Briefen, Theaterstücken oder Nachvollzügen, schriftlich, mündlich, visuell oder praktisch. Um Missverständnisse zu vermeiden: Es geht nicht um Erzählungen schlechthin, sondern um plausible, triftige und belegbare Erzählungen, die selber diskutierbar und kritisierbar sind und sich nicht, wenn es brenzlig wird, auf künstlerische Freiheit berufen. Unmöglich ist auch das, was sich heute noch immer viele als Geschichtsunterricht vorstellen: ein dozierender Lehrer, rezipierende und reproduzierende Schülerinnen und Schüler. So findet kein historisches Lernen statt. Historisches Lernen zeigt sich nur in seinen Konsequenzen, in seinen Narrationen, seinen Ausdrücken. Und wer diesen Aspekt professionell gestalten will, der sollte ihn reflektieren.[29] Entscheidend ist vor allem eines: kein historisches Lernen ohne Erzählen.

4. All das, das Aneignen, Deuten und Artikulieren sollte nicht widerspruchslos bleiben. Erst dann gewinnt es an größerer kognitiver und emotionaler Reichweite. Da Geschichte immer konstruiert werden muss und damit den Grenzen dieser Konstruktionsmöglichkeiten unterliegt, kann keine Geschichte totalen Geltungsanspruch erheben. Widerspruch muss als Gewinn verstanden werden, entweder zur Korrektur eigener Deutung oder auch zu deren Festigung. Das hat eine methodische aber auch eine ethische Seite. Nur so ist auch eine Erweiterung historischer Erkenntnis möglich. Das ist kein postmodernes ‚anything goes' und kein Verweigern des Konkreten. Unsere historischen Deutungen beruhen immer auch auf Wertvorstellungen – und die sind in einer komplexen Gesellschaft nun einmal nicht verbindlich geregelt, sondern müssen auch ausgehandelt, diskutiert und verfochten werden.

---

29 In dem Sinne fordert Hans-Jürgen Pandel die Ausbildung von Gattungskompetenz: Wie wird in welchen Zusammenhängen erzählt und welchen Zwängen und Möglichkeiten unterliegt das? Jörn Rüsen hat, an Droysen und Nietzsche geschult, versucht, eine Ontologie historischen Erzählens zu entwerfen. Er macht dabei verschiedene, aufeinander aufbauende Stufen aus: traditionales (den Ursprung eigener Gegenwart erinnernd), exemplarisches (an Beispielen Grundsätzliches verdeutlichen), kritisches (Hinterfragen des scheinbar Offensichtlichen) und genetisches Erzählen (auf Transformationen perspektiviert). Pandel: Erzählen. Pandel: PISA, S. 27-31. Rüsen: Typen. Droysen: Historik. Nietzsche: Nutzen.

Wie lernt man Geschichte in der Schule mit Arbeitsblatt?

Wenn man diese Ergebnisse auf das historische Lernen mit dem Arbeitsblatt bezieht, ergeben bei allen Ungewissheiten eine Reihe von Notwendigkeiten für die Gestaltung und den Einsatz von Arbeitsblättern.

1. *Sie dürfen die Arbeit nicht vorwegnehmen.* Historisches Lernen braucht zuallererst Wahrnehmung und Aneignung. Oft wird das mit der Reproduktion vorgegebener Deutungen verwechselt. In diesem Rahmen aber ist die Arbeit schon gemacht. So etwas kann ein Arbeitsblatt nur dann gebrauchen, wenn genau damit gearbeitet werden soll, wenn die Deutungen anderer befragt, reflektiert und kritisiert werden sollen.

2. *Die Inhalte müssen herausfordern.* Sie müssen ein Bedürfnis auslösen, Kontingentes deutend und sinnvoll verstehbar zu machen. Die Herausforderung muss dabei so gewählt sein, dass sie nicht unter- und nur leicht überfordert. Und sie muss irgendeinen Stachel besitzen, der dazu anregt, sich damit zu beschäftigen. Sie muss das Deuten anregen, indem sie ein echtes Problem aufwirft. Das kann durch Provokation geschehen oder durch ein hohe Maß an Fragwürdigkeit. Nur so entsteht Interesse.

3. *Diese Deutungen müssen artikuliert werden.* Sie müssen im weitesten Sinne erzählt werden. Ergebnisse von Erarbeitungs- und Sinnbildungsprozessen müssen festgehalten werden. Den Raum dafür muss ein Arbeitsblatt entweder selbst bieten oder – höchstens zweitbeste Lösung – es muss ihn außerhalb des eigentlichen Blatts Papier vorsehen. Dafür braucht es dann entsprechende Aufgabenstellungen. Geschieht das nicht, dann bleibt historisches Lernen unsichtbar, dann mag es bei den Lernern zwar stattfinden, kann aber nicht nachvollzogen werden, weder von Lehrerinnen und Lehrern, die diesen Fortschritt reflektieren sollen, noch, und das ist beinahe entscheidender, bei den Mitschülerinnen und Mitschülern.

4. *Der historische Diskurs nämlich gehört konstitutiv zum historischen Lernen dazu.* Er ist das einzig wirkliche Korrektiv subjektiver Deutungen. Insofern muss er auch im Rahmen der Arbeitsblattpraxis vorgesehen sein. Entweder von Anbeginn durch Partner- und Gruppenarbeit oder durch über den Rahmen des Arbeitsblattes hinausgehende Aufgabenstellungen, die auf Auseinandersetzung mit den Deutungen anderer zielen. Erst so bekommt historisches Lernen Mehrdimensionalität und Nachhaltigkeit. Dieser Streit um Deutungen mag mitunter anstrengend oder sogar aggressiv sein. Das zeigt dann aber nur umso mehr die Relevanz der Fragestellung. Und genau in solcher Hitzigkeit ist die Reflexion unserer eigenen Wertvorstellungen am intensivsten. Das setzt selbstverständlich die schwer aber notwendig zu entwickelnden sozialen Praktiken der Toleranz von Andersartigkeit, der Akzeptanz von Widerspruch und der Bereitschaft zur Prüfung und zur Selbstkorrektur voraus. Diese zivilisatorischen Kom-

petenzen müssen auch und gerade durch historisches Lernen entwickelt werden. Wer sich nur streitet, der bleibt im Moment des Konflikts stecken, wer miteinander mit Argumenten streitet, erweitert seinen Horizont.

Historisches Lernen	...	mit Arbeitsblatt
rezeptiv	>	Alles ist Quelle.
reflexiv	>	Deuten anregen.
narrativ	>	Deutungen artikulieren.
diskursiv	>	Miteinander streiten.

Abb. 4.5 – Übersicht ‚Historisches Lernen mit Arbeitsblatt' (Deile/Sobich).

Historische Arbeit wird so zu einem anstrengenden, aber lohnenden Prozess. Es wird zu einer Grundlage, in dieser Welt und mit dieser Welt zurechtzukommen.

5. ‚Geht schon' geht nicht! – Grundsätzliches zur Gestaltung von Arbeitsblättern

Der Einsatz von Arbeitsblättern ist bei Lehrerinnen und Lehrern ausgesprochen beliebt, sie schaffen im Unterricht Entlastung, strukturieren und initiieren den Arbeitsprozess von Schülerinnen und Schülern und können als passgenaues Material dem Schulbuch weit überlegen sein. Wenn da der Aufwand ihrer Erstellung nicht wäre. Material suchen, abtippen, Bilder kopieren und einsetzen und dann sieht doch noch irgendwie alles dilettantisch aus.

Das muss nicht so sein. Arbeitsblätter können einfach und in guter Qualität selbst hergestellt werden. Wie? Das verrät dieses Kapitel.

Wir kennen sie alle, diese schlechten, vollgestopften Kopien. Ihre einzelnen Bestandteile waren selbst ursprünglich Kopien aus verschiedenen Büchern – deshalb die unterschiedlichen Textgrößen. Bilder, nunmehr ja schon zum zweiten Mal kopiert, sind kaum noch zu erkennen. Die auf die Kopiervorlagen mit Kugelschreiber notierten Arbeitsaufträge sind auf der Kopie kaum noch zu lesen. Vielleicht hätte man doch einen schwarzen, dickeren Faserschreiber nehmen sollen? Beim Einheften fehlt den Schülerinnen und Schülern dann plötzlich ein Teil der Texte. Ach ja, der Rand. Und wer es verpasst, das Blatt gleich ordentlich abzuheften, der wird später Mühe haben, es zuzuordnen – weder Überschrift noch Datum geben irgendeinen Hinweis, sie sind ja nicht vorhanden.

Für all diese Oberflächlichkeit der Gestaltung gibt es nachvollziehbare pragmatische Gründe. Und schließlich sind Lehrerinnen und Lehrer keine Typografen oder Mediengestalter.

Doch, sind sie! Keine Profis, aber für den schulischen Gebrauch genügt so wenig: ein Computer mit gängiger und im Grunde intuitiver Software, ein Scanner und Drucker und grundsätzliches typografisches Verständnis.[1]

---

1 Einen guten Zugang bieten die Einführungen von Willberg/Forssman, Hammer, Bendix und Funk.

Der Einsatz lohnt sich, wenn man bedenkt, wie sich so die Qualität von Unterricht steigern lässt und welchen Schaden permanent schlechte Arbeitsblätter anrichten. Da können sich die Kunstlehrer noch so viel Mühe geben, schlechte Arbeitsblätter erziehen zur Akzeptanz von Hässlichkeit. Gut gestaltete Arbeitsblätter können hingegen ein dauerhaftes ästhetisches Vorbild sein. Man sage bloß nicht, dass Schülerinnen und Schüler das nicht wahrnehmen.

Überhaupt – das Wahrnehmen. Wer ein Arbeitsblatt zum ersten Mal vor sich hat, der nimmt alles wahr. Der Blick erfasst dabei das Auffällige vor dem Unauffälligen. Jede Unterstreichung, Fettauszeichnung, jedes icon, jede Absetzung befördern das verstehende Wahrnehmen des Inhalts oder behindern es. Und damit hat die Gestaltung des Arbeitsblatts direkte unterrichtsbeeinflussende Funktion.

Fangen wir mit einem geläufigen Beispiel an, einem schlechten Beispiel, nicht aus Besserwisserei, sondern zur Veranschaulichung dessen, was problematisch sein kann. Man könnte im Selbstversuch überlegen, was am vorliegenden Beispiel bei schnellem Erfassen als Problem ins Auge sticht.

1. Worum geht es eigentlich? Die Überschrift ist zwar hervorgehoben, aber sie steht nicht einmal über allem, wird auf gleicher Ebene durch anderen Text flankiert und in die Ecke gedrängt. So muss ein unnötiger Moment länger gesucht werden, um das Thema des Arbeitsblattes zu erfassen.

2. Es gibt Inseln, die den Blick einfangen, es aber eigentlich nicht sollen – die beiden leeren Flächen, die aus der Dichte der restlichen Texte herausstechen. Das weist auf gleich zwei Probleme hin: ein Blickfang, der keiner sein soll und

3. die zu große Dichte der Textteile. Hier gibt es nicht nur keine Abstände und Ränder, sondern auch scheinbar keine Gliederung und damit keine Orientierung. Damit wirkt das Blatt überladen und unmotivierend.

4. Was ist zu tun? Um die Aufgabenstellung zu finden, braucht es eine Weile, so versteckt ist sie. Und um die Verwirrung komplett zu machen, enthält die der Textkolumne links noch eine mitkopierte Aufgabenstellung. Soll das so sein oder kann man das ignorieren? Warum wiederholt die hinzugefügte Aufgabe 4 das, was Aufgaben 1-3 schon erwarten?

5. Die Schrift ist klein, sehr klein, selbst dort, wo sie etwas größer ist. Und durch die Kopiervorlagen variiert die Schriftgröße, ohne dass diese Varianz einen Sinn hätte. Dadurch wird das ganze Blatt ausgesprochen unruhig.

6. Zwar ist die Anordnung in Spalten durchaus gliedernd, auch wenn sie auf die Kopiervorlagen zurückzuführen ist, dennoch ergeben sich in der vorliegenden Anordnung keine klaren Zuordnungen. Welche Texte gehören zusammen? Dass man die Schnittkanten der Vorlagetexte sieht, ist nicht nur unschön, sondern bringt die geraden Kanten der Spalten zum Flattern.

Q 1 . . . Ihrem Mann ein Heim zu schaffen, in dem er wirklich zu Hause ist, in das er nach des Tages Arbeit gern zurückkehrt. Dabei muß immer das im Vordergrund stehen, was ihm besonders am Herzen liegt, und das kann ganz verschiedenartig sein. Der eine verlangt unbedingte Ordnung. Er liebt es, wenn alle Gegenstände immer am gleichen Platz liegen . . . Einem anderen Ehemann ist wichtiger als absolute Ordnung, daß seine Frau immer gepflegt aussieht . . ., ein dritter legt großen Wert darauf, daß ihm nicht nur Allerweltsgerichte auf den Tisch gestellt werden . . . Es gilt also, sich darauf einzustellen, auch wenn es den eigenen Neigungen nicht ganz entspricht.

An anderer Stelle heißt es:

Die Handarbeit darf auch nie der Grund dafür sein, daß das Essen nicht zur rechten Zeit auf den Tisch kommt oder Wäschestücke nicht geflickt und gestopft sind.

Die Herausgeberin einer Frauenzeitschrift, Alice Schwarzer, gab 1977 folgende Empfehlungen:

Q 2 Auch Frauen, die noch ans Haus gebunden sind, weil sie kleine Kinder haben, sollten langfristig ihre Rückkehr in den Beruf vorbereiten. Zur Beratung und Unterstützung gibt es verschiedene Institutionen und Initiativen. Das geht von den Arbeitsämtern über Familienberatung bis zu den unabhängigen Frauenzentren . . . Denn nur die Berufstätigkeit gewähr der Frau eine gewisse Unabhängigkeit vom eigenen Mann; nur die Berufsarbeit lindert die soziale Isolation (Vereinzelung) und hebt das Selbstwertgefühl von Frauen; nur die Berufsarbeit bricht zumindest partiell (teilweise) die traditionelle Frauenrolle auf.

Vollhausfrauen sollten auf jeden Fall auch das Gespräch mit anderen Frauen in ihrer Situation suchen und Aufgaben wie Kinderbeaufsichtigung oder Einkauf zunehmend gemeinsam lösen . . .

In ihrem Bericht „Frauen in der Bundesrepublik Deutschland" erklärte die Bundesregierung 1984:

Q 3 Frauen müssen an der Gestaltung des politischen, wirtschaftlichen und gesellschaftlichen Lebens vollen Anteil haben. Frauen müssen gleichen Lohn für gleiche Arbeit erhalten und die gleichen Aufstiegschancen haben wie die Männer. Frauen müssen frei entscheiden können, ob sie ihre Aufgabe in der Familie oder im Beruf oder in der Verbindung beider sehen wollen. Die Gleichberechtigung der Frau im Arbeitsleben ist in der Bundesrepublik Deutschland zwar rechtlich verwirklicht, sie muß aber in der Praxis des Arbeitslebens in vielen Fällen noch durchgesetzt werden.

Frauenalltag in der DDR und in der BRD

Rechte und Pflichten der Frau

Von 1949 bis 1989 wurden den Frauen in der DDR nach und nach historisch einmalige Rechte und Möglichkeiten zur Gleichberechtigung eingeräumt. In keinem anderen Land der Welt waren so viele Frauen berufstätig und gleichzeitig Mütter wie Ende der 80er Jahre in der DDR. Das Recht auf Bildung, Ausbildung und Erwerbstätigkeit und seit 1972 die freie Entscheidung, eine Schwangerschaft auszutragen oder abzubrechen gaben den Frauen grundsätzlich sozialen Schutz, materielle Unabhängigkeit und – im Rahmen der DDR-Bedingungen – einen Anspruch auf ein selbstbestimmtes Leben.

Art. 20, 2 der Verfassung vom 6. April 1968: Mann und Frau sind gleichberechtigt und haben die gleiche Rechtsstellung in allen Bereichen des gesellschaftlichen, staatlichen und persönlichen Lebens. Die Förderung der Frau, besonders in der beruflichen Qualifizierung, ist eine gesellschaftliche und staatliche Aufgabe.
— Verfassung 1975, S. 16

Frauenanteil in unterschiedlichen Berufen 1985

Produzierender Bereich
Industrie .... 41,7 %
Handel .... 72,6 %
Land- und Forstwirtschaft ... 39,1 %
Bauwirtschaft .... 16,5 %

Nichtproduzierender Bereich
Bildungswesen .... 77,2 %
Kultur und Kunst .... 55,5 %
Sozialwesen .... 91 %
Gesundheitswesen .... 83 %
— Bastian 1989

Beispiel
Berufstätigkeit von Frauen: 1988 waren 91 % aller erwerbsfähigen Frauen in der DDR berufstätig bzw. in einer Ausbildung.

Entlohnung: Ende der 80er Jahre verdienten Männer durchschnittlich 20–30 Prozent mehr Geld als Frauen. Das lag an der schlechteren Entlohnung in den typischen Frauenberufen und den geringeren beruflichen Aufstiegsmöglichkeiten der Frauen.
— Nickels 1990, S. 39/41

Beispiel Frauenalltag
Die damals 23-jährige Gabriele Stötzer berichtet aus dem Jahr 1976: Wo sie jetzt arbeitete (beim Chemiebetrieb Jenapharm in Jena), wurden ‚Ovostaton' und ‚Non-Ovlon', die beiden Anti-Baby-Pillen für die Frauen in der DDR, hergestellt. Sie nahm diese Pille auch und keine ihrer Freundinnen nahm sie nicht. Es gehörte zum natürlichen DDR-Alltag einer Frau in der DDR, selbst dazuzugehen im Geschlechtsverkehr, Familienplanung zu betreiben. Krippen- und Kindergartenplätze in Anspruch zu nehmen und etwaigen Arbeitsausfall zu vermeiden. Falls etwas falsch lief, konnte man eine unliebsame Schwangerschaft durch offiziell genehmigte Abtreibung beenden. Alles war einfach und einsichtig eingeplant und verlief reibungslos. Man heiratete früh, um ein Recht auf eine eigene Wohnung zu bekommen. Nach Abschluss der Lehre oder des Studiums bekam man Kinder. Das Ideal war die sozialistische Kleinfamilie mit zwei Kindern.
— Stötzer 2003, S. 47

(aus: Dorothea Höck/Jürgen Reifarth, Die DDR: Geschichte, Politik, Kultur, Alltag, S.77/78)

	1950	1960	1970	1980	1982
Hauptschüler	49,3	49,3	49,0	47,7	47,4
Realschüler	54,1	61,9	53,9	53,6	53,5
Gymnasiasten	40,5	44,2	43,9	50,0	50,6
Abiturienten	32,4	35,9	40,3	45,0	44,7
Studienanfänger	18,0	27,4	40,6	40,1	44,8
Staats-/Diplomprüfung	15,3	20,5	30,5	40,1	50,0
Doktoranden	16,8	15,9	16,5	18,5	21,1

[1] Mädchen- bzw. Frauenanteil nach Schulformen und Bildungsabschlüssen 1950–1982 (in %).

[II] Durchschnittliche Bruttomonatsverdienste der Angestellten in Industrie und Handel.

1 Vergleiche die Ratschläge von Q 1 und Q 2.
2 Untersuch die obigen Tabellen. Überlegt, ob ihr Ursachen für die unterschiedlichen Werte benennen könnt.
3 Vergleicht die Aussagen der Tabellen mit Q 3.

(aus: Entdecken und Verstehen 3, S. 167)

4. Vergleiche die Situation der Frauen in der BRD mit der Lage der Frauen in der DDR!

Abb. 5.1 – Arbeitsblatt ‚Frauenalltag'. Das Beispiel entstand im Rahmen einer Schulpraktischen Übung an der Universität Greifswald (Bettina K. Wir danken für die Erlaubnis zur Verwendung).

7. Die Graphiken schrecken ab. Nicht nur, weil statistische Diagramme in ihrer abstrakten Wissensaufbereitung das grundsätzlich tun, sondern auch, weil sie viel zu klein sind. In der vorliegenden Anordnung scheinen sie zudem sehr eng zum Text in der linken Spalte zu gehören. Inhaltlich aber bilden sie mit diesem keine Einheit.

Auch wenn die ausgewählten Materialien in Qualität und Fülle durchaus überzeugen, so behindert die missglückte grafische Gestaltung umfassend die inhaltliche Zugänglichkeit, schafft fehlleitende Zuordnungen und Kategorisierungen, die jeweils erst einmal wieder aufgelöst werden müssen, bevor der angestrebte Arbeitsprozess überhaupt beginnen kann. Gute Typografie kann all das verhindern.

Damit wir uns richtig verstehen, Lehrerinnen und Lehrer sollen nun nicht auch noch professionelle Mediengestalter werden – verpflichtende Weiterbildung für alle, halbes Designstudium und professionelle Druckereien an jeder Schule. Es geht nicht darum, Produkte zu gestalten, die die Handschrift eines gefeierten Typografen tragen. Das zu fordern, würde nicht nur Schule überfordern, sondern auch die Arbeit der Profis entwerten. Aber es hat inhaltliche, didaktische und methodische Auswirkungen, ob ein Arbeitsblatt flüchtig oder mit etwas Sinn für Professionalität gestaltet ist.

Dabei darf die Gestaltung nicht zum Selbstzweck werden. Hier gilt das alte Prinzip aus der Arts & Crafts – Bewegung: form follows function.[2] Die Funktion, die ein Arbeitsblatt erfüllen soll, ist Arbeiten, in unserem Rahmen historisches Lernen, zu initiieren. Die Form wird ihm durch Schriftgestaltung (Typografie im engeren Sinne), Formatauswahl und Inhaltselemente wie Bilder, Diagramme, Grafiken und deren Anordnung zueinander gegeben. Diese Form muss dem Inhalt helfen, zur Geltung zu kommen. „Gute Typographie ist so, wie ein guter Diener gewesen sein mag: da und doch nicht bemerkbar; unauffällig, aber eine Voraussetzung des Wohlbefindens, lautlos, geschmeidig."[3]

Die Funktion eines Arbeitsblattes ist es hingegen nicht, erst einmal nach Zuordnungen, Aufgaben und Thema zu suchen (außer vielleicht bei Wimmelbildern, die im deutschen Geschichtsunterricht aber ausgesprochen selten sind). Die Inhalte eines Arbeitsblatts müssen eindeutig wahrgenommen werden können. Wie schwierig und eigensinnig das sein kann, kennt man aus Kippbildern, die je nach Konzentration die eine oder eine andere Figur erkennen lassen (vgl. Abb. 5.2). Was ist zum Beispiel beim Malteserkreuz Grund und was Form, was der Hintergrund und was das Kreuz?

Eine gute Gestaltung soll gerade solche Spielereien, solche Unsicherheiten und solche Unruhe verhindern, soll die Wahrnehmung unterstützen indem sie grafisch die Eindeu-

---

2 Louis Sullivan zugeschrieben, um 1896. Zit. n. Hammer: Mediendesign, S. 28.
3 Jan Tschichold. Als Motto in: Bendix: Arbeiten, S. VIII.

tigkeiten schafft, die beim Inhalt nicht da sind. Einige der wichtigsten und zugleich einfachsten Prinzipien sollen hier für Lehrende aufbereitet werden.

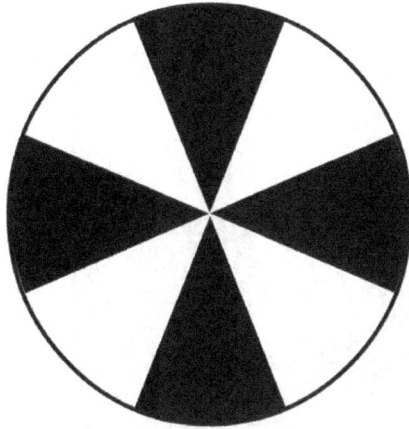

Abb. 5.2 – Malteserkreuz (Hammer: Mediendesign, S. 49).

Ordnung schaffen

Ein gut gestaltetes Arbeitsblatt ist klar strukturiert und damit schnell erfassbar. Inhaltliche Zusammenhänge werden durch gestalterische Zusammenhänge unterstützt. Typografische Hervorhebungen haben inhaltlich-verweisende Funktion. Die Schriftgestaltung unterstützt die Lesbarkeit. Auf eigensinnige Spielereien wird verzichtet. Und alle Arbeitsblätter folgen einer wiederkehrenden Gestaltung.

Nehmen wir uns ein schlichtes Beispiel aus der Praxis (vgl. Abb. 5.3). Es hat viele didaktisch-methodische, inhaltliche und pragmatische Probleme, die hier aber nicht diskutiert werden sollen. Darüber hinaus, obwohl um Professionalität bemüht, gibt es eine Reihe gestalterischer Schwächen.

Was unser Auge leisten muss (und leisten kann, gar keine Frage, aber auch leisten soll?), wird deutlich, wenn man die Kantenlinien einzeichnet. Immer wieder neue Ansätze, neue Justierungen. Zwar ist die Gesamtstruktur um grundsätzliche Gliederung bemüht, sie wird aber horizontal nicht konsequent umgesetzt und vertikal stark vernachlässigt. Dadurch entsteht eine ungewollte Unruhe.

Zunächst einmal braucht es sinnvolle *Ränder:* nicht zu breit (wie hier am unteren Ende) und nicht zu schmal. Ränder geben den Inhalten rahmende Festigkeit. Damit ein Satzspiegel sicher auf der unteren Seitenkante steht, muss der Rand hier etwas größer sein, als der obere Seitenrand. Und nicht vergessen: in der Regel werden Blätter abgehef-

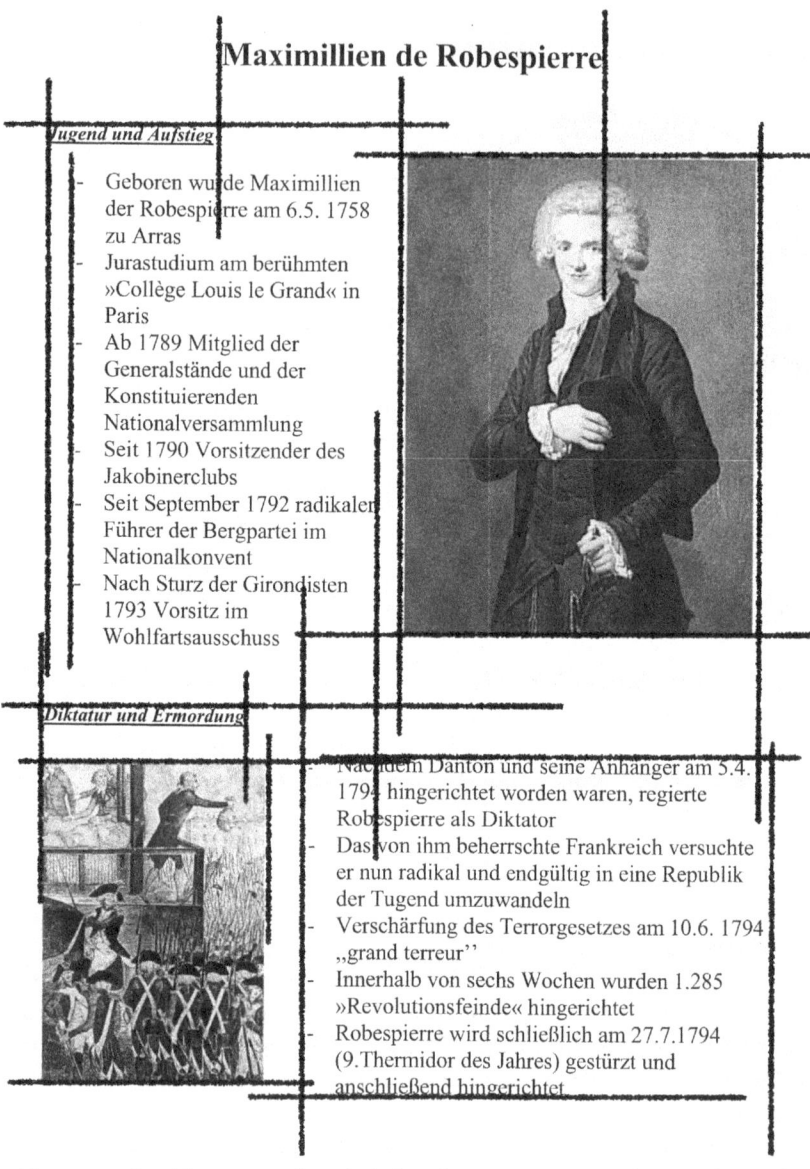

Maximillien de Robespierre

Jugend und Aufstieg

- Geboren wurde Maximillien der Robespierre am 6.5. 1758 zu Arras
- Jurastudium am berühmten »Collège Louis le Grand« in Paris
- Ab 1789 Mitglied der Generalstände und der Konstituierenden Nationalversammlung
- Seit 1790 Vorsitzender des Jakobinerclubs
- Seit September 1792 radikaler Führer der Bergpartei im Nationalkonvent
- Nach Sturz der Girondisten 1793 Vorsitz im Wohlfartsausschuss

Diktatur und Ermordung

- Nachdem Danton und seine Anhänger am 5.4. 1794 hingerichtet worden waren, regierte Robespierre als Diktator
- Das von ihm beherrschte Frankreich versuchte er nun radikal und endgültig in eine Republik der Tugend umzuwandeln
- Verschärfung des Terrorgesetzes am 10.6. 1794 „grand terreur"
- Innerhalb von sechs Wochen wurden 1.285 »Revolutionsfeinde« hingerichtet
- Robespierre wird schließlich am 27.7.1794 (9.Thermidor des Jahres) gestürzt und anschließend hingerichtet

Abb. 5.3 – Arbeitsblatt Maximillien (sic!) de Robespierre. Das Beispiel entstand im Rahmen einer Schulpraktischen Übung an der Universität Greifswald. (Sebastian J.; Bearbeitung: Deile/Sobich. Wir danken für die Erlaubnis zur Verwendung).

tet; dafür braucht es einen ausreichenden Lochrand, sollen nicht Teile des Inhalts später im Bund verschwinden.[4] Blätter müssen natürlich nicht gelocht sein, so können sie aber schneller und einfacher abgeheftet werden und fristen ihr Dasein nicht wochenlang in irgendwelchen Ringbuchblöcken.

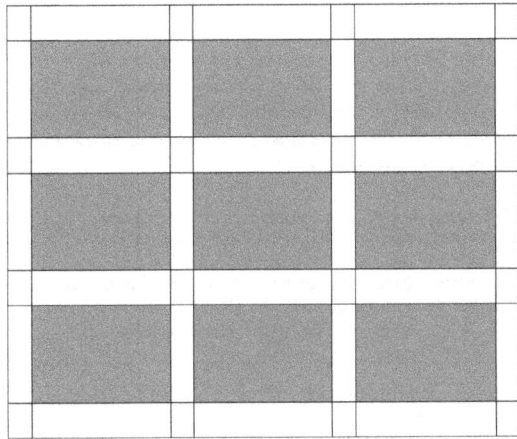

Abb. 5.4 – Rasterbeispiel (Deile/Sobich).

Mindestens genauso wichtig, wie sinnvolle Ränder ist eine durchgängige Orientierung an *Rasterlinien.* Dadurch bekommt das Blatt in seiner Gesamterscheinung Ruhe. In professionellen Gestaltungsprogrammen kann man Raster entlang von Hilfslinien anlegen; in einfacheren funktioniert das, auch wenn dabei einige kleinere neue Probleme entstehen können, durch Tabellen mit unsichtbaren Kantenlinien auch ganz gut. Einfach die Inhalte in Zeilen und Spalten gliedern und man hat mit einfachen Mitteln mehr Ordnung. Das ist auf Arbeitsblättern auch deshalb sinnvoll, weil es immer mehrere Inhaltskomponenten gibt, die schnell und sicher voneinander unterscheidbar sein müssen, ohne dass die Gesamterscheinung der Seite allzu stark in Unordnung gerät.

Das Robespierre-Arbeitsblatt organisiert die Inhalte immerhin gliedernd in *Spalten.* Das hilft, die Lesbarkeit zu verbessern. Ein kurzes Experiment kann das beweisen (vgl. Abb. 5.5).

---

4 Hammer: Mediendesign, S. 134.

Daß das Leben aber den Dienst der Historie brauche, muß ebenso deutlich begriffen werden als der Satz, der später zu beweisen sein wird – daß ein Übermaß der Historie dem Lebendigen schade. In dreierlei Hinsicht gehört die Historie dem Lebendigen: sie gehört ihm als dem Tätigen und Strebenden, ihm als dem Bewahrenden und Verehrenden, ihm als dem Leidenden und der Befreiung Bedürftigen. Dieser Dreiheit von Beziehungen entspricht eine Dreiheit von Arten der Historie: sofern es erlaubt ist, eine monumentalische, eine antiquarische und eine kritische Art der Historie zu unterscheiden.

Daß das Leben aber den Dienst der Historie brauche, muß ebenso deutlich begriffen werden als der Satz, der später zu beweisen sein wird – daß ein Übermaß der Historie dem Lebendigen schade. In dreierlei Hinsicht gehört die Historie dem Lebendigen: sie gehört ihm als dem Tätigen und Strebenden, ihm als dem Bewahrenden und Verehrenden, ihm als dem Leidenden und der Befreiung Bedürftigen. Dieser Dreiheit von Beziehungen entspricht eine Dreiheit von Arten der Historie: sofern es erlaubt ist, eine monumentalische, eine antiquarische und eine kritische Art der Historie zu unterscheiden.

Daß das Leben aber den Dienst der Historie brauche, muß ebenso deutlich begriffen werden als der Satz, der später zu beweisen sein wird – daß ein Übermaß der Historie dem Lebendigen schade. In dreierlei Hinsicht gehört die Historie dem Lebendigen: sie gehört ihm als dem Tätigen und Strebenden, ihm als dem Bewahrenden und Verehrenden, ihm als dem Leidenden und der Befreiung Bedürftigen. Dieser Dreiheit von Beziehungen entspricht eine Dreiheit von Arten der Historie: sofern es erlaubt ist, eine monumentalische, eine antiquarische und eine kritische Art der Historie zu unterscheiden.

Abb. 5.5 – Experiment zur Lesbarkeit. Wir bemühen den berühmten Text von Nietzsche „Vom Nutzen und Nachteil der Historie" als Beispiel.

Ist ein Text in zu langen Zeilen organisiert, hat das Auge beim Zeilenwechsel Mühe, den Anfang der nächsten Zeile zu finden (oben). Dem kann man durch größere Zeilenabstände entgegentreten, was aber den Platzbedarf erhöht (Mitte) oder eben durch eine Anordnung in Spalten, wie das in Zeitungen gemacht wird.

Beim Blocksatz steigt dabei die Anzahl der durch lange Wörter entstehenden unschönen Lücken zwischen einzelnen Wörtern (links unten). Linksbündiger Flattersatz verhindert das, ergibt aber eine große Varianz der Zeilenenden (rechts unten). Abhilfe schafft bei beiden Problemen die Silbentrennung, die in jedem Textverarbeitungsprogramm eingebaut ist.

Für Arbeitsblätter erweist sich also eine Textanordnung in linksbündigen Spalten mit Silbentrennung als die sinnvollste Variante.

Profis empfehlen Spaltenbreiten, die nicht weniger als 30 und nicht mehr als 65 Zeichen umfassen. Zwischen den Spalten von zusammengehörigem Text empfiehlt sich ein Raum von der Breite der Buchstabenkombination ‚mi' der benutzten Schriftart.[5]

Für die Arbeit mit Texten im Unterricht gibt es noch ein Hilfsmittel, dessen Verwendung das gemeinsame Besprechen und Diskutieren von Texten vereinfacht: Zeilennummern. ‚Also, ich bin der Meinung, dass Nietzsche, wo er sagt …' ‚Wo steht das?' ‚Zeile …'

---

5   Hammer: Mediendesign, S. 136, 315.

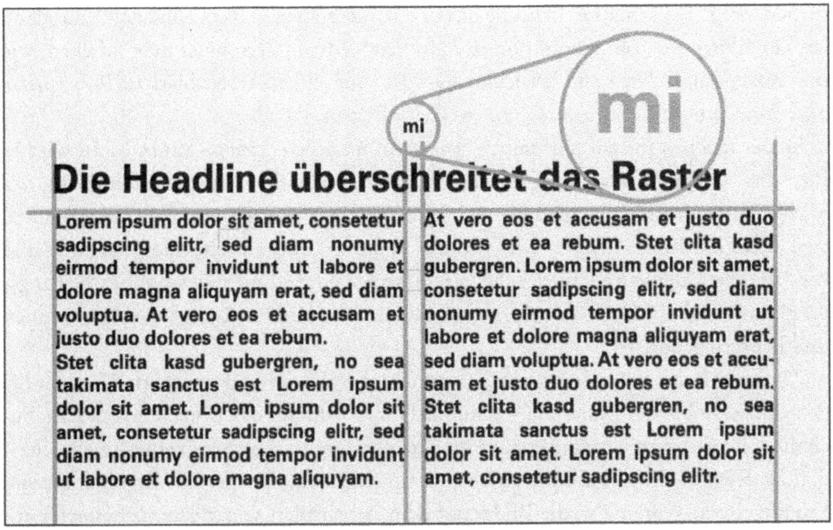

Die Headline überschreitet das Raster

Lorem ipsum dolor sit amet, consetetur sadipscing elitr, sed diam nonumy eirmod tempor invidunt ut labore et dolore magna aliquyam erat, sed diam voluptua. At vero eos et accusam et justo duo dolores et ea rebum. Stet clita kasd gubergren, no sea takimata sanctus est Lorem ipsum dolor sit amet. Lorem ipsum dolor sit amet, consetetur sadipscing elitr, sed diam nonumy eirmod tempor invidunt ut labore et dolore magna aliquyam.

At vero eos et accusam et justo duo dolores et ea rebum. Stet clita kasd gubergren. Lorem ipsum dolor sit amet, consetetur sadipscing elitr, sed diam nonumy eirmod tempor invidunt ut labore et dolore magna aliquyam erat, sed diam voluptua. At vero eos et accusam et justo duo dolores et ea rebum. Stet clita kasd gubergren, no sea takimata sanctus est Lorem ipsum dolor sit amet. Lorem ipsum dolor sit amet, consetetur sadipscing elitr.

Abb. 5.6 – Spaltenabstand ‚mi' (Hammer: Mediendesign, S. 137).

Ganz einfach. Manche Schreibprogramme haben eine entsprechende Funktion schon eingebaut (bei MS Word in den Einstellungen zum Seitenlayout). Bei anderen kann man sich mit Textfeldern neben dem Text etwas schwerfälliger behelfen.

Also: das Blatt aufräumen! Alles an imaginären oder tatsächlichen vertikalen und horizontalen Hilfslinien ausrichten. Zusammengehöriges auch grafisch in seiner Zusammengehörigkeit betonen, ohne dass die Betonung selbst zum eigentlichen Blickpunkt wird.

Bilder

In den vergangenen Jahren hat das Bild dem Text massiv den Rang als Informationsträger streitig gemacht. Informationen werden so besser aufbereitet, jedenfalls schneller zugänglich.[6] Auch die Geschichtsdidaktik hat sich dieser Herausforderung angenommen und ihr methodisches Werkzeug im Umgang mit Bildern gestärkt.[7] Daher wird auch die Bedeutung von Bildern auf Arbeitsblättern steigen. Was für jedes Element eines Arbeitsblattes gilt, gilt aber auch für Bilder: bitte nur dann, wenn sie eine Funktion haben. Der Platz eines Arbeitsblattes ist begrenzt und alles, was stört, hat nichts auf dem Blatt zu

---

6   Liebig: Infografik. Rendgen/Wiedemann: Information Graphics.
7   Pandel: Bildinterpretation. Sauer: Bilder. Popp/Wobring: Bildersaal.

suchen. Seine Legitimation kann nicht nur darin bestehen, dass es ganz nett und schön ist. Für Illustration ohne Funktion ist kein Platz. Mit Bildern muss man arbeiten, wie mit Texten auch. Niemand käme auf die Idee, auf einem Arbeitsblatt zu Robespierre noch ein Gedicht aufzunehmen, nur weil es schön ist.

Bilder machen formal nur dann Sinn, wenn man sie erkennen kann. Meist wird es für die Originalfarbgebung nicht reichen und die Leistungsfähigkeit des S/W-Schulkopierers sollte man kennen. Eine schlechte Vorlage wird aber auf jeden Fall eine schlechte Kopie liefern. Wer also ein kopiertes Bild ausschneidet, aufklebt und wiederkopiert, der kann schnell scheitern. Scanner, ein rudimentäres Bildbearbeitungsprogramm und ein Drucker sollten deshalb zur Standardausrüstung von Lehrerinnen und Lehrern gehören.

Die erste Regel muss deshalb sein: scannen[8], bearbeiten und speichern. Vorsicht bei dem Einscannen von Bildern aus Schulbüchern: Während das Kopieren von Schulbüchern in begrenztem Umfang erlaubt ist, entsteht durch das Scannen eine – verbotene – digitale Kopie. Dies gilt übrigens nicht nur für Bilder sondern für alle Bestandteile von Schulbüchern. Wären also die Bilder auf dem Arbeitsblatt von Herrn Robespierre aus einem Schulbuch – was sie unseres Wissens glücklicherweise nicht sind – wäre das Scannen ein Urheberrechtsverstoß. Ansonsten gilt: 70 Jahre nach dem Tod seines Schöpfers erlischt an einem Werk das Urheberrecht, es ist dann gemeinfrei.[9]

Es gibt verschiedene Bildformate, die jeweils unterschiedliche Funktionen unterstützen und daher nicht generell geeignet sind.

• JPEG (Joint Photographic Experts Group) ist wohl das am weitesten verbreitete Bildformat. Es wird von allen gängigen Programmen unterstützt und ist auch deshalb gut zu benutzen, weil es durch ein eingebautes Kompressionsverfahren Dateien nicht so aufbläht. Man muss aber bedenken, dass die Kompression bei jedem neuen Speichern immer aufs Neue stattfindet und so die Bildqualität immer schlechter wird.

• GIF (Graphics Interchange Format) ist für den Printbereich ungeeignet. Höchste Kompressionsraten wurden für die Darstellung im Internet entwickelt. Ausgedruckt ergeben sich aber hoch gerasterte und unscharfe Bilder, mit denen man bei der Arbeitsblattgestaltung nichts anfangen kann.

• TIFF (Tagged Image File Format) ist hingegen das professionellste Format für Dilettanten. Es garantiert hohe Qualität bei gleichzeitiger kontrollierter Kompressionsmöglichkeit. Auch wenn die Dateien etwas größer sind als jpg-Dateien, kann sie jedes Programm lesen und man ist sich einer verlustfreien Speicherung sicher.

---

8   Vgl. dazu: http://www.kmk.org/fileadmin/veroeffentlichungen_beschluesse/2009/2009_11_28-Fotokopieren-an-Schulen.pdf, eingesehen am 21.5.2012.
9   Und einem solchen Werk sind unseres Wissens nach die Bilder entnommen.

Die größte Qualitätsgefahr droht dem Bild auf dem Arbeitsblatt allerdings vom Schul-kopierer. Die beste Vorlage kann durch weniger leistungsstarke Geräte zu einer schwarz-flächigen oder blassen, vor allem aber unscharfen Schülerkopie führen. Daran sollte man bei der Bildauswahl unbedingt denken. Fein gegliederte Bilder mit vielen Details können daher ungeeignet sein. Mitunter lässt sich noch etwas herausholen, wenn man auf dem Kopierer die Bildfunktion wählt.

Da Farben ohnehin meist nicht auf der Kopie realisiert werden können, ist schon bei der Erstellung der Vorlage in Erwägung zu ziehen, ob die Bilder auf ihr nicht schon schwarz/weiß sein sollten. Das erzeugt oft auch eine bessere Kopie.

Mit guten Bildern, das heißt Bildern in technisch gutem Zustand, in didaktisch be-gründeter Auswahl, methodisch guter Einbettung und gestalterisch guter Platzierung auf dem Arbeitsblatt, kann Arbeit, kann historisches Lernen hervorragend initiiert und stimuliert werden. Schlechte Bilder hingegen werfen Fragen und Frustrationen auf, die gar nicht beabsichtigt waren und behindern daher das beabsichtigte Arbeiten. Besser deshalb gar kein Bild als ein schlechtes.

Relationen

Die Anordnung eines Bildes sollte nicht zufällig sein, sondern durchdacht werden. Die Größe der einzelnen Elemente und ihre Anordnung zueinander bestimmt darüber, in welcher Reihenfolge die verschiedenen Inhaltsaspekte wahrgenommen werden und wel-che Bedeutung ihnen zugesprochen wird.

Vermutlich fällt beim Robespierre-Beispiel (vgl. Abb. 5.7) zuerst das Porträt auf, dann die Hinrichtung und schließlich die Überschrift und die beiden anderen Textteile. Die Frage, ob das so sein soll, wollen wir an dieser Stelle gar nicht beantworten. Entscheidend ist vielmehr, dass es in jedem Fall eine hierarchisierte Wahrnehmung gibt.

Bilder ziehen den Blick auf sich, weil sie im Gegensatz zu Texten nicht abstrakt, sondern konkret und in ihrer Erscheinung flächig sind. In dieser Dominanz sind sie deshalb nicht an allen Stellen auf einer Seite perfekt platziert.

Lateinische Schrift liest man von links nach rechts und von oben nach unten. Das prägt die Wahrnehmung im westlichen Kulturkreis entscheidend. Abgeschlossen und behaglich ist ein Text rechts unten. Und diese Position wird auch auf Flächenelemente wie Bilder übertragen. Dort würde ein Bild der ganzen Seite Festigkeit und Geschlossenheit geben, ganz am Rand aber auch eine Seitenschieflage. Klassisch harmonisch wird hingegen der Goldene Schnitt wahrgenommen (vgl. Abb. 5.8).[10] Mathematisch wird er durch ein Zah-lenverhältnis 1:1,618 ausgedrückt oder in Form der Fibonacci-Reihe: 2:3:5:8:13 etc. So

---

10 Hammer: Mediendesign, S. 83 f.

Maximillien de Robespierre

Jugend und Aufstieg

- Geboren wurde Maximillien
  der Robespierre am 6.5. 1758
  zu Arras
- Jurastudium am berühmten
  »Collège Louis le Grand« in
  Paris
- Ab 1789 Mitglied der
  Generalstände und der
  Konstituierenden
  Nationalversammlung
- Seit 1790 Vorsitzender des
  Jakobinerclubs
- Seit September 1792 radikaler
  Führer der Bergpartei im
  Nationalkonvent
- Nach Sturz der Girondisten
  1793 Vorsitz im
  Wohlfartsausschuss

Diktatur und Ermordung

- Nachdem Danton und seine Anhänger am 5.4.
  1794 hingerichtet worden waren, regierte
  Robespierre als Diktator
- Das von ihm beherrschte Frankreich versuchte
  er nun radikal und endgültig in eine Republik
  der Tugend umzuwandeln
- Verschärfung des Terrorgesetzes am 10.6. 1794
  „grand terreur''
- Innerhalb von sechs Wochen wurden 1.285
  »Revolutionsfeinde« hingerichtet
- Robespierre wird schließlich am 27.7.1794
  (9.Thermidor des Jahres) gestürzt und
  anschließend hingerichtet

Abb. 5.7 – Arbeitsblatt Robespierre (wie Abb. 5.6).

kommt man auf den perfekten Punkt auf einer Seite, an dem auch ein Bild am besten aufgehoben wäre. Dieser Punkt träfe exakt den Ausgleich zwischen Spannung und Neutralität zwischen Aktivität und Passivität, zwischen Aufbruch und Verweilen.

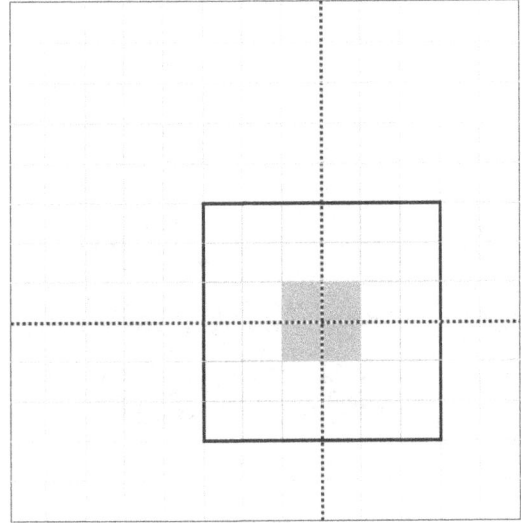

Abb. 5.8 – Goldener Schnitt (Deile/Sobich).

Perfekt wäre diese Position aber nur auf einem leeren Blatt. Deshalb ergibt sich dieser Punkt in seiner Position auf einem Arbeitsblatt selten so idealtypisch. Denn auf einem Arbeitsblatt muss sich eine Form, z. B. ein Bild, mit anderen inhaltlichen Elementen arrangieren, folglich in ein Raster einordnen. Dennoch kann der perfekte Punkt Anleitung bieten, wo ein flächiges und bedeutendes Element auf einem Blatt am besten aufgehoben wäre.

Bilder sind innerhalb einer Seite zwar Flächen, selbstverständlich aber auch inhaltsgeladen.[11] Beziehen sich Bild und Text inhaltlich aufeinander, dann sollten sie unbedingt auch beieinander angeordnet werden. Zum Hinrichtungsbild passt der Satz „Geboren 1758 in Arras." ebenso wenig wie „Seit September 1792 radikaler Führer der Bergpartei." – der eine ist semantisch konträr, der andere irreführend.

In einer probeweisen Anordnung nebeneinander (vgl. Abb. 5.9) würde sich auch ein makabrer Bezug ergeben, schließlich würde Robespierre sein eigener, vom Körper getrennter Kopf dargeboten.[12] Eher geschmacklos oder gerade gewollt. Egal, aber bitte nicht zufällig.

---

11 Insgesamt zur Bildanordnung: Willberg/Forssman: Typografie, S. 68-73.
12 Mal ganz abgesehen, dass im hier vorliegenden Beispiel auch noch ein inhaltlich gravierender Fehler vorliegt, wird doch die Enthauptung des Königs gezeigt, im Kontext aber als Hinrichtung Robespierres präsentiert.

Abb. 5.9 – Bildinhaltskorrespondenzen. Arbeitsblatt Robespierre (wie Abb. 5.6).

Bei nahe beieinander liegenden Bildern können sich zudem noch formelle Korrespon-
denzprobleme ergeben. Schwierig sind Bilder, deren Proportionen unterschiedlich sind.
Eine Ameise in Nahaufnahme und daneben ein Elefant in Miniatur – das entspricht
nicht der Wirklichkeit, es steigert aber die Bedeutung der Ameise gegenüber dem Ele-
fanten. Der Kopf des enthaupteten Robespierre, dessen Größe im Porträt ungefähr der
Handfläche entspricht – auch so etwas ist eher unglücklich und man sollte versuchen,
den direkten Vergleich dadurch zu unterdrücken, dass die Bilder nicht zu nahe beieinander liegen oder man Ausschnitte wählt, in denen die Proportionen sich einander an-
nähern.

Die beiden Beispielbilder können aber wegen der in ihnen liegenden Geschichten
nicht beliebig angeordnet werden. In einem Bild sieht man einen sehr lebendigen jungen
Mann, im anderen ist dessen noch junger Kopf vom Körper getrennt. Rein chronologisch
muss das Hinrichtungsbild nach dem Porträt kommen.

All diese Aspekte müssen in einer Entscheidung über die Anordnung der Bilder
bedacht und miteinander harmonisiert werden, was vielfach ausgesprochen schwierig
ist. Im hier vorgeführten Beispiel ist vielleicht die chronologische Folge wichtiger, als
die ideale Platzierung nach dem Goldenen Schnitt. Eine mögliche Lösung wäre eine
Anordnung der Bilder übereinander in chronologischer Folge, eine geringe Vergröße-
rung des Hinrichtungsbildes und eine Aufhellung des Porträts, sodass dessen Flächig-

Maximillien de Robespierre

Jugend und Aufstieg

- Geboren wurde Maximillien der Robespierre am 6.5. 1758 zu Arras
- Jurastudium am berühmten »Collège Louis le Grand« in Paris
- Ab 1789 Mitglied der Generalstände und der Konstituierenden Nationalversammlung
- Seit 1790 Vorsitzender des Jakobinerclubs
- Seit September 1792 radikaler Führer der Bergpartei im Nationalkonvent
- Nach Sturz der Girondisten 1793 Vorsitz im Wohlfahrtsausschuss

Diktatur und Ermordung

- Nachdem Danton und seine Anhänger am 5.4. 1794 hingerichtet worden waren, regierte Robespierre als Diktator
- Das von ihm beherrschte Frankreich versuchte er nun radikal und endgültig in eine Republik der Tugend umzuwandeln
- Verschärfung des Terrorgesetzes am 10.6. 1794 „grand terreur"
- Innerhalb von sechs Wochen wurden 1.285 »Revolutionsfeinde« hingerichtet
- Robespierre wird schließlich am 27.7.1794 (9.Thermidor des Jahres) gestürzt und anschließend hingerichtet

Maximillien de Robespierre

Jugend und Aufstieg

- Geboren wurde Maximillien der Robespierre am 6.5. 1758 zu Arras
- Jurastudium am berühmten »Collège Louis le Grand« in Paris
- Ab 1789 Mitglied der Generalstände und der Konstituierenden Nationalversammlung
- Seit 1790 Vorsitzender des Jakobinerclubs
- Seit September 1792 radikaler Führer der Bergpartei im Nationalkonvent

Diktatur und Ermordung

- Nachdem Danton und seine Anhänger 1794 hingerichtet worden waren, regie Robespierre als Diktator
- Das von ihm beherrschte Frankreich v er nun radikal und endgültig in eine R der Tugend umzuwandeln
- Verschärfung des Terrorgesetzes am 1 „grand terreur"
- Innerhalb von sechs Wochen wurden »Revolutionsfeinde« hingerichtet
- Robespierre wird schließlich am 27.7. (9.Thermidor des Jahres) gestürzt und anschließend hingerichtet

Abb. 5.10 – Arbeitsblatt Robespierre. Original und Überarbeitung (wie Abb. 5.6).

keit weniger stark hervortritt. Und in jedem Fall eine klar gerasterte Anordnung aller Teile.

Solche Korrekturen machen noch kein perfektes Arbeitsblatt. Aber sie helfen, die Wahrnehmung in den Dienst der Inhalte, die Form in den Dienst der Funktion zu stellen.

Text

Weniger auffällig, aber nicht weniger bedeutend als die Anordnung der einzelnen Elemente (Makrotypografie) ist die typografische Gestaltung im engeren Sinne (Mikrotypografie), also die Gestaltung des Schriftbildes.

Tatsächlich, es soll gleich sein, welche Schrift man wie wählt?

Wenn man dennoch wählen müsste, welche Schriftgestaltung wäre dann die richtige für ein Warnschild?

Achtung
Baustelle

Achtung

Baustelle

Achtung
Baustelle

Achtung
Baustelle

Abb. 5.11 – Schriftprobe ‚Achtung Baustelle'. Von links oben nach rechts unten: Edwardian Script; Arial mit großem Zeilenabstand, Arial mit enger Laufweite, Arial normal (Deile/Sobich).

Design   *Design*   Design

Design   **Design**   **Design**

DE)iGn   Öesign   DESIGN

Design   Design   *Design*

Design   *Design*   DESIGN

Design   Design   **DESIGN**

Design   Design   Design

Abb. 5.12 – Schriftsemantik (Hammer: Mediendesign, S. 230.)

Wir würden sagen, diejenige, bei der Inhalt und Schrift zueinander passen, die gut lesbar ist und die Gesamtaussage schnell verfügbar macht. Dabei spielen Schriftauswahl, Abstände und Laufweiten eine nicht unbeträchtliche Rolle.[13]

Sprache ist schon in ihrer textlichen Erscheinung Ausdruck. „Die Wahrnehmung einer Gesellschaft begründet sich aus allem Bekannten, was diese gemeinsam hat, und ob sie es emotional als positiv, negativ oder neutral informativ empfindet."[14] Auch Schrifttypen sind in dieser Weise diskursiv besetzt und dessen muss man sich bewusst sein.

Welche Schrift passt etwa am besten zum Wort ‚Design'?[15] Bei manchen wird man die Zugehörigkeit diskutieren können, bei anderen vielleicht weniger. Diese Semantik von Schriften muss man bedenken, nicht so sehr wenn es um neutrale Fließtexte in Times oder Arial geht, aber spätestens dann, wenn es um Auszeichnungen z. B. von Überschriften geht, bei denen man unter Umständen so richtig danebenliegen kann.

Es gibt Schriften, die sind wenig besetzt. **Arial** etwa ist für Nobert Hammer „grundsätzlich nichts sagend" – das kann ein Vorteil sein, aber auch ein Nachteil.[16] Für Auszeichnungen ist sie deshalb denkbar ungeeignet, für neutralen Text hingegen umso mehr. **Comic Sans** wird oft in Grundschulen benutzt, auf einer Einladung des Bundespräsidenten wäre sie gerade deshalb eine falsche Wahl. Dazwischen gibt es kein richtig und kein falsch. In jedem Falle aber ist die Wahl der Schriftart nicht aussagelos.

Neben diesen Geschmacksfragen gibt es technische Aspekte.

Daß das Leben aber den Dienst der Historie brauche, muß ebenso deutlich begriffen werden als der Satz, [...] daß ein Übermaß der Historie dem Lebendigen schade.

Garamond

Daß das Leben aber den Dienst der Historie brauche, muß ebenso deutlich begriffen werden als der Satz, [...] daß ein Übermaß der Historie dem Lebendigen schade.

Calibri

Abb. 5.13 – Serifen (Deile/Sabich nach: Hammer: Mediendesign, S. 229).

---

13 Willberg/Forssman: Typografie, S. 10.
14 Hammer: Mediendesign, S. 208
15 Hammer: Mediendesign, S. 230
16 Hammer: Mediendesign, S. 269.

Die wichtigste Unterscheidung zwischen Schriftarten ist die zwischen Antiqua und Grotesk.

Das Unterscheidungsmerkmal sind Serifen. Antiquaschriften haben gegenüber der Grotesk an den Anfängen und Enden der Buchstaben kleine fähnchenartige Fortsätze. Diese dienen der Verbesserung der Lesbarkeit. Buchstaben werden so besser voneinander unterscheidbar, zueinander geführt und auf einer Grundlinie aufgereiht. Was bei längeren Texten schriftergonomisch schon fast eine Notwendigkeit ist – es gibt wohl keinen in Grotesk gesetzten Roman – wird bei sehr großen und sehr kleinen Schriften zum Problem.[17] Im großen Fall stören die Serifen, im kleinen lassen sie den Text ineinander fließen.

Will man Schriften in ihrer Lesbarkeit miteinander vergleichen, empfiehlt sich ein Blick auf Buchstaben, die einander besonders ähnlich sind: die Kombinationen: Il, rn, hn und adg.[18] An ihnen lässt sich Differenzierungsqualität am besten untersuchen.

Und dann auch noch die Konnotierung: eine Grotesk gilt schriftgeschichtlich als sachlicher, technischer und moderner, Antiquaschriften sind klassische Fabulierschriften. Auch geografisch gibt es unterschiedliche Besetzungen. Microsoft Windows hatte etwa in Deutschland **Times New Roman** als Systemschrift, in den USA hingegen war das **Tahoma**.

Man sollte etwas experimentieren und sich dann entscheiden. Am Ende ist es eine Frage des Geschmacks, die sollte es aber auch sein. Mit Geschmack wenig haben hingegen einige technische schriftgestalterische Aspekte zu tun:

• Gleiche Inhalte – gleiche Schriftauszeichnung. Um Zusammengehörigkeiten auch im Schriftbild auszudrücken, sollte nicht variiert werden, weder in Art, noch in Größe oder Erscheinung (fett, kursiv, unterstrichen).[19]

• Nicht mehr als eine Auszeichnungsart gleichzeitig verwenden. Wenn man etwas hervorhebt, dann sollte das durch eine Änderung der Grundschrift geschehen. Alles andere bringt diese Änderung zu sehr in den Vordergrund, sie wird wichtiger als die inhaltliche Betonung. Also bitte nicht *__fett, kursiv und unterstrichen__* zugleich. Unterstreichungen gelten ohnehin als ungünstig, da sie den Text zu dominant verändern und das Schriftbild in der Regel auch noch zuschneiden.[20]

• Sparsame Schriftkombination. Wenn auf einer Seite dauernd die Schriftart wechselt, dann wird das zur Spielerei ohne Funktion, dann konzentriert sich der Leser auf

---

17 Auch am Bildschirm gilt das Gegenteil. Wegen der Rasterung und Frequenz eignen sich hier serifenlose Schriften deutlich besser. Hammer: Mediendesign, S. 260
18 Willberg/Forssman: Typografie, S. 21. Hammer: Mediendesign, S. 306 f.
19 Bendix: Arbeiten, S. 5.
20 Bendix: Arbeiten, S. 11.

diese Wechsel, statt auf den Inhalt. Ein Schriftwechsel schafft Differenzqualität, eine Vielzahl davon macht sie eher kaputt.[21]
- Zeilenabstände bedingen die Lesbarkeit. „Je größer die Schrift, desto kleiner darf der Zeilenabstand sein. Je länger die Zeile, umso größer soll der Zeilenabstand sein."[22] Dazwischen kann man sich frei bewegen, wird oft pragmatisch entscheiden und gegebenenfalls auch experimentieren.
- Textsatz bestimmt die Gesamterscheinung der Seite. Texte können linksbündig, rechtsbündig, zentriert oder im Blocksatz formatiert werden. Der Blocksatz hat klare Kanten auf beiden Seiten, bei schmalen Spalten und ohne Silbentrennung entstehen aber löchrige Texte. Auch der linksbündige Flattersatz kann unter gleichen Bedingungen sehr ausgefranst wirken, obwohl er die am besten lesbare Variante darstellt.[23]

Ein kleiner Hinweis noch am Rande. Mitunter spielen Geschichtslehrerinnen und Geschichtslehrer auf ihrer Schriftenpalette RÖMERZEIT oder Mittelaltermarkt. Heraus kommt ein geschichtstheoretisches WILDWEST. Wenn WIR Geschichte schreiben, dann schreiben wir eben nicht in der Schriftart der Quellen. Unsere Erzählung ist nicht die Vergangenheit selbst, sie ist immer die Vergegenwärtigung dieser Vergangenheit, ihr reflektierendes Verstehen, nicht ihr Imitat. Deshalb sollte man es sich dreimal überlegen, welche Schrift es zu welchem Anlass sein soll und welche Wirkung man damit erzielt.

Etwas anders verhält es sich mit dem Gebrauch von römischer Capitalis, karolingischer Minuskel, Fraktur oder Kurrent wenn es um das Erarbeiten und Erschließen von Vergangenheit geht. Hier wird meist mit transkribierten Quellen gearbeitet, sprachlich und typografisch transkribierten Quellen. Aber es kann einen gewichtigen Unterschied machen, ob Schülerinnen und Schüler das ‚Dictatus Papae' in seiner bildlichen Originalfassung oder in transkribierter Arial konfrontiert werden. Die Historizität lässt sich mit der Originalversion ganz klar besser erfassen.

Es macht eben auch einen Unterschied, ob der Brief eines Mädchens an ihren Vater in den Ersten Weltkrieg in seiner bildlichen Originalität vorliegt oder in Times. Das bedeutet natürlich: größere Herausforderung, mehr Arbeit aber auch tiefere Erkenntnismöglichkeit.

21 Hammer: Mediendesign, S. 329. Willberg/Forssman: Typografie, S. 24 f.
22 Hammer: Mediendesign, S. 305. Willberg/Forssman: Typografie, S. 22.
23 Willberg/Forssman: Typografie, S. 50 f.

Die regulierte Kuh.

Seesen d. 15. Januar 1916
Liebes Väterchen!
Ich danke Dir vielmals
für die zwei hübschen
Karten, ich habe mich sehr
darüber gefreut. Im Kirchen (sic!)
Kirchenkonzert war es sehr
schön. Hänschen hat einen neuen

Kopf mit einer blonden
Perücke. Ich spiele schon
sehr schwere Stücke und
Du wirst Dich wundern, wie
fein ich spielen kann,
ich muß jetzt bald ein
neues Buch haben. Bei
uns hat es geschneit. Gestern
war es ein richtiges Schmadd-
erwetter heute ist es aber
wieder kälter geworden.
Denke Dir, ich habe doch zu
Weihnachten Liebesgaben
an die Soldaten geschickt
und da hat mir wieder

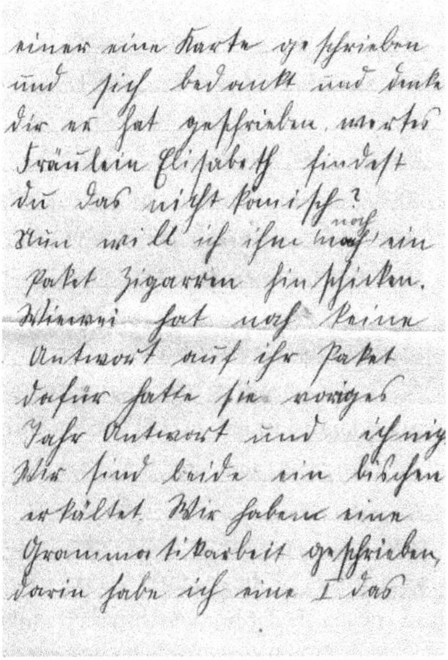

einer eine Karte geschrieben
und sich bedankt und denke
Dir, er hat geschrieben, wertes
Fräulein Elisabeth, findest
Du das nicht komisch?
Nun will ich ihm noch ein
Paket Zigarren hinschicken.
Wiewei hat noch keine
Antwort auf ihr Paket
dafür hatte sie voriges
Jahr Antwort und ich nicht.
Wir sind beide ein bischen
erkältet. Wir haben eine
Grammatikarbeit geschrieben,
darin habe ich eine I. das

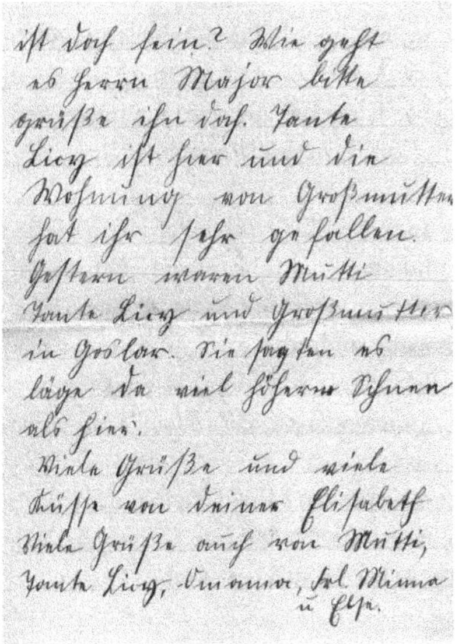

ist doch fein? Wie geht
es Herrn Major bitte
grüße ihn doch. Tante
Licy ist hier und die
Wohnung von Großmutter
hat ihr sehr gefallen.
Gestern waren Mutti
Tante Licy und Großmutter
in Goslar. Sie sagten es
läge da viel höherer Schnee
als hier.
Viele Grüße und viele
Küsse von Deiner Elisabeth
Viele Grüße auch von Mutti,
Tante Licy, Omama, Frl. Minna
u Else.

Abb. 5.14 – Kinderbrief aus der Zeit des Ersten Weltkrieges, 15.1.1916 (Privatarchiv; Transkriptionen: Deile/Sobich).

Technik

Welche Alternativen gibt es zu Kopierer, Schere und Leim? Scanner, Text- und Bildverarbeitungsprogramm und Drucker.

Die meisten verwenden heutzutage ein Textverarbeitungsprogramm, also MS Word, Open Office oder Pages (Mac). Über die Qualität dieser Programme kann man vieles sagen. Da wir aber nicht auf der Gehaltsliste von Apple oder Microsoft stehen und beide auch Schulen nur selten ohne geschäftliche Hintergründe unterstützen, werden wir hier keine Kaffeefahrt veranstalten.

Wichtiges Kennzeichen gegenüber den Profiprogrammen wie etwa InDesign ist, dass einfache Textverarbeitungsprogramme über eine begrenzte Anzahl von Gestaltungsmöglichkeiten verfügen und eine Reihe von Aufgaben automatisiert haben. Das macht ihre Handhabung einfacher und kann doch im Detail auch lästig sein. Für den normalen Gebrauch in der Schule aber reicht es allemal.

Den Schritt von der Benutzung dieser Programme als Schreibmaschinenersatz zur Professionalität stellen Vorlagen dar. Wer sich einmal etwas Mühe macht und eine eigene Vorlage für Arbeitsblattgestaltung entwirft und speichert, der braucht von da an nur noch Inhaltskomponenten einzusetzen, auszutauschen, anzupassen und der Vorbereitungsaufwand minimalisiert sich spürbar.

Wie sehr es sich zur Rastergestaltung empfiehlt, mit unsichtbaren Tabellen zu arbeiten, wurde schon an anderer Stelle ausgeführt. Etwas mehr Gestaltungsspielräume entstehen, wenn man einzelne Inhaltselemente in jeweils eigenen Textrahmen organisiert. Diese lassen sich zusammen mit Bildern entlang von Rasterhilfslinien ausrichten. Das Einblenden der Lineale ist dabei ausgesprochen hilfreich.

Die Schreibprogramme gehen mitunter etwas eigenwillig mit eingefügten Bildern um, realisieren die Textumbrüche automatisch und man hat Mühe, solche ‚Hilfsleistungen' zu korrigieren. Manche dieser Probleme entstehen nicht mit Programmen, die eigentlich zur Erstellung von Präsentationen gemacht sind, also etwa Powerpoint oder Keynote. Der Vorteil: die einzelnen Elemente (Bilder und Textfelder) lassen sich problemloser auf der Seite umher schieben und positionieren, fast wie Puzzleteile auf einem Tisch.

Letztendlich lohnt sich das Ausprobieren der technischen Möglichkeiten der jeweiligen Programme, wiederholtes Praktizieren und eine gewisse Neugier am Gestalten. Dann reicht am Ende ein geringer Mehraufwand, um selbst Produkte in hoher Qualität zu erzeugen.

Ein Beratungsbuch „Die gute Ehe" empfahl 1959 einer guten Ehefrau:

Q 1 ... Ihrem Mann ein Heim zu schaffen, in dem er wirklich zu Hause ist, in das er nach des Tages Arbeit gern zurückkehrt. Dabei muß immer das im Vordergrund stehen, was ihm besonders am Herzen liegt, und das kann ganz verschiedenartig sein. Der eine v[...]unbedingte Ordnung. Er liebt es, wenn alle G[...]nde immer am gleichen Platz liegen ... Einem [...]ren Ehemann ist wichtiger als absolute Ordnung, daß seine Frau immer gepflegt aussieht ..., ein dritter legt großen Wert darauf, daß ihm nicht nur Allerweltsgerichte auf den Tisch gestellt werden ... Es gilt also, sich darauf einzustellen, auch wenn es den eigenen Neigungen nicht ganz entspricht.

An anderer Stelle heißt es:

Die Handarbeit darf auch nie der Grund dafür sein, daß das Essen nicht zur rechten Zeit auf den Tisch kommt oder Wäschestücke nicht geflickt und gestopft sind.

Die Herausgeberin einer Frauenzeitschrift, Alice Schwarzer, gab 1977 folgende Empfehlungen:

Q 2 Auch Frauen, die noch ans Haus gebunden sind, weil sie kleine Kinder haben, sollten langfristig ihre Rückkehr in den Beruf vorbereiten. Zur Beratung und Unterstützung gibt es verschiedene Institutionen und Initiativen. Das geht von Arbeitsämtern über Familienberatung bis zu den unabhängigen Frauenzentren ... Denn nur die Berufstätigkeit gewährt der Frau eine gewisse Unabhängigkeit vom eigenen Mann; nur die Berufsarbeit lindert die soziale Isolation (Vereinzelung) und hebt das Selbstwertgefühl von Frauen; nur die Berufsarbeit bricht zumindest partiell (teilweise) die traditionelle Frauenrolle auf.

Vollhausfrauen sollten auf jeden Fall auch das Gespräch mit anderen Frauen in ihrer Situation [...]en und Aufgaben wie Kinderbeaufsichtigung [...]nkauf zunehmend gemeinsam lösen ...

I[...] Bericht „Frauen in der Bundesrepublik Deutschland" erklärte die Bundesregierung 1984:

Q 3 Frauen müssen an der Gestaltung des politischen, wirtschaftlichen und gesellschaftlichen Lebens vollen Anteil haben. Frauen müssen gleichen Lohn für gleiche Arbeit erhalten und die gleichen Aufstiegschancen haben wie die Männer. Frauen müssen frei entscheiden können, ob sie ihre Aufgabe in der Familie oder im Beruf oder in der Gleichberechtigung von beidem sehen wollen. Die Gleichberechtigung der Frau im Arbeitsleben ist in der Bundesrepublik Deutschland zwar rechtlich verwirklicht, sie muß aber in der Praxis des Arbeitslebens in vielen Fällen noch durchgesetzt werden.

	1950	1960	1970	1980	1982
Hauptschüler	49,3	49,3	49,0	47,7	47,4
Realschüler	54,3	61,9	57,9	55,6	55,3
Gymnasiasten	40,5	44,2	43,9	50,0	50,6
Abiturienten	32,4	33,9	40,3	45,0	44,7
Studienanfänger	18,0	27,4	40,6	40,1	44,5
Staats-/Diplomprüfung	15,8	20,5	30,5	40,1	30,[...]
Doktoranden	16,8	15,9	16,5	18,3	21,3

☐ Mädchen- bzw. Frauenanteil nach Schulformen und Bildungsabschlüssen 1950–1982 (in %).

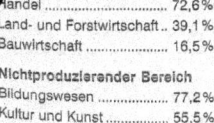

☐ Durchschnittliche Bruttomonatsverdienste der Angestellten in Industrie und Handel.

1 *Vergleicht die Ratschläge von Q 1 und Q 2.*
2 *Untersucht die obigen Tabellen. Überlegt, ob ihr Ursachen für [...]unterschiedliche Werte benennen könnt.*
3 *Vergleicht d[...]agen der Tabellen mit Q 3.*

Frauenalltag i[...]er DDR und in der BRD

Recht[...]nd Pflich[...] der Frau

Von 1949 bis 1989 wurden den Frauen in der DDR nach und nach historisch einmalige Rechte und Möglichkeiten der Gleichberechtigung eingeräumt. In keinem anderen Land der Welt waren so viele Frauen berufstätig und gleichzeitig Mütter wie Ende der 80er Jahre in der DDR. Das Recht auf Bildung, Ausbildung und Erwerbstätigkeit und seit 1972 die freie Entscheidung, eine Schwangerschaft auszutragen oder abzubrechen [...]aben den Frauen grundsätz[...]ch sozialen Schutz, materielle Unabhängigkeit und – im Rahmen der DDR-Bedingungen – einen Anspruch auf ein selbstbestimmtes Leben.

Art. 20, 2 der Verfassung vom 6. Mai 1968:
Mann und Frau sind gleichrechtigt und haben die gleiche Rechtsstellung in allen Bereichen des gesellschaftlichen, staatlichen und persönlichen Lebens. Die Förderung der Frau, besonders in der beruflichen Qualifizierung, ist eine gesellschaftliche und staatliche Aufgabe.
– Verfassung 1975, S. 16

Frauenanteil in unterschiedlichen Berufen 1985

Produzierender Bereich
Industrie .... 41,7 %
Handel .... 72,6 %
Land- und Forstwirtschaft .. 39,1 %
Bauwirtschaft .... 16,5 %

Nichtproduzierender Bereich
Bildungswesen .... 77,2 %
Kultur und Kunst .... 55,5 %
Sozialwesen .... 91 %
Gesundheitswesen .... 83 %
– Bastian 1989

Beispiel
Berufstätigkeit von Frauen:
1988 waren 91 % aller erwerbsfähigen Frauen in der DDR berufstätig bzw. in einer Ausbildung.

Entlohnung:
Ende der 80er Jahre verdienten Männer durchschnittlich 20–30 Prozent mehr Geld als Frauen. Das lag an der schlechteren Entlohnung in den typischen Frauenberufen und den geringeren beruflichen Aufstiegsmöglichkeiten der Frauen.
– Nickels 1990, S. 39/41

Beispiel
Frauenalltag
Die damals 23-jährige Gabriele Stötzer berichtet aus dem Jahr 1976:
Wo sie jetzt arbeitete (beim Chemiebetrieb Jenapharm in Jena), wurden ‚Ovoelston' und ‚Non-Ovlon', die beiden Anti-Baby-Pillen für die Frauen in der DDR, hergestellt. Sie nahm diese Pille auch und keine ihrer Freundinnen nahm sie nicht. Es gehörte zum natürlichen DDR-Alltag einer Frau in der DDR, selbst sicherzugehen im Geschlechtsverke[...]lli erplanung zu bet[...] Krippen- und Kindergartenplätze in Anspruch zu nehmen und etwaigen Arbeitsausfall zu vermeiden. Falls etwas falsch lief, konnte man eine unliebsame Schwangerschaft durch offiziell genehmigte Abtreibung beenden. Alles war einfach und einsichtig staatlich geplant und verlief reibungslos. Man heiratete früh, um ein Recht auf eine eigene Wohnung zu bekommen. Nach Abschluss der Lehre oder des Studiums bekam m[...] Das Ideal war die s[...]sche Kleinfamilie mit zwei Kindern.
– Stötzer 2003, S. 47

(aus: Dorothea Höc[...]rgen Reifarth, Die DDR: Geschich[...]olitik, Kultur, Alltag, S.77/78)

(aus: Entdecken und Verstehen 3, S. 167) 4. *Vergleiche die Situation der Frauen in der BRD mir der Lage der Frauen in der DDR!*

Abb. 5.15 – Arbeitsblatt ‚Frauenalltag'. (Wie Abb. 5.1; Markierung: Deile/Sobich).

Auf einen Blick

Mit dem Wissen, das wir nun haben und das noch längst nicht das Wissen professioneller Typografen und Mediengestalter ist, können wir noch einmal einen Blick auf das eingangs präsentierte Arbeitsblatt werfen. Die genauere Fehleranalyse hilft uns dabei, noch einmal alles zusammenzufassen, was man für die Gestaltung von Arbeitsblättern wissen sollte.

1	Überschrift hervorheben.	Sie sorgt dafür, selbst mit flüchtigem Blick zu erfassen, worum es inhaltlich geht. Das braucht räumliche und typografische Exklusivität.
2	Kopfzeile einfügen.	Sie ordnet das Arbeitsblatt organisatorisch ein. Dafür ist mindestens eine Datumsangabe notwendig, ggf. der Name des Fachs, der Einheit usw.
3	Angemessene Ränder.	Eine geschlossene und sichere Gesamterscheinung braucht ausreichende und richtig proportionierte Ränder, möglichst mit gelochtem Bundsteg.
4	Leerflächen vermeiden.	Sie ziehen die Aufmerksamkeit unsinnig an, verschenken Platz und bringen, am unteren Seitenteil, das gesamte Blatt zum Wanken.
5	Gleiche Schrifttypen.	Gleiche Funktion – gleiche Erscheinung. Das gilt insbesondere auch für die Verwendung der Schriftauszeichnungen.
6	Lesbarer Schriftgrad.	Gleiche Funktion – gleiche Erscheinung. Auch bei der Schriftgröße. Vor allem aber muss die Schrift lesbar sein, auch ohne Lupe.
7	Lesbare Schrifttypen.	Sinnvolle Entscheidung für oder gegen Serifen. Ist eine Vorlage schlecht geht die Unterschledlichkeit der Buchstaben verloren, wird das Lesen erschwert.
8	Aufgaben hervorheben.	Neben der Überschrift ist die Arbeitsanleitung das wichtigste Element. Entsprechend muss sie typografisch betont werden, darf nicht klein in der Ecke stehen.
9	Zusammengehörigkeiten verdeutlichen.	Was zusammengehört, hier die Aufgabenstellung, muss zusammen angeordnet und in gleicher Weise dargestellt und ausgezeichnet werden.
10	Rastern bringt Ruhe.	Auch wenn das Blatt eine grundsätzliche Ordnung in Spalten aufweist, selbst die geringfügigen Abweichungen im „Beispiel" sorgen für Unruhe.
11	Unnötiges ausschalten.	Die kopierten Schnittränder haben keine typografische Funktion. Im Gegenteil, sie stören weil Sie Wahrnehmung bündeln und damit stehlen.

12	Sinnvolle Formgrößen.	Grafiken müssen wohlproportioniert sein, damit sie die Aufmerksamkeit bekommen, die sie haben sollen, damit sie erkennbar und hierarchisiert sind.
13	Logische Anordnungen.	Neben der Größe von Grafiken muss die Anordnung und Zuordnung Sinn ergeben und darf andere Elemente der Seite und sich selbst nicht stören.
14	Abstände einhalten.	Nähe schafft Zusammengehörigkeit, Abstand auch inhaltliche Distanz. Darüber hinaus braucht alles mit Eigenleben auch ein Minimum an eigenem Raum.
15	Teilüberschriften gliedern das Ganze.	Auch hier: gleiche Funktion – gleiche Erscheinung. Teilüberschriften sollen das Blatt gliedern, schnelle Orientierung und Zuordnung ermöglichen.
16	Textfülle begrenzen.	Ein überfrachtetes Arbeitsblatt ist unmotivierend, inhaltlich irreführend und außerdem kaum mehr ansprechend gestaltbar.
17	Zeilennummern verwenden.	Sie dürfen zwar nicht vordergründig erscheinen, geben aber bei gemeinsamer Diskussion schnelle Orientierung und helfen bei Zitation.
18	Flattersatz in Spalten.	Alle Texte gleich gesetzt werden leichter lesbar, wenn Lücken zwischen Wörtern und ungleiche Zeilenlängen durch Silbentrennung vermieden werden.
19	Quellennachweise.	Sie gehören zur professionellen Grundausstattung, müssen nachvollziehbar und typografisch gleich gestaltet sein, dürfen aber nicht vordergründig erscheinen.
20	Typografie spiegelt Inhalt.	Inhaltlich geht es dem Blatt um einen Vergleich von DDR und BRD. Doch welche Quelle gehört wozu? Typografisch ist das nicht ersichtlich.

Es dürfte deutlich geworden sein, wie sehr Inhalt und Form, Funktion und Form einander bedingen. Klar ist, dass ein gut gestaltetes Arbeitsblatt mit sinnlosem Inhalt unbrauchbar ist, man hingegen mit dem umgekehrten Fall durchaus arbeiten kann. Aber will man das auch, könnten Schülerinnen und Schüler zu Recht fragen. Und Lehrerinnen und Lehrer sollten spätestens nach diesem Kapitel wissen, dass sie auch mit der Gestaltung des Arbeitsmaterials Mittel in der Hand haben, Unterricht und Lernen zu beeinflussen und zu steuern.

6. Das Herzstück eines jeden Arbeitsblattes – die Aufgabenstellung

Arbeiten mit Auftrag?

Stellen wir uns folgendes Szenario vor: Die Stunde ist gut und motivierend eingeleitet. Das Problem ist klar. Die Fragen sind gestellt. Die Blätter wurden ausgeteilt, aber die Schülerinnen und Schüler scheinen irgendwie verunsichert. Die Gespräche zwischen den Nachbarn nehmen zu – oder das Schweigen wird lastend. Ratlose Gesichter. Erste ausweichende Aktivitäten. Gearbeitet im geplanten Sinne wird jedenfalls kaum. Die Unzufriedenheit der Lehrerin oder des Lehrers steigt. Erste Ermahnungen scheinen nichts zu bringen. Irgendetwas funktioniert nicht.

Möglich, dass die Schülerinnen und Schüler mit Problemen in den Unterricht kamen, die unbemerkt, vor allem ungelöst blieben und deshalb das Aufkommen einer Arbeitsatmosphäre belasten.

Möglich auch, dass das Thema didaktisch unangemessen gewählt wurde. Es liegt einfach nicht im Horizont der Schülerinnen und Schüler und ist von dem aus nicht zu erreichen. Es vermag im Bewusstsein der Kinder oder Jugendlichen keine Relevanz zu entfalten, ist zu banal oder zu kompliziert, die Arbeitsaufgabe folglich zu leicht oder zu schwer. Arbeiten wird so nicht stattfinden können.

Möglich auch, dass die methodischen Entscheidungen nicht der Arbeit am Thema entsprechen, Medien, Sozialformen und Methoden unangemessen sind, und daher der Arbeitsprozess nicht in Gang kommt, weil er durch fehlgeleitete Aktivitäten gestört wird.

Möglich aber auch, dass den Schülerinnen und Schülern die Aufgaben nicht klar sind, die bewältigt werden sollen; dass ihnen die Sicherheit fehlt; dass sie den Arbeitsprozess gar nicht richtig angehen, ihn nicht zielführend strukturieren und gestalten können. Dann liegt es an der Aufgabenstellung, die entweder nicht vorhanden, ungenau formuliert oder verwirrend gefasst ist.

Wenn Lehrende Lernen initiieren wollen, dann stellen sie Aufgaben, die als Impuls wirken sollen. Es ist eine Form der Professionalität, aber auch der Fairness, wenn Schülerinnen und Schüler sicher sein dürfen, dass sie diese Aufgabe, diesen Arbeitsauftrag richtig verstehen können. Erst dann ist die erwartete Arbeit in der gewünschten Form überhaupt zu leisten. Zudem sind eindeutige und fixierte Arbeitsaufträge auch unterrichtsorganisatorisch von Vorteil, da sie Störungen durch Nachfragen vermeiden.[1]

Wie aber sieht ein sinnvoller Arbeitsauftrag aus? Man könnte sich, denn dieses Dekonstruieren und Kritisieren ist wesentlich einfacher als das Verfassen plausibler, sinnvoller und ansprechender Arbeitsaufträge, über problematische Aufgabenstellungen der Modellierung sinnvoller Kriterien nähern.[2]

(Beispiel 1) „Skizziere die Geschichte der Juden an Hand des Alten Testaments im Vergleich zu den heutigen archäologischen Erkenntnissen." – Das ist eine Frage für Universalgelehrte. Mindestens müsste man Historiker/in, Judaist/in, Theologe/in, Archäologe/in und am besten noch Rabbiner/in sein, um hier annähernd zu einem befriedigenden Ergebnis zu kommen. Und selbst als Lebensaufgabe angenommen, wäre man sich am Ende wohl nur der Unvollkommenheit eigener Erkenntnis bewusst. Pragmatische Schülerinnen und Schüler werden bestenfalls zu oberflächlichen Antworten neigen, reflektiertere müssen an der Aufgabe scheitern. Der Arbeitsauftrag ist inhaltlich zu ausufernd gestaltet und daher nicht zu bewältigen. Deshalb ist auch die Aufforderung ‚skizziere' Zynismus oder sprachliche Nachlässigkeit.

(Beispiel 2) „Wie sah die Götterwelt der Griechen aus?" – Das wissen wir nicht. Die Aufgabenstellung suggeriert eine geschichtstheoretische Unmöglichkeit. Zwar können wir relativ sichere Aussagen über die Göttervorstellungen im antiken Griechenland treffen, letztlich sichere Aussagen aber bleiben Rekonstruktionen. Zudem: Wer sind oder waren ‚die Griechen'? Und selbst, wenn man all das nicht so ernst nehmen will, bleibt das Problem, dass Schülerinnen und Schüler die Frage richtig auch mit einem ‚vielfältig', ‚wild' oder ‚anders als heute' oder eben ‚Das wissen wir nicht.' beantworten könnten.

(Beispiel 3) „Stelle die Perioden (Dynastien) der chinesischen Geschichte in chronologischer Abfolge zusammen." – Weshalb sollen Schülerinnen und Schüler das wissen wollen? Selbstverständlich ist eine solche Aufgabe zu bewältigen. Ein paar Klicks bei Wikipedia genügen. Copy, Paste, Fertig. Aber was hat man davon? Der Grund dafür, dass man sich in der Regel solches Wissen nicht merken kann, liegt nicht an Dummheit oder Faulheit, sondern an Irrelevanz. Das liegt nicht an der örtlichen Entfernung, letztlich sind die Ottonen, Luxemburger, Staufer als Auswendiglernstoff genauso langweilig und irrelevant. Eine solche Aufgabe birgt kein Erkenntnispotential. Sie ist didaktisch

1 Wenzel: Aufgaben(kultur), S. 27.
2 2011 lief im ZDF die erfolgreiche Sendereihe ‚Unterwegs in der Weltgeschichte mit HaPe Kerkeling'. Der Verband der Geschichtslehrer Deutschlands konzipierte dazu ein Begleitmaterial (http://hapes-weltgeschichte.zdf.de/ZDFde). Aus den Arbeitsaufträgen zu Folge 1 ‚Der große Aufbruch' (Altes Ägypten, Mesopotamien, Antikes Griechenland, Altes China) die eher problematischen Aufgaben.

verfehlt, liegt nicht im Horizont der Schülerinnen und Schüler, erweitert diesen nicht, macht keinen Sinn.

Aus diesen Analysen kann man ableiten, dass Arbeitsaufträge mindestens inhaltlich begrenzt, geschichtsdidaktisch begründet und präzise formuliert sein sollten. Diese Aspekte – weitere wären denkbar und sinnvoll – sollen im Folgenden noch einmal genauer erläutert und begründet werden.

Arbeiten mit inhaltlich begrenztem Auftrag

Schon Grundschulkinder wissen, dass eine Aufgabe wie ‚Schreibt mal eine Geschichte, die Euch einfällt' keinen Sinn macht.[3] Arbeit, die nicht zu bewältigen ist, weil ihr Ende nicht abzusehen ist – wer wird mit der beginnen wollen. Von Anfang an muss klar sein, dass ein Ergebnis der Arbeit angestrebt wird, dass es und wie es möglich ist, dieses Ziel zu erreichen. Dementsprechend müssen Arbeitsaufträge konzipiert sein.

Es fällt außerdem leichter, Arbeit aufzunehmen, deren Sinn nachvollziehbar ist. Gibt es diese Strafen noch, bei denen man 100 mal den Satz ‚Ich soll nicht zu spät kommen' aufschreiben muss? Der Sinn des Produkts ist von vornherein gleich Null, und doch ist klar (wenn auch vielleicht nicht einsichtig), warum diese Sinnlosigkeit gemacht werden soll.

Besser hingegen ist eine Konstellation, in der klar ist, dass sich der Arbeitsaufwand lohnt und das Produkt wertvoll sein wird. Dafür braucht es sinnvolle Fragen, echte Probleme und herausfordernde Kontingenzen, die im Horizont der Schülerinnen und Schüler liegen. Selbst schwere Arbeit wird aufgenommen, wenn ihr Ergebnis als lohnend erscheint. Das gilt generell und auch für Schule.

Insofern ist historisches Lernen immer zukunftsorientiert. Ist es Schülerinnen und Schülern plausibel, was die Beschäftigung mit einem Thema, mit einer Aufgabe bringt, dann ist die Bereitschaft zur Arbeit leichter zu erreichen, dann rückt auch die Arbeit mit einem Arbeitsblatt überhaupt erst in den Bereich des Möglichen.

Entscheidend ist neben der Begrenzung des Arbeitsumfangs durch einen angemessenen Arbeitsauftrag aber auch die Beschaffenheit der Grenzen dieses Auftrags. Die Kognitionspsychologie versteht Lernen als Ausbau von bestehenden mentalen Strukturen, als Erweiterung und Vertiefung von bereits Bekanntem. So sollten Arbeitsaufträge konzipiert werden. Geschieht das auch noch transparent und einsichtig, dann können Schülerinnen und Schüler den aufzunehmenden Arbeitsprozess als Fortsetzung bereits stattgehabter Erkenntnis begreifen und wertschätzen.

Innerhalb dieses Rahmens ist dann einiges möglich. Arbeitsaufträge können sich auf eine Bearbeitungszeit von wenigen Minuten bis zum Wochenplan beziehen. Sie können

---

3   Wir bedanken uns für dieses Beispiel bei Teresa, 9 Jahre.

zu eigenverantwortlicher Arbeit in Projekten anregen. Sie können gesteuert oder selbst organisiert sein. Einzelarbeit ist ebenso denkbar wie Partner- oder Gruppenarbeit. Nur eines muss von Anfang an einsichtig sein: dass sich die Arbeit lohnen wird und dass am Ende ein Ziel erreicht werden kann.

Arbeiten mit didaktisch begründetem Auftrag

Je besser es gelingt, die Vorbedingungen, das Lernumfeld der Schülerinnen und Schüler einzuschätzen, desto präziser kann auch der Arbeitsumfang angepasst und der Arbeitsauftrag formuliert werden. Dazu gehört die Einschätzung von Vorwissen, methodischen Fertigkeiten, medialen und materiellen Gegebenheiten ebenso, wie das Wissen um persönliche und soziale Einstellungen, Interessen, Schwierigkeiten und Konflikte.

Klassischerweise kommt diese Perspektive zu kurz. ‚Klassischerweise' meint Geschichtsunterricht, bei dem Inhalte im Zentrum der Unterrichtsplanung stehen, die unbefragt internalisiert, eingetrichtert werden sollen.[4]

Das heißt nicht, dass es nicht schon lange Instrumentarien für die didaktische Begründung von Stoffauswahl gibt. Immer noch sinnvoll ist das von Klafki entworfene Verfahren der didaktischen Analyse.[5] Er benennt fünf Bedeutungebenen, von denen möglichst viele erfüllt sein sollten, damit ein Thema als begründet gelten kann:

1. Exemplarische Bedeutung (Möglichkeiten der Übertragbarkeit, Repräsentativität des Themas)
2. Gegenwartsbedeutung (Anknüpfungspunkte im Wissens- und Bewusstseinshorizont der Lerner, ihrer Lebens- und Erfahrungswelt)
3. Zukunftsbedeutung (eigentliche Festlegung einer Bildungsabsicht, Relevanz für die Ausbildung künftiger Handlungsoptionen)
4. Inhaltsstruktur (Sach- und Sinnzusammenhänge, logische Strukturen, Berücksichtigung notwendigen Vorwissens, Zugangsbarrieren)
5. Zugangsmöglichkeiten (Anschaulichkeit, Verständniskanäle, Empathie und Interessensbildung)

Ein solcher Zugang fragt danach, welche begründete Auswahl aus der Fülle möglicher Inhalte getroffen werden kann und denkt dabei grundsätzlich mit Perspektive auf das Lernen der Schülerinnen und Schüler. Mit Heinrich Roth geht es Klafki um die Frage: „Wie bringe ich den Gegenstand in den Fragehorizont des Kindes? Wie mache ich ihn für das Kind fragenswert? Wie mache ich den Gegenstand, der als Antwort auf eine Frage zustande kam, wieder zur Frage?"[6]

---

4 Harsdörffer: Trichter. Dagegen: Wunderer: Wissen.
5 Adamski: Analyse, S. 229 f. Conrad/Ott: Analyse ist sogar Klafki explizit gewidmet.
6 Klafki: Analyse, S. 20.

Es ist ohne Zweifel wichtig, dass Lehrerinnen und Lehrer sich selbst klar machen, was sie eigentlich wozu erwarten. Je klarer dieses Ziel gefasst ist, desto sicherer können auch Entscheidungen über Arbeitsaufträge getroffen werden, kann Unterricht durch Impulse belebt werden. Das klingt banal. Aber allzu oft leidet Unterricht darunter, dass Arbeiten initiiert und dann auch auf deren Ausführung gedrungen wird, die nicht durchdacht sind und deren Resultat bedeutungslos ist. Darum ist es wesentlich, dass bei der Stundenplanung konsequent an Schülerinnen und Schüler gedacht wird.

Dennoch ging es einer solchen Didaktisierung im Sinne Klafkis letztendlich um die Bearbeitung, Begrenzung und Profilierung von Inhalten, von Stoff. Diese Perspektive hat sich im vergangenen Jahrzehnt noch einmal deutlich auf die Schülerinnen und Schüler und ihren Lernprozess verlagert.

PISA hat den Geschichtsunterricht zwar nicht getestet, ihn aber in seinen Grundfesten erschüttert. Die entscheidende Frage ist dabei: was kann man im Geschichtsunterricht lernen. „Die Vorstellung, man könne ausschließlich von einem in der Jugend erworbenen Wissensvorrat lebenslang zehren, ist von einem dynamischen Modell der Kompetenzentwicklung abgelöst worden."[7] Das wird nicht unwidersprochen anerkannt. Aber ganz ehrlich: wer Sachinhalten die zentrale Rolle im Geschichtsunterricht zuspricht, macht sich etwas vor über die Ergebnisse, die ein solcher Unterricht nachhaltig jemals hervorgebracht hat. Wer kann noch das Verfassungsschema Solons aufzeichnen und erklären, obwohl da im Unterricht doch so viel Zeit darauf verwendet wurde; wer die Phasen der Französischen Revolution beschreiben? Die Diskussionen um Bildungsstandards, die nach PISA geführt wurden, haben jedenfalls auf der theoretischen Ebene eine Verschiebung des Schwerpunktes des Geschichtsunterrichts von den Inhalten auf Kompetenzerwerb und damit auf die Lernenden hervorgebracht.[8] Die Planung eines solchen Geschichtsunterrichts muss nicht bei den Inhalten, sondern bei der Diagnostik von Lernergruppen ihren Ausgang nehmen, muss Kompetenzgrade feststellen um Kompetenzfortschritt angemessen planen zu können. Bisher gibt es dazu spezifisch für den Geschichtsunterricht und dessen domänenspezifische Diagnostik nur Bruchstücke.[9] Das liegt wohl auch daran, dass es eine Reihe einflussreicher Kompetenzmodelle (FUER, Gautschi, VGD, Berliner Rahmenlehrplan) gibt, aber eben keine verbindliche und umfassende Einigung. Wir müssen uns also behelfen. Franziska Conrad hat versucht, den

---

7 Senatsverwaltung Berlin: Rahmenlehrplan, S. 5.
8 Wie wenig dabei allerdings die akademischen Debatten vermocht haben, eine Änderung von Unterrichtspraxis zu initiieren, sieht man an der unterschiedlichen Bedeutung, die Fachwissen in den akademischen Kompetenzmodellen im Vergleich zum Kompetenzmodell des VGD beigemessen wird. Verband der Geschichtslehrer Deutschlands: Bildungsstandards; online auf: http://www.geschichtslehrerverband.org. Zusammenschau bei Heil: Geschichtsunterricht. Zur Kritik des Geschichtsunterrichts durch PISA vgl.: Pandel: PISA. Günther-Arndt: PISA.
9 Adamski/Bernhardt: Diagnostizieren. Völkel: Steinzeitmänner. Heuer: Kompetenzraster.

Stand der Kompetenzdebatten zu bündeln und ein Schema entworfen, das als Orientierung dienen kann. Sie unterscheidet:

Fachspezifische Kompetenzen			Fachübergreifende Kompetenzen	
Sachkenntnis	Unterscheidung Quellen-Darstellungen	Differenzierung von Quellen in Gattungen	Bearbeitung von Fragestellungen	Vortragsstil
Historische Orientierung	Perspektivität von Quellen erkennen	Professioneller Umgang mit Quellen	Umgang mit Informationen	Medieneinsatz
Wahrnehmung von Wandel	Umgang mit Perspektivität	Forschung	Zielgerichtetes Recherchieren	Inhaltliche Stärke der Ergebnisse
Fremdes verstehen	Arbeit mit Kategorien und Begriffen	Kritik von Darstellungen	Andere verstehen	Teamfähigkeit
Bezug zur Gegenwart	Geschichte als Konstrukt begreifen	Selbstständiges Deuten	Lernprozesse steuern	Lernprozesse reflektieren

Abb. 6.1 – Zusammenstellung nach Conrad: Diagnostizieren, S. 6 f.

Hält man diese Zusammenschau für plausibel, dann fällt insbesondere das Vielfältige auf, das heute vom Geschichtsunterricht erwartet wird. Dabei bildet klassisches Sachwissen nur den geringsten Teil dieser Ansprüche (nach diesem qualitativen Schema 2/25, was noch nicht zwingend quantitative Verhältnisse abbilden muss). Dahinter steht eine Erkenntnis, die nicht neu, aber nun endlich ausgesprochen ist: Bloße Fakten ohne Relevanz in der Lebenswelt der Schülerinnen und Schüler werden von diesen häufig vergessen. Die ganze Mühe des Eintrichterns von Zahlen, Daten und Fakten über Jahre hinweg hat einfach nur sehr mäßigen Erfolg. Vor allem deshalb ist bei der Modellierung von Kompetenzmodellen insbesondere daran gedacht worden, wie im Geschichtsunterricht historisches Denken nachhaltig gelernt werden kann: aktiv, konstruktiv und relevant.[10] Das geht selbstverständlich nur an Inhalten, aber diese Inhalte sind nicht mehr alleiniges Ziel, sondern auch Hilfsmittel, historisches Denken als Orientierungsmöglichkeit in dieser Welt auszubilden.

Das muss notwendigerweise massive Auswirkungen auf die Gestaltung historischer Lernprozesse und somit auch auf das Fassen von Arbeitsaufträgen haben. Auf die Kom-

---

10 Wenzel: Aufgaben, S. 79. Ähnlich im Tenor: Heuer: Aufgabenkultur, S. 89 f.

petenzschau von Conrad bezogen heißt das: Aufgabenstellungen müssen die ganze Bandbreite historischer Kompetenzbildung befördern.

Arbeiten mit präzise formuliertem Auftrag

Einen Arbeitsauftrag präzise zu formulieren, ist dennoch und gerade deshalb schwer.[11] In Bezug auf eine Arbeit, eine Handlung an einem Thema oder einem Objekt muss zwischen zwei mentalen Strukturen vermittelt werden. Die an der Auseinandersetzung mit einem Thema orientierte Absicht einer Lehrerin/eines Lehrers muss sprachlich übermittelt und von Schülerinnen und Schülern in gleicher Weise verstanden und in Handlung überführt werden.[12]

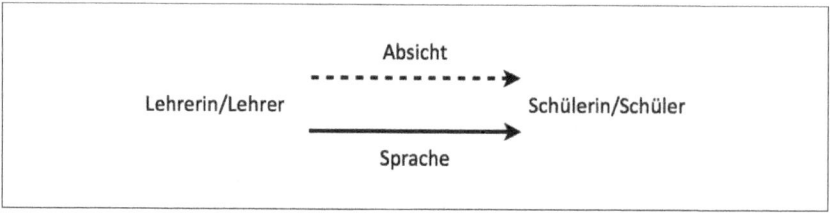

Abb. 6.2 – Absicht und Kommunikation (Deile/Sobich).

Dieser Prozess ist ausgesprochen anfällig für Störungen.

1. Schon die Arbeitsabsicht kann ungenau oder unangemessen konzipiert sein.
2. Die Formulierung des Auftrags kann nachlässig, abwegig oder gar falsch sein.
3. Der Verstehensprozess kann gestört sein, entweder, weil die Form der Beauftragung sprachlich nicht verstanden wird oder
4. mental nicht erfasst wird, wenn Arbeiten verlangt werden, die nicht vorstellbar sind oder für die keine Lösungswege vorstellbar sind.
5. Und schließlich kann der Arbeitsauftrag auf Einstellungen treffen, die dieser Arbeit ablehnend gegenüber stehen.

Bezieht man diese an sich schon anfällige kommunikative Verfasstheit konkret auf historisches Lernen und die Ausbildung von Kompetenzen historischen Denkens, dann bräuchte man konkrete sprachliche Operationalisierungen. Die fehlen im Moment aber noch deshalb, weil es bisher keine Kompetenzgraduierungen gibt.[13] Und die kann es

---

11 Blömeke et al.: Analyse.
12 Birgit Wenzel beschreibt diese Verlagerung der Arbeitsaktivität als Staffelübergabe von Lehrenden auf Lernende mit dem Ziel, dass diese „ohne weitere direkte Einflussnahme der Lehrperson selbstständig arbeiten". Wenzel: Aufgaben, S. 77.
13 In Ansätzen: Körber: Graduierung.

nicht geben, solange es kein verbindliches Kompetenzmodell für historisches Lernen gibt.

Wie könnte man sich trotzdem sinnvoll behelfen? Bedenkt man, was historisches Lernen, was historisches Denken ausmacht, dann lassen sich begründet Operationen benennen, für die Arbeitsaufträge impulsgebend hilfreich sein können.

Historisches Denken kann als Prozess aus Erschließung von Vergangenheit Deutung und damit Historisierung und Artikulation einer Geschichte verstanden werden.[14]

Dieser Prozess soll im Geschichtsunterricht nachhaltig entwickelt werden und ist daher auf verschiedenen Niveaustufen möglich. Lernen findet dann statt, wenn es Schülerinnen und Schülern gelingt, eine Niveaustufe schrittweise so auszubauen, dass die Komplexität der Vorgänge mit solcher Leichtigkeit und Selbstverständlichkeit abläuft, dass die Herausforderungen einer neuen Niveaustufe bewältigbar werden. Der einzige breit akzeptierte Graduierungsansatz solcher Niveaustufen sind im Moment die Anforderungsbereiche der EPA: Reproduktion, Reorganisation, Reflexion.[15]

In diesem Kompromiss der Kultusministerkonferenz werden auch und vor allem Verbindlichkeiten für das Formulieren von Prüfungsaufgaben vorgeschrieben. Dabei werden Operatoren den Anforderungsbereichen zugeordnet, also Verben, die auf konkrete Operationen zielen und auf die jeweiligen Anforderungsbereiche perspektiviert sind. Gegenüber verbreiteten Fragen nach dem Wer, Wie, Wo, Was, Wann und Warum haben diese Operatoren den Vorteil, dass sie sich spezifischer einem Anforderungsbereich und damit einer Niveaustufe historischen Denkens zuordnen lassen.[16]

Reflexion (AFB 3)	sich auseinander setzen, prüfen, überprüfen, beurteilen, bewerten, vergleichen, überprüfen, verallgemeinern, Stellung nehmen, entwickeln, diskutieren
Reorganisation (AFB 2)	analysieren, untersuchen, herausarbeiten, begründen, nachweisen, einordnen, gegenüberstellen, charakterisieren, nachweisen, erklären, erläutern, widerlegen
Reproduktion (AFB 1)	nennen, aufzählen, bezeichnen, schildern, skizzieren, aufzeigen beschreiben, zusammenfassen, wiedergeben

Abb. 6.3 – Anforderungsbereiche und Operatoren nach EPA.

---

14 Vgl. Kap. 4.
15 Konferenz der Kultusminister: Prüfungsanforderungen. Die Einigung stammt aus dem Jahr 1989 und wurde 2005 zuletzt aktualisiert.
16 Am Ende des Buches findet sich eine Sammlung aller im deutschen Raum gebräuchlichen Operatoren für den Geschichtsunterricht. Dank an Herrn Bücker und Herrn Leverentz für die Recherche und Zusammenstellung.

Mit diesen Operatoren ist also schon viel gewonnen. Und doch fällt auf, dass diese Operationalisierungsverben durchweg auf die Operationalisierung von Artikulation zielen. Es geht also immer nur darum, in welcher Weise Geschichte erzählt werden soll. Nur wenige der Operatoren leiten hingegen den Akt des Deutens an und unterstützen ihn durch operationalisierende Hinweise. Ganz zu schweigen vom Akt der Erschließung. Beides sind aber fundamentale Voraussetzungen dafür, dass Geschichte erzählt werden kann.

So sind die Operatoren der EPA eben doch nur darauf aus, Schüler zum Hervorbringen bestimmter (Erzähl)handlungen zu bringen, die dann beobachtet und benotet werden können. Es ist ein Versäumnis, dass dabei der Gesamtprozess historischer Sinnbildung so wenig interessiert. Es wäre eine dringende Aufgabe, dieses Relikt aus der Zeit eines Unterrichts, der nur auf die Operationalisierung von Lernzielen statt auf echte Erkenntnisprozesse aus war, neu zu fassen und dabei grundlegend an Operatoren zu denken, die darauf aus sind, Schülerinnen und Schüler beim Prozess historischen Lernens zu unterstützen, statt bloß das Ergebnis dieses Prozesses zu testen.

In der Regel wird ein Arbeitsblatt mehrere Arbeitsaufträge enthalten. Diese Aufgabenstellungen sollten klar gegliedert, voneinander abgegrenzt, aber logisch aufeinander bezogen sein. Denkt man dabei an den Prozess historischen Denkens, Lernens und Forschens, dann ergibt sich eine logische Struktur von selbst. Man kann nicht artikulieren, ehe man sich etwas erschlossen und das sinnvoll gedeutet hat. Einfach ist das Formulieren von Aufgabenstellungen gewiss nicht. Da es aber das entscheidende Mittel ist, mit dem Lehrerinnen und Lehrer Unterricht beeinflussen können, ist es zentraler methodischer Teil von Unterrichtsplanung.

Im reifen Stadium historischen Lernens liegt der Nachteil jeglicher Operatoren klar auf der Hand: Komplexität und Kreativität werden auf eine eng umgrenzte und erwartete Operation reduziert. Für den Prozess des Lernens aber ist eine sinnvolle und geordnete Reduktion dieser Komplexität ein notwendiger Zwischenschritt auf dem Weg zur Reife. Wer historisch denken kann, der wird selbstständig fragen, deuten und artikulieren; wer es lernt, dem hilft eine Zerlegung dieses Prozesses in bewältigbare Teile.

Arbeiten mit offenem Auftrag

Ob Fragen und Aufgaben didaktisch sinnvoll sind, darüber entscheiden am Ende die Schülerinnen und Schüler. Sie sind dann sinnvoll, wenn diese Fragen Relevanz im Horizont der Lernenden entfalten, wenn Interesse entsteht, wenn Lernen nachhaltige Antwort auf Herausforderungen des Lebens gibt.[17]

---

17 Biesta: Lernen, S. 189.

Wenn Schule und mit ihr der Geschichtsunterricht nicht nur Studierfähigkeit im Sinne fachspezifischen und methodischen Wissens erreichen soll, sondern mit der Bildung empathiefähiger, selbstbestimmter, kritischer, verantwortlicher, bewusst und reflektiert handelnder Individuen betraut sein soll, die die historische Dimension als erweiterten Erfahrungs-, Reflexions- und Begründungsraum wahrnehmen, dann muss der Geschichtsunterricht vor allem selbstständiges, historisches Lernen und Denken praktizieren. Gymnasien tun sich mit einem solchen Ergänzen des Wissensprinzips durch das Kompetenzprinzip am schwersten, weil sie ihren Anspruch immer noch sehr stark in der Vermittlung umfassender Fachwissensbestände sehen und weil sie Schülerinnen und Schüler, die den sich daraus ergebenden Anforderungen nicht entsprechen, einfach in andere Schulformen abschieben können. In Hauptschulen aber sehen manche die konsequente Ausrichtung des Ziels von Geschichtsunterricht auf Kompetenzerwerb als letzte Möglichkeit, die Schulform überhaupt zu retten. Christian Heuer hat in diesem Zusammenhang eine grundsätzliche Öffnung des Geschichtsunterrichts gefordert. Er möchte Unterricht,

- der durch „längerfristig angelegte Lernaufgabenformate" gekennzeichnet ist, die für Schülerinnen und Schüler echte Herausforderungen darstellen,
- in dem „individuelles und kooperatives Lernen" statt standardisierter Abläufe praktiziert wird,
- in dem „Üben und Anwenden unter authentischen Bedingungen" stattfindet
- und „Leistungsbewertung als partizipativer und transparenter Aushandlungsprozess" verstanden wird.[18]

Oft genug sind hingegen die im Schatten des Prinzips der Problemorientierung generierten Fragen eher Fragen der Lehrerinnen und Lehrer. Oft genug sind es Themen, deren Relevanz Schülerinnen und Schüler nicht sehen, auch nicht am Ende des Arbeitsprozesses sehen können und oft genug werden Antworten und Verantwortlichkeiten instruktiv dargeboten, statt konstruktiv gebildet und gefördert.

Geschichtsunterricht, der mit Kompetenzförderung ernst macht, wird sich konsequenterweise nicht nur von kanonisierten und standardisierten Inhalten, sondern auch von operationalisierenden und schematischen Aufgaben lösen müssen. Daher könnte man fordern, dass durchstrukturierte Aufgaben, die sich durch Klarheit, kleinschrittige Instruktionen, begrenzten Inhaltsumfang und klare Ergebniserwartungen auszeichnen mindestens durch anstrukturierte Aufgaben abgelöst werden, die komplexer formuliert sind, einen größeren Bearbeitungsumfang und variablere Lösungsmöglichkeiten vorsehen. Es könnte bis zu offenen Aufgaben gehen, die durch geringe Vorgaben und höchstmögliche Schülerselbsttätigkeit gekennzeichnet sind.[19]

---

18 Heuer: Aufgabenkultur, S. 94.
19 Wenzel: Aufgaben(kultur), S. 28.

Manches davon wäre möglich, wenn Arbeitsaufträge den gesamten Prozess historischen Lernens umfassen und unterstützen würden und, wenn schon von Anbeginn alle drei Anforderungsbereiche bearbeitet würden. Der Sinn ausschließlicher Reproduktionsleistungen kann niemandem plausibel gemacht werden und auch Transfers um des Transfers willen laden nicht zu historischem Denken ein. Erst wenn Schülerinnen und Schüler gefragt sind, ihre Wertvorstellungen einzubringen und damit zu reflektieren, fängt Geschichte an, auch Freude zu machen.

Wie ein solcher Unterricht möglich, erstrebenswert, effektiver und relevanter sein kann, wird in naher Zukunft sicher noch intensiver diskutiert, probiert und reflektiert werden müssen.

7. Entscheidend ist, was vorne drauf kommt – Arbeitsblätter und ihre Inhaltskomponenten

Jedes Arbeitsblatt ist – das ist hoffentlich deutlich geworden – nur so gut wie die Aufgabenstellung, die das Material lebendig macht. Außer einer schlechten Aufgabenstellung gibt es freilich noch weitere Möglichkeiten, fantastische Textquellen, detailreiche Bilder, aussagekräftige Statistiken und tolle Karten zu verschenken. Neben einer schlechten Druckqualität oder einem lieblosen Design kann man die folgenden Vorschläge zur formalen Gestaltung von Arbeitsblättern missachten und damit den Lernerfolg und die Bearbeitungsmöglichkeiten systematisch reduzieren. Wir wollen im Weiteren begründen, warum einige Formalien keine Geschmacksfrage sind, sondern ganz normativ gesagt: ein Muss für jedes Arbeitsblatt im Geschichtsunterricht.

Jedes Arbeitsblatt im Geschichtsunterricht muss eine *Kopfzeile* aufweisen, die als Minimum folgende Informationen enthält: den Namen der Schule und die Fachbezeichnung Geschichte, den Jahrgang und das Thema der Unterrichtseinheit und den Kürzel des Lehrers. Ist das Arbeitsblatt für einen Kurs speziell gemacht worden, sollten die jeweilige Klasse und das Datum nicht fehlen. Dies erleichtert nicht nur zukünftigen Historikerinnen und Historikern ihre Arbeit, denn natürlich ist jedes Arbeitsblatt, das im Geschichtsunterricht verwendet wird, eine potenzielle Quelle für die Forschung über den Geschichtsunterricht, und es ist gut, wenn diese Quellen eindeutig zugeordnet werden können. Diese formalen Angaben sind auch für die Schülerinnen und Schüler eine deutliche Vereinfachung, wenn sie nachträglich Ordnung in das Chaos der Arbeitsblätter bringen müssen oder bringen wollen.

Ein Arbeitsblatt ohne *Überschrift* sollte nur in einem einzigen Fall Verwendung finden: Wenn die Schülerinnen und Schüler selbstständig einen eigenen Vorschlag dafür formulieren sollen. Ansonsten ist die Überschrift ein wichtiges Signal, worum es auf dem jeweiligen Arbeitsblatt geht und sollte entsprechend grafisch hervorgehoben werden (größere Schrift, Fettdruck). Wichtig ist, dass die Überschrift nicht das angestrebte Lernziel bereits vorformuliert, also die Schülerinnen und Schüler eigentlich nur die Überschrift laut vorlesen müssten um die richtige Antwort zu geben. Eine gute Überschrift ist neutral und gibt eine erste Orientierung über den Inhalt. Fehlt es an Phantasie oder Zeit, sich eine großartige Überschrift auszudenken, dann tut es auch ein in Anführungszeichen gesetztes Zitat aus dem Text. Häufig ist dies sogar die bessere Lösung.

Jedes Arbeitsblatt sollte eine *Aufgabenstellung* besitzen, die grafisch klar von allen Elementen abgehoben ist und nicht an den Rand gequetscht werden sollte. Durch Linien abgetrennte Aufgaben sind hier eine gute und bewährte Möglichkeit, die mit Fett- oder Kursivschrift kombiniert werden können. Die Aufgaben sollten nummeriert sein, um deutlich zu machen, in welcher Reihenfolge die Arbeitsschritte zu bearbeiten sind und, wie wir im vorigen Kapitel schon dargestellt haben, sollten sie so knapp wie möglich und dafür präzise sein. Wichtig ist es, dass die Erwartung an die Bearbeitung der Aufgabe klar wird. Dafür muss man diese allerdings selber kennen, also die eigenen impliziten Erwartungen reflektieren. Mehrdeutige Aussagen sind ebenso schädlich wie Metaphern oder der Konjunktiv. Es sollte immer klar angegeben werden, ob in ganzen Sätzen oder in Stichworten geantwortet werden soll oder ob eine bestimmte Antwortlänge erwartet wird – das erleichtert nicht nur den Unterricht mit autistischen Schülerinnen und Schülern.

Mehr als vier Aufgabenschritte sind in der Regel eine Überfrachtung oder deuten darauf hin, dass rein reproduktive Aufgaben gestellt werden. Es sollte immer auch Transfer-, Reflexions- und Problemlösungsaufgaben geben. (Dabei sollten die Schülerinnen und Schüler allerdings nicht, wie es häufig als Verlegenheits-Reflexionsaufgabe geschieht, dazu aufgefordert werden, sich eine „eigene Meinung" zu bilden: Meinungen gehören in die BILD-Zeitung, im Geschichtsunterricht sind Auffassungen, noch besser aber Urteile gefragt). Wenn sich auf dem Arbeitsblatt ein Text oder eine Textquelle befinden, empfiehlt es sich, die Aufgabenstellung über diesen Text zu platzieren. Geschichtsunterricht findet unter Zeitnot statt, und deswegen ist es meist sinnvoll, dass die Schülerinnen und Schüler schon beim Durchlesen des Textes wissen, was von ihnen bei der Bearbeitung verlangt wird. Die Platzierung unter der Überschrift garantiert den Erfolg nicht, macht ihn aber wahrscheinlicher und einfacher.

Wo wir gerade bei Texten und Textquellen sind: Jeder Text, der im Geschichtsunterricht gelesen wird, verdient eine *Zeilennummerierung*. Ansonsten können Schülerinnen und Schüler bei schriftlicher Aufgabenlösung nicht angemessen zitieren und genau das ist es, was wir ihnen beibringen wollen. Spätestens ab der Mittelstufe sollten Schülerinnen und Schüler schrittweise lernen, ihre Aussagen auch zu belegen. Für ein Unterrichtsgespräch über einen Text sind Teilnummerierungen noch wichtiger. Andernfalls gibt es auf die Frage „Wo steht das denn?" so schöne Antworten wie „links unten" oder „im fünften Absatz von hinten". Das kostet Zeit, die keiner hat. Solche Regularien machen freilich nur dann Sinn, wenn mit dem Text auch wirklich ernsthaft gearbeitet werden soll. Die übliche, oberflächliche Art und Weise des Umgangs mit Texten, braucht diese nicht – so wie andererseits diese Form des Textüberfliegens auch kein Mensch, der tatsächlich etwas lernen oder lehren will, gebrauchen kann.

Die Debatten um geistiges Eigentum werden seit der Causa Guttenberg, den Protesten gegen ACTA oder den Urheberrechtsurteilen gegen Youtube wieder intensiver geführt. Im Rahmen der Geschichtswissenschaft ist ein sauberer Umgang mit fremden Ideen kein Luxus, sondern Essenz ihrer Wissenschaftlichkeit. Deshalb kann es keinen Text, kein Bild, keine Grafik ohne eine sorgsame und ausführliche Literaturangabe geben – und sei sie in Schriftgröße 5. Alles andere erzieht Schülerinnen und Schüler zum sorglosen Umgang, behindert diesen Teil essenzieller Methodenkompetenz. Gestalterisch sollten diese Verweise nicht in den Vordergrund treten, aber immer vollständig sein und einheitlich gestaltet werden. Das Belegen müssen nicht nur Schülerinnen und Schüler lernen. Außer bei eigenen Texten, wo zumindest die benutzte Literatur erwähnt werden sollte, muss überall eine *Quellenangabe,* die wissenschaftlichen Prinzipien folgt, bei jedem Bestandteil des Arbeitsblatts vorhanden sein. Die Schülerinnen und Schüler würden es nicht vermissen, wenn diese fehlten. Aber wie sollen sie Techniken des wissenschaftlichen Arbeitens lernen, wenn selbst ihre Lehrer/innen sich nicht daran halten? Zudem: Es mag nur einer von hundert Schülerinnen und Schüler die Arbeitsblätter aus dem Geschichtsunterricht aufbewahren und vielleicht nur eine von tausend sie Jahre später wieder hervorholen, weil da eine Zahl, ein Bild oder ein Zitat enthalten war, dass jetzt dringlich gebraucht wird. Ohne eine Quellenangabe wird es nicht verwendbar sein. Außerdem gilt: Wer keine Quellen angibt muss für alle eventuell enthaltenen Fehler selbst gerade stehen.

Bilder in das Arbeitsblatt einzufügen, ist eine gute Sache, sofern es nicht aus rein illustrativen Gründen geschieht. Bei jedem Bild oder Foto sollte die *Originalgröße* angegeben werden, sei es des Bildes, sei es des abgebildeten Objektes. Nur so werden Aussagen über mögliche Wirkungen überhaupt machbar. Ob das Hamburger Kriegerdenkmal zwei Meter, zwölf Meter oder zwanzig Meter hoch ist, macht einen entscheidenden Unterschied und das Bild von der Kaiserkrönung in Versailles ist nun mal nicht nur briefmarkengroß. Verliert das Bild durch das Arbeitsblatt die Farbe, was aus Kostengründen häufig der Fall sein wird, gehört es sich, den Hinweis „im Original farbig" zur Bildunterschrift hinzuzufügen.

Warum Karten und Statistiken wichtige, unterschätzte und viel zu wenig genutzte Medien des historischen Lernens sind, werden wir noch darstellen. Vorab so viel: Karten sind völlig sinnlos, wenn sie keinen *Maßstab* und keine *Legende* besitzen, die erläutert, was dort eigentlich abgebildet ist; auch hier gilt natürlich die Ausnahme für den Fall, dass die Schülerinnen und Schüler die Legende selbst anfertigen sollen. Jede Statistik ist so viel wert wie die Daten, die in ihr enthalten sind und z. B. durch ein Diagramm visualisiert werden. Darum muss angegeben werden, wer die Daten gesammelt oder im schlimmsten Fall erfunden hat.

Die *Platzaufteilung* auf einem Arbeitsblatt ist eine heikle Sache. Verschiedene Gesichtspunkte sind zu überlegen. Zum einen sollen Schülerinnen und Schüler auf Arbeitsblättern Notizen machen, denn Notizen zu einer Quelle auf einem Arbeitsblatt, die sich auf irgendeiner Seite eines Hefts oder Collegeblocks befinden, sind später nicht mehr zuzuordnen. Es macht das nochmalige Lesen der Quelle einfacher, wenn sich die eigenen Aufzeichnungen unmittelbar daneben befinden. Das kostet jedoch Platz. Gleichzeitig ist es nicht nur eine Frage des eigenen Kopieretats oder des Umweltschutzes, pro Stunde nach Möglichkeit so wenige Arbeitsblätter wie möglich auszuhändigen. Drittens aber sollte immer das Prinzip gelten: „Alle Materialien für Alle". Das bedeutet, dass alle Schüler/innen alle verteilten Materialien bekommen sollten; auch dann, wenn etwa Gruppen verschiedene Quellen bearbeiten und sich wechselseitig präsentieren oder erklären, sollten trotzdem alle Schülerinnen und Schüler alle verwendeten Unterlagen – auch die der anderen Arbeitsgruppen also – zur späteren Lektüre und Prüfungsvorbereitung besitzen. Darum sollte das Layout eines jeden Arbeitsblattes nicht zu großzügig sein, sondern ein ökonomischer Umgang mit dem vorhandenen Platz ist unabdingbar. Wir haben im Abschnitt über die Gestaltung dazu schon einiges bemerkt. Hier noch dies: Wenn ein gemeinsames Ergebnis formuliert werden soll, dann ist es sinnvoll diesem einen eigenen, herausgehobenen Platz bei der grafischen Gestaltung des Arbeitsblatts zu geben – etwa als ein Kasten, der zunächst nicht beschriftet werden soll, oder durch einen Abschnitt mit der Überschrift „gemeinsames Fazit", in den die entsprechenden Erkenntnisse eingetragen werden können. Gerade wenn Informationen zunächst aufgenommen und dann kritisch betrachtet und vielleicht sogar mit entgegengesetzten Materialien konfrontiert werden sollen, sollte der Platz für eigene Vermutungen oder zunächst aufgenommene Informationen von jenen Bereichen grafisch klar abgetrennt werden, in denen Kritik und Reflektion ihren Platz bekommen. Ein Beispiel: ein Film über den Ersten Weltkrieg enthält alle Legenden und Mythen, die sich in den deutschen Soldatenbriefen so finden lassen (alle waren vom Kriegsausbruch begeistert, die Belgier haben die deutschen Soldaten hinterrücks angegriffen und die Russen waren ganz schlimme Gesellen). Sollen diese Informationen nicht einfach so stehen gelassen werden, sondern Texte und Quellen, die Zweifel aufwerfen, Verwendung finden, dann muss es auf dem Arbeitsblatt eine klare grafische Trennung zwischen den Aussagen des Films und den Aussagen der anderen Quellen geben.

Eine Abwägungsfrage ist es, ob zu einem Arbeitsblatt ein *Glossar* und/oder zusätzliche Erläuterungen dazugehören. Dafür spricht, dass viele Schülerinnen und Schüler schon die geringsten Verständnishürden als gute Ausrede betrachten, sich nicht weiter mit dem Inhalt zu beschäftigen. Unstrittig ist wohl, dass all das, was notwendige Voraussetzung zur Entschlüsselung und Einordnung der Informationen auf dem Arbeitsblatt ist, auf das selbige gehört, denn Geschichtsunterricht sollte – außer bei Ratespielen mit historischem Inhalt – nicht zum Rätselraten ausufern. Für alles andere kann es eine gute und sinnvolle Strategie sein, alle Fremdwörter und Fachausdrücke zu erklären und bei Texten wie auch bei allen anderen Quellenarten zusätzliche Erläuterungen zu geben, die zum besseren Verständnis beitragen. Hier gilt die Faustregel: „Je jünger oder je weiter entfernt von der gymnasialen Oberstufe umso mehr". Andererseits ist es aber auch wichtig, das Schülerinnen und Schüler lernen, einen Text systematisch durchzugehen, unklare Begriffe herauszuschreiben und nach ihrer Bedeutung zu fragen. Dies gehört zu einem gründlichen Erschließen von Texten jedweder Art dazu; ein vorgegebenes Glossar verhindert hier wertvolle und sinnvolle Textarbeit. Vermutlich ist es am sinnvollsten, hier aufsteigend zunächst ein vollständiges Glossar anzufertigen und viele Erläuterungen zu geben und dies, je älter die Schülerinnen und Schüler werden, weiter zu reduzieren und immer mehr den Schülerinnen und Schülern beizubringen, Fragen zu stellen und sich Erklärungen selbst zu formulieren. Platz für Notizen und Erklärungen muss in jedem Fall einberechnet werden.

Damit wir es nicht bei jedem möglichen Inhalt extra hinschreiben müssen, an dieser Stelle ein für allemal: Jeder Bestandteil eines Arbeitsblatts verdient einen Arbeitsauftrag, der ihn zumindest einbezieht oder sich auch nur auf ihn bezieht. Rein illustrative Ergänzungen sind sinnlos verwandter Platz.

Der Klassiker: Arbeitsblätter als Träger von Textquellen

Die Bedeutung von Quellenarbeit für den modernen Geschichtsunterricht ist unstrittig und wir haben vermutlich bereits genug darüber geschrieben, wie wichtig die kritische Auseinandersetzung mit Quellen für das historische Lernen ist und welche fundamentalen epistemologischen Veränderungen ihr Einsatz im Geschichtsunterricht mit sich bringt. Oder seien wir ehrlicher: mit sich bringen müsste. Denn in dem Moment, in dem Textquellen wie Sachtexte gelesen werden, nämlich unkritisch, als reine Informationsquelle, ohne die Intention, die Perspektive, den Entstehungs- und Überlieferungshintergrund zu thematisieren, ist die Quelle nur noch ein schlechter, weil unvollständiger und wertender und damit unbefriedigender „Sach-"Text[1]. So kann man es auch gleich bleiben lassen und lieber einen guten Autorentext aus einem Schulbuch lesen.

Dass wir dafür nicht plädieren, sondern gute Quellenarbeit für notwendig erachten, wird niemanden überraschen. Quellenarbeit ist alternativlos! Nur sie erlaubt es, Fragen an die Geschichte zu stellen und Deutungen von Historikern zu kritisieren und zu dis-

---

1   So argumentiert z. B. Pandel: Quelleninterpretation, ähnlich: Sauer: Medien, S. 88.

GRUPPENPUZZLE: Die Farbe der „Farbigen" und die „Weißheit" der „Weißen"

Lesen Sie den Text Ihrer Gruppe leise durch. Notieren Sie in Stillarbeit die wichtigsten Aussagen über a) die Veränderung der europäischen Wahrnehmung b) den vermutlichen Ursprung der Farbzuweisung.

TEXT 1: Frankfurter Allgemeine Zeitung v. 9.7.2003: „Eine ausgewogene Mischung der Farbtöne als Ideal"

„Anhand von Personenbeschreibungen hat [ein] Basler Historiker untersucht, in welchen Kategorien zwischen dem dreizehnten und sechzehnten Jahrhundert über die Farbe der Epidermis geschrieben wurde. [...] In den medizinischen und populären physiognomischen Traktaten des Mittelalters spielten Farben eine bedeutende Rolle, da sie als Resultat bestimmter Qualitäten und Mischungen von Körpersäften zuverlässige Aussagen über die individuellen Eigenschaften eines Menschen gestatteten. Die Farben Schwarz, Weiß und Rot bezeichneten dabei lediglich extreme Ausprägungen, zwischen denen eine breite Palette von Abstufungen und Variationen existierte. So zeigte ein rotes Gesicht Blut und Hitze im Übermaß an, während eine dunkle Hautfarbe für Wärme und Trockenheit stand. Nicht eine möglichst helle Haut, die auf einen Überschuß an Feuchtigkeit, Unmännlichkeit und ein phlegmatisches Naturell schließen ließ, sondern eine ausgewogene Mischung der Farbtöne galt in dieser Zeit als Ideal.

Bis zum Beginn der Neuzeit stellten Hautfarben keine klar voneinander abgrenzbaren, angeborenen Kategorien, sondern, je nach Alter oder Geschlecht, Ernährung oder Emotionen, höchst veränderliche, individuelle körperliche Dispositionen dar. Zudem waren die drei extremen Farbpole keiner bestimmten geographischen Region zugeordnet: „Schwarze" kamen nicht notgedrungen aus Afrika, und die Europäer begriffen sich selbst nicht als „weiß". So etwa nahm sich Petrarca 1374 in seinem autobiographischen „Brief an die Nachwelt" einer idealen Hautfarbe „zwischen weiß und dunkelbraun/schwärzlich" als gleiche Farbmischung, die Boccaccio den Bewohnern der im vierzehnten Jahrhundert neu entdeckten Kanarischen Inseln zuschrieb. Die Zigeuner, die im 1420 erstmals in Mitteleuropa auftauchten, wurden als „sehr schwarz" charakterisiert, ebenso wie zwei in Rom stationierte deutsche Söldner, die auf einer Liste mit detaillierten Personenbeschreibungen durch „facies nigra" kennzeichnet sind. [...]

Erst seit durch den rasch expandierenden Sklavenhandel in der zweiten Hälfte des fünfzehnten Jahrhunderts eine wachsende Zahl von Mauren und Afrikanern nach Europa verschifft und auf Märkten wie Vieh verkauft wurden, verändert sich die Selbst- und Fremdwahrnehmung der Europäer. Allmählich wandelte sich die Hautfarbe von einer individuellen, flüchtigen Eigenschaft in eine kollektive, unveränderbare und gleichsam natürliche Kategorie, anhand derer sich Menschen identifizieren und klassifizieren ließen. [...]"

Glossar: Epidermis = obere Hautschicht; Disposition = hier: Möglichkeit
facies nigra = schwarzes Gesicht; Physiognomie = das Gesicht

TEXT 2: Hund, Wulf: Rassismus. Zur sozialen Konstruktion natürlicher Ungleichheit. Münster, 1998, S. 17-20:

„Als Christoph Kolumbus 1492 auf San Salvador amerikanischen Boden betritt, mag er sich bei der Bezeichnung der Hautfarbe der Indianer nicht festlegen. Sie seien weder schwarz, noch weiß, notiert er in seinem Bordbuch. Als er 1498 westlich von Trinidad das südamerikanische Festland erreicht, erscheint ihm die Hautfarbe der Bewohner nicht dunkel, sondern hell. In den brasilianischen Impressionen des Amerigo Vespucci heißt es 1502 gar: Wir fanden das Land von Menschen bewohnt, die völlig nackt sind ... Ihre Körper sind gut wohlgeformt .... die Farbe ist weiß' [...]

Als Giovanni da Varrazzano 1524 die Ostküste Nordamerikas erkundet, erscheinen ihm dessen Bewohner zunächst schwarz. Weiter in Richtung Norden, stellt er fest, die Indianer seien hier viel heller. Auf der Höhe Rhode Islands schließlich trifft er Menschen, die eine ‚bronzene Hautfarbe' haben, wobei einige mehr zu ‚weiß', andere zu ‚goldgelb' neigten. [...]

Dionyse Settle zieht 1577 einen Vergleich zwischen amerikanischen Indianern und europäischen Bauern: ‚Their color is not much unlike the Sunne burnie Countrie man, who laboureth daily in the Sunne for his living'. Den ohnehin mehr oder weniger sonnengebräunten europäischen Seefahrern und Abenteurern liegt es offenbar zunächst nahe, die Hautfarbe der Indianer für die ihren nicht unähnlich anzusehen und sie als ‚weiß bis braun zu charakterisieren. Gleichwohl sollen sie im 18. Jahrhundert erröt sein. [...] Spätestens ab diesem Zeitpunkt tritt die Metapher vom roten Mann einen nachhaltigen Siegeszug an.'

Hinsichtlich der Frage, wie die Indianer rot geworden sind, gibt es in einer Reihe von Berichten Indizien, die zumindest die Herkunft dieser Farbe erklären. So ist von Walther Bigges 1589 über die indianische Sitte berichtet worden, sich mit rötlichen Malereien zu verzieren. George Percy hat dafür 1607 sogar einen Grund anzugeben. Demnach diente die rote Bemalung dem Schutz vor Moskitos. Insgesamt seien solche Hinweise jedoch rar und erklären nicht, weshalb die Europäer im 18. Jahrhundert eine rassistisch geprägte Verbindung von Indianer und roter Haut vorgenommen hätten, resümiert Alden T. Vaughan in seiner Studie über den Wechsel der Farbwahrnehmung gegenüber den Amerikanern."

Übersetzung und Anmerkungen:
‚Their color is not much unlike ...' – (engl. 17 Jhd.) Ihre Hautfarbe ist nicht unähnlich der des sonnenverbrannten Landmannes, der täglich in der Sonne für seinen Lebensunterhalt arbeitet'
Carl von Linné war ein schwedischer Naturforscher, der in seinem ‚Systema naturae' als 1735 von mehreren ‚Menschenrassen' ausging und diesen verschiedene Hautfarben zuwies.
‚Systema naturae' – (lat.) Titel des Linnéschen Werkes ‚System der Natur'
Auslassungen von mir: Bei Zitaten im Text wurden die doppelten durch einfache Anführungszeichen ersetzt

TEXT 3: Hund, Wulf: Rassismus. Zur sozialen Konstruktion natürlicher Ungleichheit. Münster, 2005, S. 17-20.

„Walter Demels Durchsicht der umfangreichen europäischen Berichte über Reisen nach China hat ergeben, daß dessen Bewohner den Besuchern ursprünglich nicht gelb erscheinen sind. Überwiegend stimmte deren Wahrnehmung mit der Beobachtung Marco Polos überein, der schon im ausgehenden 13. Jahrhundert insbesondere über die chinesischen Damen zu berichten wußte, sie hätten ‚weißes, schönes Fleisch'. Daß sie sehr ‚weiße und anmutige Frauen' sind, versicherte 1569 auch Gaspar da Cruz. Zwar hatten schon Transylvanus die Chinesen als ‚weißhäutiges Volk' gegolten, welches ‚den Deutschen ähnelt'. Für ‚weiß ... wie in Deutschland' erklärt sie 1577 auch Bernadino de Escalante in seiner Geschichte China. Und 1585 betont Juan Gonáles de Mendoza, sie seien ‚del color de alemanos, italianos y españoles': Samuel Purchas bescheinigt ihnen 1625 gar, sie wären ‚very white'. Für weiß gelten sie 1642 Alvarez Semedo, und Giovanni Careri schreibt um 1700: ‚Il color de' Cinesi è bianco'. Noch 1735, dem Erscheinungsjahr der ersten Auflage von Linnés Systema naturae, ist sich Jean Baptiste du Halde sicher, daß die Chinesen ebenso weiß wie die Europäer sind. Und Peter Osbeck bestellt noch 1756 darauf, sie wären ganz ‚weiß'. Mittlerweile wissen es freilich die europäischen Konstrukteure der Menschenrassen bereits besser. Überwiegend erscheinen ihnen im 18. Jahrhundert die Chinesen gelb. Während sie Linné noch vorsichtig blaßgelb nennt, charakterisiert sie Johann Friedrich Blumenbach schließlich als weizengelb, vergleichbar mit gekochten Quitten oder getrockneter Zitronenschale. Im ausgehenden 19. Jahrhundert ist die *Gelbe Gefahr, yellow peril, péril jaune* ein den Sprachen des europäischen Imperialismus geläufiges Schlagwort. Das Beispiel der Chinesen zeigt, dass der *Asiaticus luridus* nach der gleichen Schablone gefertigt worden ist wie der *Americanus rufus*. Auch hier wird eine zugeschriebene Hautfarbe zum Erkennungsmerkmal angeblich rassischer Zugehörigkeit erklärt. Und auch hier scheint nach dem Muster verfahren worden zu sein, sich beobachtbare Eindrücke aus deren Lebenswelt in die rassistische Farbgebung einzubeziehen. Gelb symbolisiert für die Chinesen das Reich der Mitte, strahlendes Gelb ist die Farbe ihrer Herrscher."

Übersetzungen und Anmerkungen:
‚del color de ...' – (span.) ,von der Farbe der Deutschen, Italiener und Spanier'
‚Il color de' Cinesi è bianco' – (ital.) ,Die Farbe der Chinesen ist weiß'
Die *Gelbe Gefahr* ... – stehen für Auslassungen des Autors, [...] für Auslassungen von mir: Bei Zitaten im Text wurden die doppelten durch einfache Anführungszeichen ersetzt

Abb. 7.1 – Arbeitsblatt für ein Gruppenpuzzle, 11. Jg. Gymnasium (Privatarchiv).

Beispiel 1: Arbeitsblatt für ein Gruppenpuzzle

Dieses Arbeitsblatt ist ursprünglich für einen Kurs im 11. Jahrgang Gymnasium entwickelt worden, im Zusammenhang mit dem Thema europäische Kolonialisierung.

Die Vorzüge sind leicht zu erkennen:

1. Klarer Aufbau: Die Methode der Bearbeitung wird genannt, die Überschrift gibt das grobe Thema vor, ohne allzu viel zu verraten, die Aufgabenstellung, die Literaturangabe und das Glossar sind klar grafisch abgesetzt.
2. Inhaltlich ist das Thema interessant und ungewöhnlich, mit ihm werden verschiedene Dimensionen des Geschichtsbewusstseins gefördert, der bisherige Erkenntnisstand der Schülerinnen und Schüler wird herausgefordert.
3. Grundlegende Formalien sind eingehalten und angegeben (Auslassungen, Veränderungen).
4. Die Arbeitsanweisungen sind kurz und eindeutig, sofern die Begrifflichkeit „Expertengruppe" bekannt ist.
5. Das Arbeitsblatt ist sehr ökonomisch; das Prinzip „alle Texte für alle" wird eingehalten.
6. Die Texte sind in etwa gleich lang und haben keinen groß differierenden Schwierigkeitsgrad. Es dürfte, sofern die Gruppen in etwa gleich leistungsstark sind, keine größeren Unterschiede zwischen der Bearbeitungszeit geben.

Die Nachteile sind ebenso leicht zu erkennen:

1. Das Arbeitsblatt ist zu voll. Es wirkt sehr dicht, die Schrift ist relativ klein, auch schon im DIN A 4 Original; es gibt keinen Platz für Notizen.
2. Die Kopfleiste fehlt, es wäre auch kein Platz mehr für sie da.
3. Die Zeilennummerierung ist schön für die Leser/innen des ersten Textes, die anderen müssen wohl mit dem Lineal arbeiten oder selber nummerieren.
4. Die Arbeitsaufträge sind zunächst rein reproduktiv, zu einer kritischen Überprüfung werden die Schülerinnen und Schüler nicht aufgefordert.
5. Die Texte sind von unterschiedlicher Wissenschaftlichkeit: ein Zeitungsartikel über einen Wissenschaftler ist etwas anderes als eine wissenschaftliche Arbeit. Das wird zumindest auf dem Arbeitsblatt nicht thematisiert, die Texte werden zumindest zunächst vor allem als neutrale Lieferanten von Sachinformationen behandelt.

kutieren. Und nur Quellen im Original (notfalls im übersetzten Original) erlauben es Schülerinnen und Schüler zu verstehen, dass die Menschen in der Vergangenheit auch Menschen waren, dass aber ihre Probleme, ihr Leiden, ihre Hoffnungen, ihre Sehnsüchte anders waren als unsere. Diese Alteritätserfahrung ist die Mutter des historischen Denkens und sie ist das Fundament für all die schönen Forderungen nach Empathie, Multiperspektivität und Kontroversität, die man in jedem guten Buch zur Geschichtsdidaktik nachlesen kann.

Konsequenz daraus sollte sein, bei der Quellenauswahl inhaltlich darauf zu achten, dass nicht nur politikgeschichtliche Quellen zu Worte kommen und, wo es möglich ist, das Weltbild, dass Geschichte daraus besteht, das – mittlerweile tote – weiße Männer Völker in den Krieg um Geld und Macht und Land geführt haben, zumindest nicht zu bestätigen, besser aber noch herauszufordern. Es kann darum ab und an durchaus sinnvoller sein, mehrere kürzere Quellen, die verschiedene Perspektiven beinhalten, gemeinsam zu behandeln, als eine Rede eines politischen Führers ausführlich und gründlich zu bearbeiten.

Dagegen gibt es begründete und gute Einwände, denn das Kürzen von Quellen wird nicht selten so betrieben, dass diese im Prinzip alles verlieren, was sie zu Quellen macht. Ein Beispiel. Die Erklärung von Franz II. zur Niederlegung der Kaiserkrone des Heiligen Römischen Reiches (vgl. S. 165 ff.) hat sicherlich wichtigere Bestandteile als die Aufzählung von allen Königs- und Fürstentiteln des Habsburger Monarchen. Aber, wer diese Titelaufzählung wegkürzt, bringt den Leser nicht nur um die Erkenntnis, dass Franz „König von Germanien" und nicht etwa von „Teutschland" war, sondern, dass er auch 1806 noch beanspruchte, König von Jerusalem gewesen zu sein. Wird darauf eingegangen, lassen sich daraus Erkenntnisse ziehen, in wie weit die „Deutsche Geschichte" wirklich mit Otto I. und seinen Nachfolgern beginnt, oder ob wir es hier mit einer klassischen Rückprojektion zu tun haben. Das Kürzen von Quellen ist immer eine schwierige Gratwanderung zwischen Zeitökonomie, Passung für die Lerngruppe und wissenschaftlichem Anspruch. Viele Geschichtsdidaktiker/innen machen es sich ein bisschen leicht, wenn sie das Kürzen von Quellen pauschal verdammen und dabei unterschlagen, dass die Auseinandersetzung mit Überlieferung natürlich auch gelernt werden muss. Wer gestern noch an den Weihnachtsmann glaubte, wird nicht morgen zu einer Quelleninterpretation im Stande sein, von der die meisten Erstsemester bzw. deren Dozent/innen nur träumen können. Darum ist für jüngere Jahrgänge erlaubt, was für Quellenarbeit an sich streng verboten ist: *Anpassung* an die moderne Schreibweise, Ausräumen von möglichen Verständnisproblemen, Kürzen auf einige wenige Sätze. Aller Anfang ist schwer und man muss ihn nicht schwerer machen als unbedingt nötig. Aber auch in der fünften oder sechsten Klasse gelten bestimmte *Regeln*. Auslassungen müssen gekennzeichnet werden, Begriffe dürfen nicht einfach ersetzt, sondern höchstens in eckigen Klammern erklärt werden, und wenn die Schreibweise angepasst wurde, dann muss dieser Sachverhalt entsprechend vermerkt werden. Für Lehrerinnen und Lehrer bietet das eigenständige Kürzen von Quellen, das erst durch das Arbeitsblatt möglich wird, nicht nur die Chance, die Quelle unter einer bestimmten Fragestellung zu betrachten, sondern auch, sich intensiv mit ihr zu beschäftigen und sie dadurch besser kennenzulernen. Das mag idealistisch klingen, aber viele Untersuchungen legen nahe, dass der Schwierigkeitsgrad von Texten jedweder Art von Lehrern und Schülern dramatisch unterschätzt wird – zum Schaden des Geschichtsunterrichts. Für Schülerinnen und Schüler bieten Textquellen auf Arbeitsblättern die Möglichkeit zu unterstreichen, zu markieren, unbekannte Wörter zu erklären, eigene Fragen und gemeinsame Antworten zu formulieren sowie das Ergebnis der Interpretation im Kontext der Quelle aufzuschreiben.

Und wird der ausgetrampelte Pfad der Textquelleninterpretation verlassen (Textquelle lesen, in Stichpunkten zusammenfassen, Ergebnisse an der Tafel sammeln und anschließend abschreiben) sind der Phantasie keine Grenzen gesetzt. Alle Formen des Transfers sind denkbar und möglich, etwa die Visualisierung einer Textquelle durch die Schülerinnen und Schüler: Warum nicht verschiedene überlieferte Briefe über die Auswanderung nach Amerika in Form von Plakatentwürfen übersetzen und vergleichen lassen? Neben den Textauszug aus einer Verfassung wiederum kann gut ein Schema passen, das durch zentrale Informationen, die im Verfassungstext enthalten sind, beschriftet und erklärt wird. Auch kann man eine Überlieferung mit einer fiktiven Gegen-„Quelle" kontrastieren, beispielsweise indem Schülerinnen und Schüler das politische Testament des Augustus durch eine Stellungnahme aus den Augen eines Sklaven kommentieren. All dies ist natürlich auch ohne Arbeitsblätter möglich, aber die Vorzüge der Systematik und Übersichtlichkeit des Mediums, die aus der räumlichen Nähe von ursprünglichem Lerngegenstand und Produkt der Transferleistung resultieren, brauchen wir an dieser Stelle nicht noch einmal zu erklären.

Die Herausforderung: Arbeitsblätter und selbstverfasste Sachtexte

Viele Lehrerinnen und Lehrer scheuen sich davor, eigene Sachtexte zu formulieren und an die Schülerinnen und Schüler auszuteilen. Aber warum eigentlich? Das wissenschaftliche Studium an einer Universität sollte jeden Lehrer dazu in die Lage versetzt haben, auf der Basis wissenschaftlicher Erkenntnisse eigene Texte zu verfassen. Und die langjährige Routine des Erklärens und Vermittelns sollte eigentlich sicherstellen, dass sie dies gut und auf eine verständliche Art und Weise tun – viel eher als Wissenschaftler/innen an der Universität, die es ja bekanntlich mit einem gut ausgebildeten und aufnahmefähigeren Publikum zu tun haben und darum weniger Rücksicht auf die Eingängigkeit ihrer Texte nehmen müssen.

Die Scheu davor, eigene Texte zu formulieren, hat sicherlich zum einen damit zu tun, dass das Arbeit bedeutet. Die Häufigkeit der Lehrvorträge, der geplanten wie der ungeplanten, weist darauf hin, dass Lehrerinnen und Lehrer durchaus der Überzeugung sind, ihre Darstellung oder Zusammenfassung sei für den Lernprozess hilfreich und gut. Sie haben folglich etwas zu sagen, warum dies also nicht verschriftlichen? Im Regelfall erfordert ein guter Lehrvortrag gerade in den Anfangsjahren eine umfangreiche Vorbereitung und gute Strukturierung. Wir empfehlen unseren Studierenden immer, ihre geplanten (und viel zu häufigen) Lehrvorträge einmal komplett auszuformulieren; ein Ratschlag, den wir allen Anfängern an Herz legen würden. Dann aber könnte man ihn auch gleich als Text austeilen. Wir behaupten, dass das Formulieren eigener Sachtexte eine gute und notwendige Vorbereitung auf zukünftige, spontane wie geplante Lehrvorträge ist. Die systematische Durchdringung eines Gegenstandes, die durch das Zusammenfassen in einem eigenen Autorentext geübt wird, ist gerade für Lehrproben oder beim erstmaligen Unterrichten neuer Lerngegenstände eine hervorragende Vorbereitung.

Allerdings sollten auch Autorentexte nicht die Illusion des allwissenden Erzählers beinhalten. Wo Dinge unklar oder umstritten sind, sollte dies nicht nur abstrakt gekennzeichnet werden, sondern zumindest angedeutet, wenn nicht gar aufgeführt werden. Wiewohl es ein Gerüst relativ gesicherter Fakten gibt, ist die Geschichtswissenschaft als Wissenschaft kontrovers und kritisch verfasst, ansonsten verdiente sie die Kennzeichnung Wissenschaft auch nicht. Es sind die unterschiedlichen Deutungen und Bewertungen, die die Sache spannend machen – denn durch sie lernen Schülerinnen und Schüler ihre eigenen Deutungen und Bewertungen für historische, gegenwärtige und zukünftige Ereignisse zu reflektieren und zu diskutieren. Deswegen sind Autorentexte, die unterschiedliche Interpretationen aufzeigen, gut. Allerdings auch nur dann, wenn auch diskutiert und gestritten wird, und sich nicht alle abstrakt darüber freuen, dass es so schön viele unterschiedliche „Meinungen" gibt. Dass jeder Lehrer, jede Lehrerin bestimmte Auffassungen und Überzeugungen hat, ist klar und es ist auch kein Problem, diese deutlich zu machen. Aber das Überwältigungsverbot gilt nicht nur für unsere Kolleginnen und Kollegen in der Politikdidaktik, darum sollten Schülerinnen und Schüler eben auch andere Positionen kennenlernen und nicht nur die Quellen lesen, die die Ansicht der Lehrkraft bestätigen. Wer Geschichte lehrt, sollte immer in der Lage sein, unterschiedliche Geschichtsvorstellungen als fulminanter und überzeugender *advocatus diaboli* darzustellen, egal ob es nun die von Golo Mann oder Bernt Engelmann sind.

Ist bei der Quellenauswahl das Prinzip der Multiperspektivität wichtig, ist dies für den Autorentext fast noch wichtiger: Gerade die Erzählung über das Große und Ganze hat die Tendenz, die Vogel- und nicht die Froschperspektive auf die historischen Ereignisse einzunehmen, wie fast alle Autor/innentexte in den meisten Geschichtsbüchern immer wieder eindrucksvoll beweisen. Wird das auch noch von der Autorität der Lehrkraft unterstützt, ist die unhinterfragte historische Meistererzählung im Kasten. Darum ist es bei selbst geschriebenen Texten umso wichtiger entweder den Text selbst multiperspektivisch zu schreiben, durch eine entsprechende Aufgabenstellung andere Perspektiven zu ergänzen, oder ein Bild oder eine Quelle zu benutzen, die den Text kontrastiert.

Das Wissen um die Unvollständigkeit unseres historischen Wissen, die Reflexion darauf, dass wir unser Wissen aus lauter vergifteten Quellen und unvollständigen, irreführenden Überbleibseln haben, und dass unser „Wissen" jene Ausschnitte umfasst, die wir, aus welchen Gründen auch immer, gerade interessant finden, uns zu merken oder genauer zu betrachten – das sind keine abstrakten methodologischen Vorwarnungen oder matte Entschuldigungen für Fehlinterpretationen und Ungenauigkeiten, als die sie häufig benutzt werden. Dieses Wissen steht im Zentrum der Geschichtswissenschaft, es ist ein zentraler Inhalt historischen Lernens. Damit wir uns nicht missverstehen: dies ist kein Plädoyer für fröhliches Desinteresse („nichts Genaues kann man eh nicht wissen") oder konstruktivistischen Relativismus, sondern für selbstreflektierte und selbstreflexive Wahrheitssuche. Gerade um meine Fragen an die Vergangenheit auch erfolgversprechend zu stellen und zu beantworten, kommt es darauf an, die Vergangenheit so zutreffend wie möglich zu rekonstruieren.

All das im Hinterkopf gibt es eine Reihe von Problemen, die auch Arbeitsblätter im Geschichtsunterricht betreffen. Zum einen ist alles potentielle Quelle – es fragt sich immer nur: wofür? Unser Lieblingsbeispiel ist an dieser Stelle immer ein x-beliebiger Stuhl im entsprechenden Seminarraum. Man kann allerhand durch ihn über die deutsche Gesellschaft Ende des 20./Anfang des 21. Jahrhunderts lernen (Stand der Technik, Erdölprodukte als Sitzgelegenheiten, Design und Farbgeschmack, Unterfinanzierung der öffentlichen Hochschulen), wenn man gute Fragen stellt – einige Antworten lassen sich aber nur finden, wenn man über zusätzliches Wissen verfügt, das der Stuhl nicht gespeichert hat (wer entschied über die Herstellung und Anschaffung von Stühlen, wie teuer waren Metall- und Erdölprodukte usw.) – und ohne Kontextwissen (dies ist ein Stuhl aus einem Seminarraum der Universität Greifswald, Paderborn, Berlin oder Frankfurt aus der Zeit 1945-2014) bleibt der Stuhl stumm.

Es macht Sinn, zu sagen, „Quellen seien das, was der Historiker dazu mache"[2]. Diese Quellen sprudeln aber nur, wenn wir sie befragen; sie sind lebendige Quelle historischen Wissens nur dann und auch nur für die Bereiche, soweit wir sie durch Fragen und Aufgaben verlebendigen. Nicht die Quelle, sondern die Fragestellung zur Quelle führt zum historischen Lernen. Das wird auch heute noch im Geschichtsunterricht sehr häufig falsch gesehen.

---

2 Rohlfes: Geschichte, S. 79.

Noch gravierender ist freilich, dass streng genommen die Aufteilung in Quelle und Nicht-Quelle nur geringe Bedeutung hat. Die „Differenz zwischen Quellen und gegenwärtigen Materialien"[3] ist in erster Linie anlass- und fragebezogen vorhanden und spielt bei der Wirkungsabsicht und Rezeptionsgeschichte eine Rolle. Aber: So richtig es ist, dagegen zu wettern, Quellen wie Sachtexte zu lesen, nämlich als neutrale Lieferanten unbestreitbarer Informationen, so unhaltbar ist es, so zu tun, als könne man – außer diesem Buch versteht sich – *irgendeinen* Text so lesen, als sei er neutraler Lieferant unbestreitbarer Informationen. Diese Unterteilung – hier die perspektivische, verkürzte, zu kritisierende und zu interpretierende Quelle, dort der objektive wissenschaftliche Text, dem man Glauben schenken darf – wird zumindest nahegelegt, wenn streng zwischen „Autorentext"/Darstellung und Quelle unterschieden wird.

Die Vorstellung, es gäbe einen unstrittigen „Stand der Wissenschaft", demgegenüber wissenschaftliche Literatur „veralte" und dadurch nur noch zur „Quelle für die Zeit, in der sie entstanden sind" werde,[4] ist gerade bei einer so kontrovers verfassten Wissenschaft, wie der Geschichtswissenschaft ein bisschen unkritisch und linear fortschrittsoptimistisch.[5] Zum einen: Manche „neue[n] Erkenntnisse, neue[n] Theorien, neuen[n] Perspektiven, neue[n]Interessen" können sich als Sackgassen erweisen. Zum zweiten: Auch die Geschichtswissenschaft findet nicht im luftleeren Raum statt, und dass die Darstellungen von Geschichte mit theoretischen Vorannahmen, politischen Positionen, wirtschaftlichen und karriere-orientierten Erwägungen zu tun haben, wird doch wohl niemand bestreiten können. Deshalb ist es die Frage, ob man durch einen Text von Hans-Ulrich Wehler wirklich mehr Richtiges über die Geschichte der DDR lernt, als durch ein Ulbricht-Referat auf einem SED-Parteitag über den Aufbau des Staatssozialismus in einem halben Land. Antwort: Hängt von der Fragestellung ab. Dass beide Texte eine bestimmte Perspektive haben, dass beide Texte eine Intention haben, dass in beiden Texten politische Wertvorstellungen eine Rolle spielen und beide vom Kalten Krieg geprägt sind, beide Texte behaupten, wissenschaftlich und wahr zu sein, das ist ihnen nämlich gleich. Wehler und Ulbricht sind schön provozierende Beispiele, der Sache nach hätten wir jeden x-beliebigen Autor und jede x-beliebige Quelle verwenden können. Wenn die Geschichtsdidaktik Multiperspektivität und Kontroversität ernst nimmt, dann müssen Texte immer wie Quellen behandelt werden, auch wenn bei einem wissenschaftlichen Buch aus dem 21. Jahrhundert uns die Fragen nach der Quellengattung, dem Material, aus dem das

---

3   Pandel: Quelleninterpretation, S. 190.
4   Alle Zitate in Pandel: Geschichtsdidaktik, S. 60, eine Hervorhebung wurde weggelassen.
5   Man verstehe uns nicht miss: Selbstverständlich gibt es auch einen Fortschritt in der historischen Erkenntnis durch neue Quellenfunde, verbesserte wissenschaftliche Bestimmungsmethoden, innovative Zusammenschlüsse und Neuinterpretation von bis dahin nicht zusammen betrachteten Quellen usw. Die Interpretation dieser neuen Erkenntnisse bleibt aber immer strittig.

Buch gemacht wurde, den sozialen Bedingungen des Entstehungsprozesses, dem verfügbaren Wissen usw. weniger lang aufhalten als bei einer hochmittelalterlichen Chronik.[6] So betrachtet ist die Polemik dagegen, alles nur als „Material" (M) auf Arbeitsblättern zu kennzeichnen, statt – wir interpretieren – ordentlich in „Q" wie Quelle und „A" wie Autorentext zu unterscheiden, verfehlt. Auch der Text ist eine Quelle und muss befragt und in Frage gestellt werden wie diese, auch wenn wir das begründete Urteil haben, dass Wehler die Realitäten der DDR deutlich ungeschminkter sieht und darstellt. Nun wäre es sicherlich nicht sehr hilfreich, nur noch Qs oder Ms auf dem Arbeitsblatt zu haben, besser wäre da die Quellengattung wie Rede, wissenschaftlicher Text, Diagramm, Statistik, Karte usw.

Historische Bildung: Von Zeichnungen, Gemälden, Karikaturen und Fotos

Bilder sind im Geschichtsunterricht wohl die meistgenutzte Alternative zum Text.

Vorbei die Zeiten, wo hier und da ein Herrscherkopf hervorlugte, Bilder in allen Gattungen und Typen gehören heute zum Geschichtsunterricht ganz selbstverständlich dazu. Dass Bilder keineswegs mehr als 1000 Worte sagen, sondern gleichermaßen schwierige Quellen, wenn sie denn Zeugnisse der Vergangenheit sind, hat zwar begonnen, sich herumzusprechen – dass aber die Zeiten, in denen Bilder rein illustrativ benutzt wurden, wirklich vorbei wären, lässt sich nicht sagen. Gerade bei Arbeitsblättern finden sich häufig Bilder, die „nur einen ersten Eindruck" verschaffen oder gar irgendetwas „bebildern" sollen.

Text muss immer entschlüsselt werden, Bilder können nebenbei oder aus dem Augenwinkel gesehen werden und vermitteln die Illusion, alles bereits mit einem Blick erfasst

---

6 Wie wenig hilfreich die strikte Trennung von Quelle und Darstellung ist, gibt der prominenteste Anwalt einer scharfen Unterscheidung eigentlich selber zu Protokoll: Dass es „in der Regel" eine Generation, „d. h. 30 Jahre", dauere bis aus einer Darstellung eine Quelle werde, ist schon eine autoritative Setzung, die sich durch nichts begründen lässt. Vollends absurd aber wird es zu behaupten, die Geschichtswerke und Schulbücher der NS-Diktatur und der DDR wären „mit einem Schlag" am 8. Mai 1945 bzw. am 3.10.1990 „von der Darstellung zur Quelle geworden" (Pandel: Geschichtsdidaktik, S. 60). Sehen wir davon ab, dass in Bezug auf die DDR wohl eher der 9. November 1989 oder der 15. März 1990 passende Termine wären und ignorieren wir auch die Frage, ob nicht DDR-Bücher im Gegensatz zu dem braunen Herrenmenschen-Gesums neben Ideologie auch interessante Überlegungen enthalten haben, so muss doch auf jeden Fall gefragt werden: Wenn *das* Darstellungen waren, also auch hochideologische Texte als Darstellungen bezeichnet werden – wo ist denn dann noch der Unterschied zu einer x-beliebigen Quelle? Im wissenschaftlichen Selbstanspruch, die Geschichte allgemeingültig darzustellen? Denn das wäre der einzige greifbare Unterschied, aber es ist überhaupt nicht nachvollziehbar, dass dies zu einer triftigen und belastbaren, praktisch oder auch nur theoretisch relevanten Unterscheidung führt.

zu haben. Dabei müssen Bilder genauso gelesen werden wie Texte,[7] muss der analytisch-kritische Zugriff auf Bilder eingeübt werden – andernfalls liefern wir uns ihren Wirkungen und unseren Vorurteilen und Wahrnehmungsmustern aus und verschenken sie zudem als Quellen.

Denn darum handelt es sich: Egal, ob es sich um zeitgenössische Gemälde, um (nachträgliche) Historienmalerei, um Plakate und Postkarten, historische oder aktuelle Karikaturen, um zeitgenössische Fotos oder Fotos von Gegenständen aus der Zeit handelt – all dies sind Bildquellen.[8] Fragt sich bloß, wofür.

Zeitgenössische Bilder und Fotografien sind unzweifelhaft Zeugnisse der Vergangenheit, sie sind wie Quellen zu behandeln und zu kritisieren: Wer machte Bilder, wer ließ Bilder machen, was ist uns überliefert, was nicht? Das gilt selbstverständlich auch für Fotografien, die – auch wo sie nicht geschönt und bearbeitet wurden – natürlich nicht zeigen, wie es war, sondern immer nur einen Ausschnitt aus einer bestimmten Perspektive zu einem ganz bestimmten Zeitpunkt.

Heutige Fotos von Denkmälern, historischen Gebäuden oder anderen Relikten sind zwar nicht so schön, wie das Betrachten vor Ort und gegenüber älteren oder gar zeitgenössischen Fotos nur zweite Wahl. Sofern aber auf Veränderungen gegenüber dem ursprünglichen Zustand hingewiesen wird, wenn es welche gab, ist unter geschichtswissenschaftlichen und geschichtsdidaktischen Gesichtspunkten nichts dagegen einzuwenden, sie als Quasi-Bildquelle einzusetzen.

Deutlich problematischer ist da die Historienmalerei. Streng genommen ist sie nur eine Quelle für die Geschichtskultur der Zeit, in der sie entstand. Aber das Nachleben von Epochen und Ereignissen ist natürlich interessant und gehört zur Behandlung im Geschichtsunterricht durchaus dazu. Dazu muss aber die Zeit auch klar sein, in der das Bild entstand im Verhältnis zu der Zeit, die das Bild zeigt. Will sagen: Entsprechende Angaben müssen vorhanden sein. Daran hapert es häufig im Geschichtsunterricht.

Ein größeres Fass sind die Rekonstruktionszeichnungen, wie sie sich früher häufig auf Schulwandtafeln und heute gerne in Jugendbüchern finden. Zum einen sind diese Visualisierungen natürlich vor allem Quellen aktueller und vergangener Geschichtskul-

---

7 Die Einwände Hamanns gegen den Ausdruck Bildlesekompetenz (Hamann: Bildquellen, S. 108), dass es einen grundlegenden Unterschied zwischen Wort und Bild gibt, nämlich dass das Wort nur aufgrund der Konvention eine Beziehung zum Bezeichneten hat, das Bild ihm aber ähnlich ist, sind zwar richtig, aber werden schon da unscharf, wo Abgebildetes symbolhaft für etwas anderes steht – die Taube hat kein engeres Verhältnis zum Zustand des Friedens, als die Buchstabenfolgen F-R-I-E-D-E-N oder P-E-A-C-E, hier wird gerade nicht mit „Ähnlichkeit" oder „Analogie" gearbeitet.

8 Vgl. dazu Bergmann/Schneider: Bild, S. 231/232. Unverständlicherweise wollen Bergmann und Schneider auch Karten, Pläne, Grafiken, Schaubilder und Modelle als Bilder diskutieren, dabei sind diese Visualisierungen doch qualitativ unterschieden von dem Versuch, Personen, Gebäude, Landschaften oder Ereignisse tatsächlich oder verzerrt abzubilden.

tur. Andererseits sind sie so beliebt, weil sie Sachverhalte oder Ereignisse zeigen, von denen keine anderen Bilder überliefert sind. Es gibt weder geschichtswissenschaftlich noch geschichtsdidaktisch begründbar ein Gebot: „Du sollst dir kein Bildnis von der Vergangenheit machen". Das Hochproblematische an dieser Sorte „Illustrationen" ist, dass sie zumeist weder als Bilder thematisiert werden – im Unterschied zur Historienmalerei, wo dies im Regelfall passiert –, sondern tatsächlich illustrativ nebenbei einen visuellen Eindruck erzeugen, der nicht weiter befragt wird. Zum anderen verraten sie uns auch fast nie, welche Quellen ihnen denn zu Grunde liegen. Ausgrabungen und Funde: Von wem, wann, woher? Oder schriftliche Quellen: Von wem, wann, woher? Erst wenn dies klar ist, lässt sich ja die Güte einer Rekonstruktionszeichnung überhaupt diskutieren, vorher können wir Phantasie des Zeichners, Einfluss von Tradition und Konvention, Stereotypen und Klischees und belegbare, stichhaltige Anteile gar nicht auseinander halten, sondern müssen gläubig darauf vertrauen, die Zeichner/innen und Autor/innen würden es schon gut mit uns und der historischen Wahrheit meinen. Wenn wir denn überhaupt ihre Namen erfahren …

All das gilt auch für die mittlerweile recht aufwändigen Computersimulationen, die im Internet zu finden sind. Hier gilt allerdings zusätzlich der Hinweis, dass so wie der heutige Betrachter z. B. „Byzanz" sieht[9], kein Zeitgenosse die Stadt gesehen haben kann – Flugzeuge und Satelliten, die solch eine Vogelperspektive angeboten hätten, gab es ja noch nicht.

Letztlich wären bei all solchen Rekonstruktionszeichnungen und Simulationen zu wünschen, dass heute noch vorhandener Überrest, interpretierter Überrest und interpretierte Überlieferung und zusätzliche lückenfüllende Vermutung klar voneinander getrennt wären, z. B. durch die Kombination von Fotografie, farbiger Zeichnung und schwarz-weißer Skizze. Solange solche Zeichnungen aber nicht zur Verfügung gestellt werden, muss es Aufgabe sein, Rekonstruktionszeichnungen zu befragen und zu kritisieren – und wo das nicht möglich ist, weil keine Informationen vorliegen, sie besser wegzulassen oder „nur" als Quelle für den Blick der Nachwelt zu benutzen.

Mit gutem Grund hat sich im Geschichtsunterricht, wenn auch nicht unbedingt in der Geschichtsdidaktik, ein drei-bis vierschrittiges Modell der Bildinterpretation durchgesetzt: Beschreiben – Analysieren – Interpretieren und Kontextualisieren.[10] Die genaue und möglichst neutrale, nicht schon interpretierende Beschreibung eines Bildes erschließt erst dessen Reichtum. Hier gilt: Keine Nachlässigkeit in kleinen Dingen, jedes Detail kann wichtig sein. Gerade die mittelalterliche und frühneuzeitliche Symbolsprache hat in Bildern zum Teil ganz kleine Spuren hinterlassen, die für uns heute schwer lesbar sind – aber nur lesbar werden, wenn wir z. B. den kleinen Drachen in der Glasflasche in

---

9 Als durchaus gelungenes Beispiel: http://www.byzantium1200.com.
10 Vgl. Hamann: Bildquellen, S. 109, im Anschluss an Sauer: Bilder.

1. Beschreiben

Eine möglichst **neutrale Beschreibung** dessen geben, was zu sehen ist: Worum handelt es sich? (Bild, Foto, Karikatur etc.) Was ist zu sehen? (Vordergrund, Hintergrund, Farben)

2. Analysieren

Die einzelnen Elemente des Abgebildeten benennen und in ihrer **Bedeutung** erläutern. Welche Wirkung haben Bildbestandteile auf den Betrachter?

3. Interpretieren

Die Gesamtaussage des Abgebildeten herausarbeiten und seinen Kontext darstellen.

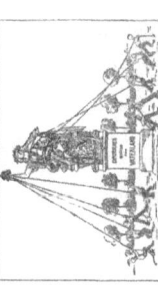

Staatsarchiv der Freien Hansestadt Bremen RgSV.F-1907-01, oberer Teil eines Flugblatts, auf 37% verkleinert

[auf 50 %verkleinert; mit Photoshop bearbeitet]

[auf 50 %verkleinert; mit Photoshop bearbeitet]

[auf 27 %verkleinert; mit Photoshop bearbeitet]

Abb. 7.2 – Bildinterpretation im dreischrittigen Modell, 12. Jg. Gymnasium (Privatarchiv).

Beispiel 2: Bildinterpretation

Dieses Arbeitsblatt ist ursprünglich für einen Kurs im 12. Jahrgang Gymnasium entwickelt worden, im Zusammenhang mit dem Thema Kaiserreich und europäische Kolonialisierung.

Die Vorzüge sind leicht zu erkennen:

1. Klarer Aufbau: Die Methode der Bearbeitung wird klar benannt, die Aufgabenstellung ist klar grafisch abgesetzt.
2. Inhaltlich ist das Bild vielseitig und detailreich. Es gibt viel zu erkennen und zu erklären.
3. Grundlegende Formalien sind eingehalten und angegeben (Veränderungen und Quellen)
4. Die Arbeitsanweisungen sind kurz und eindeutig und zugleich eine Methodenschulung.
5. Das Arbeitsblatt macht arbeitsteiliges Vorgehen möglich.
6. Die drei Bildteile sind in etwa gleich komplex. Es dürfte, sofern die Gruppen in etwa gleich leistungsstark sind, keine größeren Unterschiede zwischen der Bearbeitungszeit geben.

Die Nachteile sind ebenso leicht zu erkennen:

1. Das Arbeitsblatt legt nahe, dass das Beschreiben und Analysieren ein Arbeitsschritt für komplette Bildbestandteile sei, nicht aber für einzelne Bestandteile eines Bildes sind.
2. Die Bildbestandteile sind sehr, sehr klein; Details zu bemerken wird dadurch schwierig.
3. Die Bearbeitung durch Photoshop wird zwar erwähnt, aber letztlich werden dadurch Bildbestandteile analysiert, die es so gar nicht gibt- die Germania steht ja nicht frei.
4. Die Arbeitsschritte Interpretieren und Kontextualisieren werden nicht sauber getrennt.

der Hand der älteren Hexe auf dem Gemälde „Zwei Hexen" von Hans Baldung von 1523 überhaupt bemerken. Erst dann könnte die Diskussion losgehen, wofür der Drache – manche sieht auch einen Dämon – überhaupt steht. Dieses Vorgehen ist der Bruch mit der üblichen Bilderrezeption – einmal draufgekuckt und schon (angeblich) gewusst, worum's geht – und muss eingeübt werden. Denn erst wenn das Bild insgesamt in allen Details wahrgenommen wird, macht die Analyse Sinn: Welches Bildelement steht wofür, was bedeutet was, was ist die Aussage eines Bildteils im Verhältnis zu den anderen? Ist das geleistet, ist eine Bildinterpretation möglich, nämlich das Herausarbeiten einer Gesamtaussage im historischen Kontext und die Bewertung des Bilds als Quelle (Repräsentativität, Interessenhintergrund, Wirkungsabsicht).

Demgegenüber wird eingewandt, ein schematisches Vorgehen verbiete sich aus mannigfaltigen Gründen. Die kann man nachlesen[11], so recht überzeugt haben sie uns nicht. Auch das Formulieren eines ersten Eindrucks, für das plädiert wird, erscheint uns alles andere als zwingend: die Vorurteile und Gestimmtheit der Betrachter/innen werden sich auch bei der Beschreibung und der Analyse zeigen. Wir sehen da außerdem zwei Gefahren: 1. Dass die spontanen „Äußerungen der Zustimmung, Befriedigung, des Widerwillens und der Ablehnung"[12] die neutrale Beschreibung eher erschweren und 2. dass der Bruch mit der üblichen Form der rezeptiven Bildwahrnehmung nicht deutlich und damit das allgemeine Lernziel – Bilder müssen analysiert und befragt werden – nicht erreicht wird. Sofern nicht der Widerspruch zwischen erstem Eindruck und Ergebnis der Bildinterpretation das Ziel des Bildeinsatzes ist und so auch festgehalten wird, können wir keinen didaktischen Nährwert entdecken. Geschichtsdidaktisch wäre ja höchstens interessant, wenn herausgearbeitet werden könnte, dass das Bild auf die Zeitgenossen ganz anders gewirkt hat, als auf uns heute. Wo das möglich ist, weil z. B. historische Rezensionen oder Berichte über Reaktionen von Zeitgenossen vorhanden sind, kann ein Vorlauf – alle schreiben die ersten Eindrücke und Wirkungen auf – gut und sinnvoll sein.

Sinnvoll mag das auch sein, wo sehr unterschiedliche Reaktionen auf das gleiche Bild zu erwarten sind, denn keineswegs haben Bilder immer die gleiche Wirkung auf verschiedene Rezipienten.[13] Aber je aufgeladener das Bild, umso aufgeladener eventuell die Diskussion und ob das, um mit Frau Merkel zu sprechen, „zielführend" ist, ist die Frage.

Bildinterpretation muss gelernt werden und sollte systematisch vorgenommen werden. Es ist zwar schön, wenn jede/r was beitragen kann, das entbindet aber nicht von der Notwendigkeit, geordnet vorzugehen, wobei es völlig egal ist, ob man links oben, rechts

---

11 Bergmann/Schneider: Bild, S. 263.
12 Bergmann/Schneider: Bild, S. 264.
13 Es ist nicht schön, aber die „Bilder vom 11. September 2011" verbreiteten weltweit nicht nur „Schrecken" (Hamann: Bildquellen, S. 110), sondern auch Freude.

unten oder in der Mitte anfängt. Wichtig ist nur, dass schon bei der Beschreibung nicht wild im Bild herumgehüpft wird, sondern das Bild systematisch erschlossen wird. Fragen wie „Was ist da links oben zu sehen?" bewähren sich nur selten, besser sind Zeigestock oder Laserpointer. Ist der nicht zur Hand oder wird wegen der ungemütlichen Rohrstock-Assoziation nicht gern benutzt, leisten bei der OV-Folie ein Bleistift, beim Beamer-Bild Hand und Arm der Lehrkraft den gleichen Dienst: Zu zeigen, was jetzt beschrieben, analysiert oder interpretiert werden soll. Die Bewegung vorne sorgt übrigens unwillkürlich dafür, dass Schülerinnen und Schüler verstärkt nach vorne schauen. Und wer keine Lust hat, selber zu zeigen, sondern lieber die Klasse im Auge hat, der wird z. B. in zu spät gekommenen Schüler/innen willige Helfer/innen für diese verdienstvolle Tätigkeit finden und damit gleichzeitig zur Pünktlichkeit im Unterricht beitragen.

Das können Arbeitsblätter im Geschichtsunterricht für den sinnvollen Einsatz von Bildern leisten:

1. *Bildinterpretation lernen und festhalten:* Nach wie vor läuft die übliche Bildinterpretation im Geschichtsunterricht zumeist so ab: Zum Einstieg wird eine Bildfolie auf den Overhead-Projektor gelegt oder mit dem Beamer an die Wand projiziert. Je nach methodischer Fertigkeit wird entweder das Bild vernünftig und systematisch beschrieben, analysiert, interpretiert und kontextualisiert oder kunterbunt nach Lust und Laune alles vier durcheinander. Gesichert werden diese Ergebnisse im seltensten Falle, sodass der Bildeinsatz ein schönes Einstiegsritual bleibt. Im besten Fall, wo das Ideal der „runden Stunde" erreicht wird, wird am Ende der Stunde auf das Bild vom Anfang noch einmal rekurriert. Die Sicherung findet aber allein in den Gedächtnissen der Schülerinnen und Schüler statt; die Hoffnung scheint dabei zu sein, dass die Bildlesekompetenz durch wiederholtes Üben zum festen Bestandteil der verfügbaren Kompetenzen wird. Und das ist zweifelsohne auch der Fall, nur: ob der Inhalt der Bilder, ihr Wert als Quelle, das Ergebnis der Interpretation auch memoriert wird, darf trotz der stärkeren Prägekraft des Visuellen bezweifelt werden. Die Ergebnisse der Beschreibung, der Analyse und der Interpretation an der Tafel und im Heft zu sichern, ist sicher besser als gar nichts – aber im Vergleich erscheint es ungleich sinnvoller, das Bild auch auf einem Arbeitsblatt zu haben und darauf alle vier Arbeitsschritte festzuhalten. Dabei lässt sich das Bild auch leicht in seine Einzelbestandteile zerlegen, Schülerinnen und Schüler können zunächst sogar in Stillarbeit versuchen das Bild zu beschreiben, um dann die Ergebnisse zusammenzuführen. Bei Komplexbildern lässt sich sogar arbeitsteilig vorgehen; verschiedene Teile des Bildes können von Gruppen beschrieben und analysiert werden, um dann die Ergebnisse vorzustellen und aufzuschreiben.

2. *Bilder erweitern und vervollständigen:* Aber Bilder müssen nicht allein bleiben. Selbstverständlich darf, kann und soll jedes Bild ergänzt werden. Neben den üblichen

Angaben, die immer vorhanden sein müssen (Maler/Fotograf, Entstehungsjahr, Größe, Material), können dieses z. B. auch andere Versionen des Bildes oder Entwürfe sein, die aus diesem oder jenem Grund anders sind als das Bild. Gibt es dazu Informationen, Aufzeichnungen des Zeichners oder Auftraggebers, sind diese durchaus hilfreich.

3. *Bilder vertiefen und bestätigen:* Hilfreich können auch Hintergrundinformationen zu bestimmten Bilddetails sein (Reichsapfel), schriftliche Quellen, die die dargestellte Szene beschreiben (z. B. die Reichsgründung 1871 in Versailles) oder auch die Lebensdaten des Malers, aus denen am besten deutlich wird, ob er oder sie überhaupt Augenzeuge oder Zeitgenossin des dargestellten Ereignisses war.

4. *Bilder vergleichen:* Von vielen Ereignissen oder Personen gibt es verschiedene Bilder von verschiedenen Maler/innen, zum Teil aus verschiedenen Zeiten; in Karikaturen tauchen die gleichen Ereignisse oder Personen sehr verschieden auf, Comicdarstellungen differieren stark, und selbst Fotos können je nach Perspektive und Zeitpunkt sehr unterschiedliche Darstellungen transportieren. Das ist aufschlussreich! Solche Bilder mit einander zu vergleichen, Gemeinsamkeiten und Unterschiede festzustellen, heißt Bilder als Quellen ernst zu nehmen und sie nicht bloß als Einstiegshäppchen zu servieren.

5. *Bilder hinterfragen, konterkarieren und kritisieren:* Aber Bilder lügen auch und nie erzählen sie die „ganze Wahrheit" (wer immer die nun kennt). Darum sind widersprüchliche Informationen in welcher Form auch immer, Textquellen, wissenschaftliche Texte, andere Bilder, Karten, Statistiken) natürlich ein Muss und ein Plus, wo es sie gibt. Aber Vorsicht: Manchmal sagen auch die Bilder die Wahrheit und die Texte lügen. Es wäre nicht sinnvoll, immer nur die Bilder durch Texte zu hinterfragen und zu kritisieren, und damit den Eindruck zu schüren, Bilder seien unzuverlässigere Quellen als Texte. Denn die Form, in der die Quelle vorliegt, sagt (so gut wie) nichts über ihren Wahrheitsgehalt aus.

6. *Bilder kontextualisieren:* Wo es Informationen darüber gibt, wie das Bild auf die Betrachter in der Entstehungszeit gewirkt hat, können diese sehr hilfreich sein. Egal, ob das Rezensionen, Augenzeugenberichte der offiziellen Enthüllung/Vorstellung oder andere Darstellungen der Wirkungsgeschichte sind – spannend und lehrreich ist es auf jeden Fall, die Wirkung damals mit der heute zu vergleichen. Bei aller Freude an der Alteritätserfahrung, die sich da zumeist einstellen wird, sollte aber immer beachtet werden, dass auch damals ein Bild von verschiedenen Menschen verschieden wahrgenommen worden ist.

7. *Bilder bearbeiten, ergänzen, verändern:* Und natürlich erlaubt ein Bild auf einem Arbeitsblatt all das, was sich sonst nicht gehört: Das Bild nachzukolorieren, auseinanderzuschneiden, eine Collage aus ihm zu machen, es zu beschriften, ein Gegenbild zu entwerfen und so weiter und so fort. Für all diese handlungsorientierten Vorge-

hensweisen hat Michael Sauer eine Reihe von sehr guten und praktikablen Vorschlägen gemacht, die wir hier nicht wiederholen müssen.[14]

Weltbilder – Geschichtskarten und Arbeitsblätter

Karten sind heute eine selbstverständliche Visualisierung. Presse, Fernsehen und Internet benutzen immer wieder gerne Karten, um zu zeigen, wo das besprochene Ereignis zu lokalisieren ist.

Dass Geschichte nicht nur in der Zeit, sondern auch im Raum stattfindet, ist auch keine Neuigkeit – aber alle dreißig bis fünfzig Jahre wird sie neu entdeckt. Ohne den „spatial turn" erneut auszurufen oder gar einer Renaissance der „Geopolitik" das Wort zu reden, sind Karten mit historischen Inhalten unverzichtbarer Teil von Geschichtsunterricht. Denn es ist nicht nur wichtig, wann, sondern auch, wo etwas stattgefunden hat. Karten sind ein unglaublich vielfältiges Medium, das Bewegungen in Zeit und Raum zeigen kann, und keineswegs bloß die Grenzen von Herrschaftsbereichen oder Schlachtenverläufen beinhalten muss. Auch wenn zur Zeit noch politikgeschichtliche Karten überwiegen – die ja auch ihre Berechtigung haben –, höchstens angereichert durch Wirtschaftskarten, sind in den letzten Jahren immer mehr kultur- und alltagsgeschichtliche Karten entstanden, auch wenn es hier noch einiges zu zeichnen und zu forschen gibt.[15]

Darüber hinaus sind Karten immer Welt-Bilder im doppelten Sinn: Sie zeigen immer auch das Wissen, die Perspektiven, Vorannahmen und Interessen derjenigen, die sie gemacht haben. Das gilt für historische Karten und für Karten mit historischem Inhalt – und für historische Karten mit historischem Inhalt auch.[16]

Bei historischen Karten aus der Vormoderne leuchtet dies sofort ein, und so sind mittelalterliche Karten oder der Faksimile des Behaim-Apfels mittlerweile häufiger in Geschichtsbüchern zu finden. Allerdings werden diese Karten oft nur oberflächlich betrachtet, unter dem Motto: „Das wussten die noch nicht" und „Was für ein falsches Weltbild die damals hatten". Dabei würden es auch diese Karten verdienen, genauer entziffert zu werden, und zudem müssten Schülerinnen und Schüler auch dafür sensibilisiert werden, wie – ohne Satellitenbilder, Flugzeuge und Zeppeline – die Karten damals überhaupt angefertigt wurden. Auch wenn es vorrangig Europäer waren, die Karten zum „Entdecken" und Erobern benutzt haben, wäre es – wie bei anderen Quellen auch – sinnvoll, Karten aus anderen Kulturen, insbesondere aus dem arabischen und chinesi-

---

14 Sauer: Bilder.
15 Bis heute fehlt z. B. eine Weltkarte, die die Durchsetzung der Kartoffel oder die Verbreitung des Mais historisch nachzeichnet.
16 Zur Klassifikation von Geschichtskarten hat Böttcher: Karte, S. 189 ff. eine gute Übersicht verfasst.

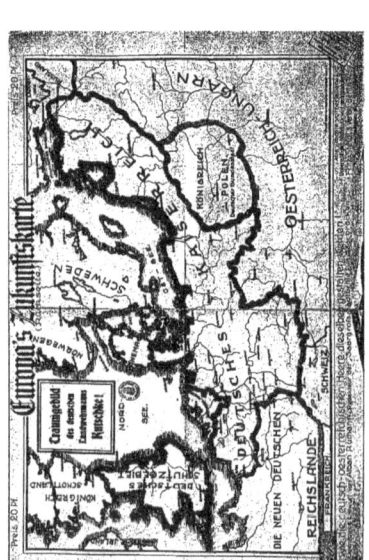

Ramon, Allan: Europa's Zukunftskarte. Berlin 1914. Sächsische Landesbibliothek - Staats- und Universitätsbibliothek Dresden. Hist.univ. B.90,20.(Auf 60% verkleinert)

A. Aufgaben zu „Europas Zukunftskarte"[44]

1. Beschreiben Sie die Karte und fassen Sie ihre Aussage in eigenen Worten zusammen.
2. Vergleichen Sie die Karte mit Bethmann-Hollwegs Septemberprogramm und benennen Sie Gemeinsamkeiten und Unterschiede.
3. Im Internet werden Zweifel an der Authentizität der Karte geäußert. Recherchieren Sie diese und überprüfen Sie sie auf ihre Stichhaltigkeit.
4. Tauschen Sie sich mit Ihrem Nachbarn über die Ergebnisse aus und notieren Sie diese.
5. Überlegen Sie gemeinsam, was die Gegenüberstellung dieser beiden Karten bezwecken soll.

Braun, Franz / Hillen-Ziegfeld, A.: Geopolitischer Geschichtsatlas. Dresden 1930.(Auf 45% verkleinert)

B. Aufgaben zu „Deutschlands Verstümmelung"[44]

1. Beschreiben Sie die Karte und fassen Sie ihre Aussage in eigenen Worten zusammen.
2. Vergleichen Sie die Karte mit der Haltung der Reichsregierung zum Versailler Vertrag und benennen Sie Gemeinsamkeiten und Unterschiede.
3. Informieren Sie sich über die Volksabstimmungen, die in der Karte erwähnt werden und recherchieren Sie, welche der abgetrennten Gebiete vor dem Krieg mehrheitlich deutschsprachig waren.
4. Tauschen Sie sich mit Ihrem Nachbarn über die Ergebnisse aus und notieren Sie diese.
5. Überlegen sie gemeinsam, was die Gegenüberstellung dieser beiden Karten bezwecken soll.

Abb. 7.3 – Arbeitsblatt für 12. Jahrgangsstufe Gymnasium (Privatarchiv).

Beispiel 3: Kartenvergleich

Dieses Arbeitsblatt ist ursprünglich für einen Kurs im 12. Jahrgang Gymnasium entwickelt worden, im Zusammenhang mit dem Thema 1. Weltkrieg und seine Folgen.

Die Vorzüge sind leicht zu erkennen:
1. Klarer Aufbau: Die Karten stehen im Mittelpunkt, die Arbeitsschritte sind klar auf sie bezogen.
2. Inhaltlich bieten beide Karten etwas an: 1. Eine nicht-offizielle imperialistische Phantasie während des I. Weltkriegs und 2. Eine offiziöse, aber nicht offizielle nationalistische Sichtweise auf den verlorenen Krieg.
3. Die Aufgaben sind nicht nur reproduktiv, sondern erfordern Recherche, die letztlich über die Repräsentativität der Karten Auskunft geben.
4. Grundlegende Formalien sind eingehalten und angegeben (Veränderungen und Quellen).
5. Das Arbeitsblatt macht Partnerarbeit möglich.
6. Beide Karten sind in etwa gleich komplex. Es dürfte keine größeren Unterschiede bei der Bearbeitungszeit geben.
7. Der letzte Arbeitsauftrag reflektiert das Arbeitsblatt und die Intention der Lehrkraft

Die Nachteile sind ebenso leicht zu erkennen:
1. Die Qualität der Karten lässt zu wünschen übrig.
2. Fünf Arbeitsschritte, dazu noch verbunden mit Recherchen ohne Angaben von Fundorten, sprengen auf jeden Fall die üblichen 45 Minuten.
3. Ergebnis und Erarbeitung sind getrennt, weil auf dem Arbeitsblatt kein Platz zum Notieren der Ergebnisse vorhanden ist.
4. Ein Rechtschreibfehler. Aufmerksame Leser/innen haben ihn längst gefunden.

schen Raum, im Geschichtsunterricht zu analysieren. Auch hier steckt die geschichtsdidaktische Aufarbeitung solcher Quellen – z. B. Übersetzung der Ortsbezeichnungen, die
eine gemeinsame Erschließung erst ermöglichen würde – noch in den Kinderschuhen.
Historische Karten aus der neueren Zeit sind selbstverständlich ebenfalls interessant.
Dass Karten aus dem deutschen Kaiserreich, der Weimarer Republik, der Nazi-Zeit und
der DDR jeweils ideologisch geprägt waren und gerade darum interessante Quellen sind,
versteht sich fast von selbst. Aber auch Karten aus der alten Bundesrepublik sind in
dieser Frage aufschlussreich: Was verrät es über ein Gemeinwesen und seine Auseinandersetzung mit der Geschichte, wenn seine Schulatlanten bis 1990 behaupteten, Teile
Polens und der UdSSR befänden sich nur „zur Zeit" unter polnischer und sowjetischer
Verwaltung?

Last but not least sind aber auch aktuelle moderne Geschichtskarten aus dem 21. Jahrhundert Welt-Bilder. Denn wie immer wenn ein dreidimensionaler Gegenstand zweidi-
mensional dargestellt werden soll, kommt es zu Verzerrungen und Entscheidungen. Es
ist für Schüler/innen, wie auch für Studierende jedes Mal ein Aha-Erlebnis, wenn sie die
Peters- und die Mercator-Projektion miteinander vergleichen und feststellen, dass beide
ihre Vor- und Nachteile haben, keineswegs aber die Welt zeigen, wie sie wirklich ist. Das
gilt auch nach wie vor für alle Projektionen, die in der Nachfolge der Mercator-Projektion oder als Lösungsangebot der Kontroverse um die Peters-Projektion entstanden sind.
Solange wir keine interaktiven 3-D-Tafeln und 3-D-Brillen im Klassensatz zur Verfügung haben, müssen wir uns mit diesen unvollkommenen Projektionen begnügen, können sie aber gewinnbringend nutzen. Um nämlich scheinbare Selbstverständlichkeiten
in Frage zu stellen und zur Selbstreflexion über eigene Weltbilder anzuregen – von welchem Punkt aus im unendlichen Weltraum ist die „Nordhalbkugel" eigentlich noch mal
„oben"?

An Karten selbst ist kein Mangel: Neben den Schulbüchern und Geschichtsatlanten
lagern – zunehmend verstaubend – unzählige Wandkarten in den Kartenräumen vieler
Schulen. Das sind wahre Schätze, z. T. sogar Quellenschätze, wenn man sie denn nur
benutzen würde. Im Internet finden sich auch frei verfügbare Karten, z. B. auf den Webseiten des Instituts für europäische Geschichte Mainz.[17]

Der Mangel besteht eher in der Kartenlesekompetenz von Schülerinnen und Schülern
und Lehrkräften. Wie jede Visualisierung muss eine Karte gelesen, d. h. analysiert, befragt und kritisiert werden. Zu jeder Kartenarbeit gehört nicht nur die Frage: „Was sehen
wir?". Sondern immer auch: „Was sehen wir nicht?".

---

17 http://www.iegmaps.de. Wer über die berühmte Google-Bildersuche geht, wird ebenfalls viele Kar-
    ten, auch Geschichtskarten finden. Wie weit diese im Einklang mit dem Urheberrecht entstanden
    sind und benutzt werden können, ist aber häufig die Frage.

Hier geht es den Karten häufig wie den Bildern – eine Aussage und damit hat es sich. Eine Karte, die aber nur eine Aussage hat, ist fast immer fragwürdig. Frag-würdig sind aber eigentlich alle Karten.

Gut konzipierte Arbeitsblätter könnten dem Haupteinwand gegen den Einsatz von Wandkarten und Konsorten (Folie auf Overhead-Projektor, Karte auf Beamer) entgegenwirken – nämlich, dass diese Demonstrationsobjekte notwendig langweiligen Frontalunterricht mit Lehrvortrag hervorbringen müssten.

Gerade bei Synthesekarten, wie z. B. der berühmten Gegenüberstellung des Hl. Römischen Reiches deutscher Nation 1789, dem Rheinbund-Intermezzo 1806 und dem Deutschen Bund 1815 können Teams bestimmte Veränderungen bei bestimmten Gebieten zunächst erarbeiten und dann im Klassenraum an der Wandtafel zeigen, was sie herausgefunden haben – und alle können das auf ihrem Arbeitsblatt jeweils notieren. Statt des einen Lehrvortrags mit Zeigestock viele Arbeitsberichte mit dem Laserpointer.

Ein Wort zur Farbe auf dem Arbeitsblatt an dieser Stelle: Wiewohl das Nachkolorieren eine gute Vorbereitung ist, raten wir angesichts dessen, dass Farbdrucker immer selbstverständlicher und erschwinglicher werden und zudem Kosten für Drucker, Druckerpatrone und Papier steuerlich absetzbar sind, zu Farbausdrucken.[18]

Wo wir beim Thema Farbe sind: Farben haben natürlich eine bestimmte Wirkung und sollen das ja auch. Deswegen sollte regelmäßig die Farbauswahl bei Karten thematisiert werden, denn ebenso wie der Titel einer Karte und die Symbole in der Legende werden hier Inhalte transportiert, ohne dass dies sofort deutlich wird.

Das können Arbeitsblätter für den Karteneinsatz im Geschichtsunterricht leisten:

1. *Karteninterpretation lernen und festhalten.* Was vor wenigen Seiten über die Bildinterpretation im Geschichtsunterricht gesagt wurde, kann genauso über die Kartenarbeit gesagt werden. Selbst wo wünschenswert systematisch die Karte erschlossen wird, bleiben die Ergebnisse im wahrsten Sinne des Wortes häufig in der Luft hängen. Mag dies alle befriedigen, die glauben, Inhalte seien nur für den Kompetenzerwerb da – und nicht der Kompetenzerwerb nötig, um sich Inhalte zu erschließen – es verschenkt die Karte als Medium des historischen Lernens. Darum kann es nur sinnvoll sein, Geschichtskarten als Arbeitsblätter auszuteilen mit Arbeitsanweisungen, wie diese Karte zu erschließen ist und Platz, diese Ergebnisse auch zu notieren.

2. *Karten übersetzen:* Dass für das Erstellen von Karten, wie auch für das Einzeichnen, Bearbeiten und Übersetzen von Karten Arbeitsblätter geradezu ideal sind, braucht wohl kein weiteres Argument. Aber auch für die schriftliche Interpretation von Karten ist das Arbeitsblatt solchen Karten, die nur im Buch stehen oder an der Wand

---

18 Aber Obacht: Die Wandkarte – so sie nicht älter als 70 Jahre alt ist – zu scannen oder zu fotografieren, verletzt die Urheberrechte des Verlags und ist darum unzulässig. Gleiches gilt auch für Karten aus dem Schulbuch.

hängen, hoffnungslos überlegen – weil die Schülerinnen und Schüler auch später noch
die Karte zur Verfügung haben. Es ist durchaus sinnvoll, systematisch einzuüben,
eine Karte komplett in Text zurückzuübersetzen, ähnlich wie eine Bildbeschreibung.
Umgekehrt sollte auch geübt werden, aus einem Text eine Karte zu zeichnen. Freilich
sollte auf dem Arbeitsblatt aber auch noch Platz für die Rückübersetzung einer Karte in Text – Was zeigt diese Karte, was zeigt sie nicht? – oder Interpretation der
Karte sein, ansonsten ist der Zusammenhang so gut oder so schlecht wie die Interpretation einer Karte, die sich im Schulbuch oder an der Wand befindet, während die
Interpretation im Heft steht.

3. *Karten vertiefen und bestätigen:* Karten mit historischem Inhalt beruhen auf Quellen
und Ergebnissen der Forschung. Solche Quellen haben ihren Platz auf dem Arbeitsblatt, ebenso andere Quellen, die auf der Karte dargestellte Sachverhalte bestätigen
oder neue Informationen bringen, die in die Karte neu eingetragen werden können.
Solche Quellen müssen nicht unbedingt Texte, sondern können auch ältere, vielleicht
sogar zeitgenössische Karten sein, und auch Bilder. Und natürlich ist es auch lehrreich,
Forschungsergebnisse von Ausgrabungen über Grenzverläufe hier zu integrieren.

4. *Karten vergleichen:* Verschiedene Karten stellen die gleichen Ereignisse, Sachverhalte,
Grenzverläufe unterschiedlich dar. Und das ist spannend, weil es für das Medium
Karte selbst sensibilisiert, das in seiner sachlichen Art so ganz ein unideologischer
Transporteur von Inhalten zu sein scheint – und eben doch immer perspektivisch ist.
Es empfiehlt sich übrigens auch immer, auch moderne Geschichtskarten zu verglei-
chen. Z. B. variieren die berühmten Karten „Die Welt von 1914" ganz erheblich – ist
Grönland eine dänische Kolonie? Oder zählt das – aus welchen Gründen auch im-
mer – nicht?

5. *Karten konterkarieren, kritisieren und verbessern:* Karten lassen weg, lenken unsere
Aufmerksamkeit, klittern Geschichte, belügen uns eventuell sogar. All das kann
wunderbar aufgefangen werden mit Quellen, Forschungsergebnissen und anderen
Karten, die anderes und vielleicht sogar Gegenteiliges behaupten und wo nun die
Diskussion anfangen muss, was triftig und belegbar ist und was nicht. Am Ende einer
solchen Diskussion mag es sein, dass nicht entscheidbar ist, ob die Karte nun recht
hat – ist es aber entscheidbar, dann sollte sie selbstverständlich verbessert und verändert werden.

6. *Karten kontextualisieren:* Auch Karten haben eine Geschichte und manchmal sogar
eine Wirkungsgeschichte. Berichte darüber wie historische Karten entstanden sind,
mögen dafür sensibilisieren, was für eine mühselige Arbeit die Kartografierung der
Welt war. Gibt es Berichte oder Erinnerungen über Karten oder Globen, wie sie betrachtet oder wann sie wo zum ersten Mal verwendet wurden, dann lässt das die
Karte in ganz neuem Licht erstrahlen.

7. *Karten bearbeiten, ergänzen, verändern:* Alle Formen von Schwarz-weiß-Karten oder Umrisskarten laden zu einem handlungsorientierten Umgang ein: Ist z. B. im Schulbuch oder im Geschichtsatlas die gleiche oder eine ähnliche Karte in Farbe abgedruckt,[19] können die Schülerinnen und Schüler das ausgeteilte Arbeitsblatt selbst nachkolorieren, am besten als Hausaufgabe. Ohne solche Arbeitsschritte fällt manchmal die Übersetzung von mittelhellschwarz auf dem Arbeitsblatt zu dunkelrot auf der Wandkarte etwas schwer. Das Nachkolorieren ist übrigens auch keine stumpfe Reproduktion, sondern zwingt zur Auseinandersetzung mit der konkreten Kartengestalt und zudem zur Genauigkeit. Aber auch das Einzeichnen von Grenzen oder Reiseverläufen aufgrund von Texten oder Quellen ist ein gutes Mittel zur Schulung von Kartenkompetenz. Alle handlungsorientierten Verfahren haben zudem noch den angenehmen Effekt, dass das geografische Grundlagenwissen der Schülerinnen und Schüler gesichert und verbreitert wird. Das brauchen wir im Geschichtsunterricht – auch da, wo Geschichte nicht mit Politik und Erdkunde zu einem Fach zusammengematscht wurde. Historische Karten könnten vielleicht auch den einen oder die andere fachfremde Kolleg/in dazu verführen, die historischen Anteile solcher Fächerkonglomerate nicht ganz so unter den Tisch fallen zu lassen, wie das wohl leider gang und gäbe ist. Eine gute Übung ist es übrigens auch, Schülerinnen und Schüler Legenden selber erstellen zu lassen – so lernen sie nämlich, auf diese zu achten und sie ernst zu nehmen. Und wenn es möglich ist, Karten mehrfach zu bearbeiten, also neue Erkenntnisse oder Veränderungen sukzessive einzutragen und damit die Karte quasi zum Protokoll des Lernprozesses und Lernzuwachses zu machen, dann ist das sicherlich eine ausgesprochen gelungene Form der Kartenarbeit. Zudem macht sie den Schülerinnen und Schülern deutlich, dass einmal ausgeteiltes Arbeitsmaterial nicht für immer vergessen ist, sondern damit weitergearbeitet wird.

Daten visualisieren und hinterfragen – Arbeitsblätter, Statistiken und Diagramme

Statistiken und Diagramme sind heute selbstverständlicher Teil von Schulbüchern geworden. Dass sie darüber hinaus auch selbstverständlicher Teil des Geschichtsunterrichts geworden sind, lässt sich aber schwerlich behaupten. Nach unserer Beobachtung scheuen Studierende und Lehrkräfte gleichermaßen die Beschäftigung mit diesem schrägen Material, das so mathematisch und langweilig daherkommt. Wo aber Diagramme und Statistiken eingesetzt werden, gelten sie in der Regel als Beweis, als objektive Sachinfor-

---

19 Sollten Schulbuch und Atlas nicht zur Verfügung stehen, könnte man die Karte einmal im Klassensatz farbig ausdrucken und diese laminieren.

Universität Paderborn   25.05.12
HS: Wahlen und Parteien im Geschichtsunterricht
Referenten: Hakan Aydinli, Sebastian Hoppe, Magnus Klippstein

Arbeitsblatt zu den Ergebnissen der Reichstagswahl 1907

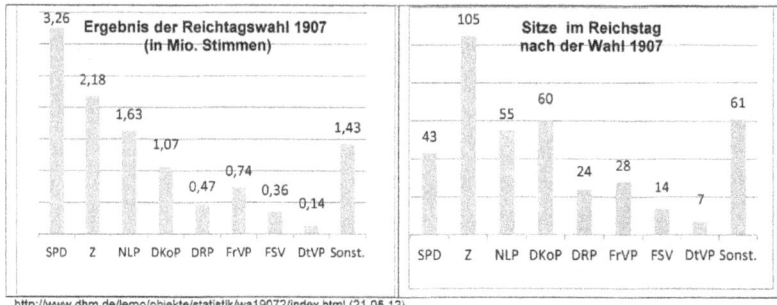

http://www.dhm.de/lemo/objekte/statistik/wa19072/index.html (21.05.12).
http://www.dhm.de/lemo/objekte/statistik/wa19032/index.html (21.05.12).
http://www.wahlen-in-deutschland.de/krtw.htm (21.05.12).
http://www.bundestag.de/kulturundgeschichte/geschichte/infoblatt/wahlen_kaiserreich.pdf (21.05.12).

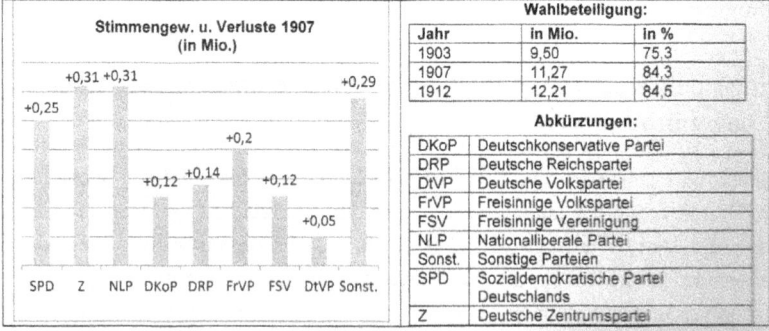

Wahlbeteiligung:		
Jahr	in Mio.	in %
1903	9,50	75,3
1907	11,27	84,3
1912	12,21	84,5

Abkürzungen:	
DKoP	Deutschkonservative Partei
DRP	Deutsche Reichspartei
DtVP	Deutsche Volkspartei
FrVP	Freisinnige Volkspartei
FSV	Freisinnige Vereinigung
NLP	Nationalliberale Partei
Sonst.	Sonstige Parteien
SPD	Sozialdemokratische Partei Deutschlands
Z	Deutsche Zentrumspartei

1. Beschreiben Sie den Ausgang der Wahlen 1907 und arbeiten Sie die Auffälligkeiten heraus.
2. Interpretieren Sie die Wahlergebnisse aus Sicht   a) des Bülow-Blocks.
                                                       b) der SPD und des Zentrums.

Abb. 7.4 – Statistiken zur Reichstagswahl 1907 (Privatarchiv).

Beispiel 4: Statistiken

Das vorliegende Arbeitsblatt wurde im Rahmen einer Unterrichtssimulation erstellt und überarbeitet.

Die Vorzüge sind leicht zu ersehen:
1. Das Arbeitsblatt ist übersichtlich und einheitlich gestaltet.
2. Es ist nicht überfrachtet und enthält dennoch wichtige Informationen.
3. Grundlegende Formalien sind eingehalten: Quellen und Abkürzungsverzeichnis.
4. Die verwandten Statistiken werfen Widersprüche auf. Wie kann es sein, dass die SPD an Stimmen absolut gewinnt, relativ an Stimmen ein bisschen, aber an Abgeordneten dramatisch verliert? Das lenkt die Diskussion automatisch auf das absolute Mehrheitswahlrecht des Kaiserreichs inklusive der Stichwahlabkommen und der auf Volkszählungen aus den 1860er Jahren beruhenden Wahlkreiseinteilung.
5. Der Arbeitsauftrag ist klar und offen zugleich; er regt zum Selberdenken an.

Die Nachteile sind demgegenüber von geringem Gewicht:
1. Es gibt keinen Platz für Notizen mehr.
2. Der Terminus Bülow-Block ist auf dem Arbeitsblatt nicht erklärt und muss mündlich erklärt werden.

mation, der Glauben zu schenken ist. Und die dritte verbreitete, auch nicht sehr viel bessere Umgangsweise ist der Total-Relativismus a la „Ich glaube keiner Statistik, die ich nicht selber gefälscht habe".

Das ist nicht hilfreich. Denn Statistiken und Diagramme spielen eine große Rolle: Sie sind in tagespolitischen Auseinandersetzungen ein immer gern benutztes Argument, sie sind ein Kampfmittel, sie sind oftmals entscheidungsrelevant und sie sind natürlich auch interessante Informationen über Prozesse, die eben nicht mit dem ersten Blick zu erkennen sind. Der einzelne Verkehrsunfall verrät uns nichts darüber, ob eine Helmpflicht für Radfahrer/innen oder Benimmkurse für Autofahrer/innen nötig sind, eine Statistik könnte Auskunft geben.

Auch im Internet spielen Statistiken eine immer größere Rolle, gerade Visualisierungen statistischer Ergebnisse, die nicht die alten herkömmlichen Balken- oder Punktdiagramme sind, erfreuen sich großer Beliebtheit.[20]

Darum müssen Schülerinnen und Schüler lernen, mit Statistiken und Diagrammen selbstständig, kritisch und kreativ umzugehen. Dass die üblichen Tricks, mit Statistiken zu lügen (Unvollständige y-Achse, keine Werte auf der x-Achse, nicht bei null beginnen, Weglassen der Beschriftung, „Sehhilfen" in Form von nach oben oder nach unten zeigenden Pfeile, Weglassen von Zwischenwerten) thematisiert werden sollten, versteht sich fast von selbst. Die Mathe-Kolleg/innen könnten das zwar auch thematisieren; aber sie tun es häufig nicht, weil sie viel zu begeistert davon sind, Statistiken in Diagramme umzurechnen. Andere Fehler sind weniger augenfällig, auch weil sie z. B. in den Medien gern gemacht werden. Dass Wahlergebnisse erst dann aussagekräftig sind, wenn sowohl die absoluten, als auch die relativen Werte vorliegen, weil sich an der Prozentzahl alleine gar nichts ablesen lässt, ist nicht mal zu den Machern von Schulbüchern vorgedrungen – dass die Wahlbeteiligung immer eine absolut notwendige Angabe ist, wenn der Wahl mehr entnommen werden soll, als wer sie gewonnen hat, sei hier nur kurz vermerkt.[21]

Prinzipielle Skepsis ist allerdings bei allen Statistiken mit historischem Inhalt angebracht. Selbstverständlich gilt auch hier: Wer hat sie in Auftrag gegeben, welche Daten standen zur Verfügung, was sollte mit der Statistik beabsichtigt werden. Statistiken sind als Herrschafts- und Kontrollwissen in die Welt gekommen, das macht die Fragen „Welche Daten und Statistiken sind uns überliefert, welche haben spätere Forscher aufgrund welcher Quellen erstellt" so wichtig.

Und eine wichtige Frage berührt geradezu eine Schlüsselqualifikation für kritisches historisches Denken, nämlich die Frage nach Zusammenhängen. Eine Korrelation, also das statistisch auffällige gleichzeitige Auftreten von zwei Phänomenen heißt noch lange nicht, dass diese beiden tatsächlich zusammenhängen müssen, schon gar nicht, dass das

---

20 Vgl. die Seite www.informationisbeautiful.net.
21 Für historische Wahlergebnisse ist in Zukunft zu empfehlen: www.politikgeschichte.net

eine der Grund des andern wäre. Auch wenn in Dörfern mit vielen Störchen viele Kinder geboren werden, bringt der Klapperstorch bekanntlich nicht die Babies. Und wenn ein IQ-Test scheinbar wissenschaftlich beweist, dass Hautfarbe und IQ zusammen hängen sollen, dann ist nicht nur die Frage erlaubt, wer denn mit welchen Vorurteilen und Weltsichten und schichten- und milieuspezifischem Wissen den IQ-Test gemacht hat, sondern dann gehört das ganze Konzept einer unveränderlichen, vererbten „Intelligenz" auf den Tisch. Und all jene, die ihre Schwadronaden über Ausländerkriminalität mit Statistiken belegen wollen, müssten nicht nur erklären, was „Kriminalität" jeweils meint, ob es um rechtskräftige Verurteilungen oder Verdächtigungen geht, sondern natürlich auch, wer denn „die Ausländer", die da alle zusammen in einen großen Topf geworfen werden, genau sind. Und wo dann eine bestimmte Gruppe von Ausländer/innen tatsächlich häufiger gegen Gesetze verstoßen sollte, wäre nicht nur zu klären, ob Inländer/innen denn gegen diese Gesetze überhaupt verstoßen können – sondern auch, ob nicht die entsprechende Population vor allem aus Männern zwischen 20 und 50 besteht; einer Gruppe, die in allen bekannten Kriminalitätsstatistiken führend ist. Denn der Vergleich einer Komplettbevölkerung inklusive Babies und Greisen mit einer Gruppe, die eine andere Geschlechter- und Altersstruktur hat, wäre dann wenig erhellend und würde einen falschen Zusammenhang suggerieren. Zu Sarrazin ist vieles Gutes und Richtiges bereits gesagt worden.[22]

Man sieht schon: Dass Medium Statistik ist alles andere als langweilig und spröde. Das können Arbeitsblätter bei der Interpretation von Statistiken und Diagrammen leisten:

1. *Statistik- und Diagramminterpretation lernen und festhalten:* Wie bei Bildern und Karten kommt es auch beim schriftlichen Festhalten der Interpretation und Kritik darauf an, dass eben nicht nur eine Kompetenz an einem x-beliebigen Gegenstand geübt wurde, sondern dass diese Kompetenz benutzt wurde, um wichtiges Wissen für den Geschichtsunterrichts zu erschließen. Systematisches Erschließen, Quellenkritik, Fragen nach dem, was uns die Statistik oder das Diagramm gerade nicht zeigen, gehören notiert.

2. *Statistiken in Diagramme übersetzen, Diagramme in Statistiken übersetzen:* Die Transformation in unterschiedliche Zeichensysteme zwingt zur genaueren Beschäftigung, egal ob Text in Bild, Bild in Text oder eben hier statistische Daten in Diagrammen visualisiert oder Visualisierungen in Daten zurückübersetzt werden. Beides ist sinnvoll; es sollte aber immer nur der erste Arbeitsschritt sein, zu fragen, warum die Daten so sind wie sie sind, welche Ereignisse eine Rolle spielten und welche vielleicht eine Rolle spielen müssten.

3. *Verschiedene Diagrammformen für die gleiche Statistik ausprobieren und in ihrer visuellen Wirkung vergleichen:* Gerade zu Beginn der Auseinandersetzung mit diesem wich-

---

22 Eine ausführliche Kritik, die auch auf die Statistiken und ihre Ergebnisse eingehen, findet sich unter: www.heymat.hu-berlin.de/sarrazin2010/, zuletzt eingesehen am 11.6.2012.

tigen Medium sollten Schülerinnen und Schüler selber praktisch ausprobieren, wie durch eine bestimmte Visualisierung bestimmte Botschaften gesendet werden und andere unter den Tisch fallen. Das lässt sich prinzipiell gut damit verbinden, einige der üblichen Tricks selber anwenden zu lassen und die Schülerinnen und Schüler selber darauf kommen zu lassen, wo hier der Hase im Pfeffer liegt.

4. *Statistiken und Diagramme vertiefen und bestätigen:* Auch Statistiken und Diagramme können noch weitere Veranschaulichungen gebrauchen. Denn was in ihnen festgehalten wird, hat mit Menschen zu tun, die gelebt, geliebt, gelitten haben und gestorben sind; das Einzelschicksal, das in Statistiken subsumiert wird, macht vielleicht erst den ganzen Schrecken deutlich, der sich in dieser Statistik und dem schönen bunten Diagramm verbirgt. Bildquellen zeigen was, Karten wo etwas, Textquellen vielleicht wie etwas passiert ist, von dem die Statistiken und Diagramme in nobler mathematischer Abstraktion berichten. Treffsicher ausgewählt und in räumlicher Nähe zueinander können Bezüge hergestellt und festgehalten werden, die vielen Schulbüchern viel zu detailliert sind.

5. *Statistiken und Diagramme konterkarieren und kritisieren:* Und wie bei allen Medien des historischen Lernens ist natürlich auch bei Diagrammen und Statistiken Skepsis die erste Historiker/innenpflicht. Was über den Wert der deutschen Kolonien hinausposaunt wurde und was das Statistische Jahrbuch über den deutschen Außenhandel festhält, steht im Widerspruch und kann ein guter Anlass sein, sich mit der Frage zu beschäftigen, was das Deutsche Kaiserreich eigentlich mit seinen „Schutzgebieten" wollte. Grundsätzlich sollten solche Widersprüche nie nur so aufgelöst werden, dass die Statistik immer recht oder unrecht hat. Und selbstverständlich gehört es auch in den Geschichtsunterricht, Angaben zu vergleichen und nachzurecherchieren, Kritik an den Ausgangspositionen, Setzungen und Vorurteilen, die in eine Statistik eingegangen sind, zu üben und zu diskutieren, wo ein Diagramm oder eine Statistik eine bestimmte Sichtweise erzeugen will.

6. *Statistiken und Diagramme bearbeiten, ergänzen, verändern:* Das Schöne am Arbeitsblatt sind immer die handlungsorientierten Möglichkeiten. Nichts muss so hingenommen werden, wie es aus dem Kopierer gekommen ist, alles kann verbessert, überarbeitet, ergänzt werden, und zwar so, dass ein neues, bleibendes Produkt entsteht. Und das kann sogar Spaß machen.

Hoffentlich ist deutlich geworden: Auf Arbeitsblättern kann viel Gutes stehen, und durch die Präsentation auf einem Arbeitsblatt werden gängige Medien des historischen Lernens anders zugänglich. Im nächsten Kapitel soll es darum gehen, was Arbeitsblätter im Zusammenspiel mit Medien des historischen Lernens erreichen können, die selbst nicht auf dem Arbeitsblatt präsentiert werden können.

8. Zusammen geht's besser – Das Arbeitsblatt und seine Partner

In diesem Kapitel soll es darum gehen, was Arbeitsblätter im Zusammenspiel mit anderen Medien erreichen können. Es sei noch einmal betont: Arbeitsblätter können andere Medien nicht ersetzen, aber – richtig eingesetzt – sinnvoll ergänzen und helfen, ihr volles Potential zu entfalten. Sie können – falsch eingesetzt – dem Lernerfolg im Wege stehen, sodass es zur Impulsüberschneidung kommt, und die Möglichkeiten des Arbeitsblattes *und* seiner Partner verschenkt werden.

Damit das nicht passiert, muss eines klar sein: Kein Medium ist einfach nur neutraler Transporteur von Inhalten, der beliebig eingesetzt werden kann. Jedes Medium ist ein Mittel, aber die Mittel müssen auch zum verfolgten Zweck passen. Es macht schon Sinn, den Nagel nicht mit der Zange oder dem Schraubenzieher in die Wand zu hauen, sondern mit dem Hammer. Im Geschichtsunterricht geht es um Medien nicht als Kunstwerke, was viele von ihnen ja sind. Oder genauer: Nur insoweit als Kunstwerke, als der Charakter des Kunstwerks Einfluss auf die transportierten Inhalte nimmt – was er unweigerlich tut. Diese Reflexion ist aber etwas anderes als die Forderung, man möge z. B. Filme nur vollständig zeigen, damit sie ästhetisch angemessen gewürdigt werden können. Wie bei allen Quellen und Materialien, müssen auch Kunstwerke gekürzt, verkleinert und verändert werden, um sie für den Geschichtsunterricht nutzbar zu machen.

Wer allerdings nun erwartet, dass wir davor warnen, dass Medieneinsatz nicht „Selbstzweck" werden darf, wird zur Hälfte enttäuscht. Weil jedes Medium einen ‚Eigensinn' hat, der in seiner Transporteurfunktion nicht aufgeht und der respektiert werden muss, wenn er nicht den inhaltlichen Zielen dazwischen funken soll, ist der Einsatz von Medien in zweifacher Hinsicht doch ein Zweck an sich selbst.

Zum einen müssen alle, die lehren, lernen mit diesem Eigensinn umzugehen. Und selbst die gelungensten Bücher können das nur vorbereiten, gemacht werden muss es dann doch irgendwann.

Zum anderen: Jenseits jener schön wolkigen „Medienkompetenz", müssen Schülerinnen und Schüler in einer immer weiter medialisierten Welt für die Zumutungen und

Chancen der jeweiligen Medien sensibilisiert werden. Ganz historisch: Wie sollen sie sonst die Geschehnisse in einer Welt begreifen, in der es statt MP4-Player Grammophone und statt GPS nur Stadtpläne gab und die Sache mit der runden Erde nur eine erfahrungsgestützte Hypothese anderer Leute war? Und das wird mindestens erleichtert, wenn durch den Einsatz der unterschiedlichsten Medien die Erfahrungsmöglichkeiten dieser Medien ausgelotet werden, wobei das komplexe Wechselspiel von Form und Inhalt thematisiert werden muss. Und dabei sollten eben auch scheinbar veraltete Medien benutzt werden, weil sonst die Unterschiede gar nicht klar werden. Wir haben selten Schülerinnen und Schüler so konzentriert arbeiten sehen, als wenn sie versucht haben, mit angespitzten Gänsekielen ihre Namen in karolingischen Minuskeln zu schreiben (wenn auch zugegebenermaßen nicht auf Pergament, wie sich das eigentlich gehört hätte).

Alte Medien haben eine eigene Aura – die sie früher, als sie modern waren, übrigens nicht hatten – und die sich im Geschichtsunterricht entfalten sollte. Es gibt Medien, die sind heute aufgrund des Arbeitsaufwandes wohl kaum mehr zumutbar (Diaprojektor, 16-mm-Film, Tonband), andere Medien sind – eine der wenigen positiven Begleiterscheinungen der Unterfinanzierung des öffentlichen Bildungswesens und der Überalterung der Lehrerkollegien – immer noch verfügbar (Plattenspieler, Kassettenrecorder, Videorecorder). Sie sollten ruhig genutzt werden, schon wegen ihres mittlerweile exotischen Charakters für Schülerinnen und Schüler. Lehrer/innen sollten vor allem bedenken, dass Mediennutzung und Medienrezeption generationsspezifisch sind. Wo die Schulwandkarte bei 60-Jährigen ungute Erinnerungen und bei 40-Jährigen mühsam unterdrückte Gähnkrämpfe auslöst, finden 20-Jährige die Dinger „irgendwie gar nicht so übel"[1] und die Post-Facebook-Generation wird vielleicht ihren altmodischen Charme genießen – wenn wir sie ihr nicht durch langweiligen Einpaukunterricht verekeln.

Übrigens: Auch heute (noch) gängige Medien, wie Kreidetafel und Tageslichtschreiber, sollten nicht leichtfertig von technischen Innovationen wie interaktiven Whiteboards verdrängt werden.

Wir sind überzeugt, dass dieses Lernen und Üben mit Medien des historischen Lernens und auch mit historischen Medien historischen Lernens ein notwendiger Bestandteil von gutem Geschichtsunterricht ist. Zeit? „O mei, die Zeit, die musst Dir nehmen, sonst hast ja keine" (Gerhard Polt)[2].

Damit wir es nicht bei jedem Medium extra hinschreiben müssen, sei es an dieser Stelle für alle noch einmal wiederholt: Jeder Bestandteil eines Arbeitsblatts verdient einen Arbeitsauftrag, der ihn zumindest einbezieht oder sich auch nur auf ihn bezieht. Rein illustrative Ergänzungen sind sinnlos verwandter Platz.

---

1   Zitat eines Studierenden bei einer Übung.
2   Zit. n. Süddeutsche Zeitung v. 7. 5.2012, S. 11: „Ja mei" von Axel Rühe.

Zuhören, mitschreiben, nachdenken – Audioquellen und andere Tondokumente

Was uns gleich zum Plädoyer für eine Quellenart bringt, die durch die vereinfachte Digitalisierung eine Blüte erleben müsste, aber vielen als hoffnungslos veraltet gilt: Die Audioquelle. Tonaufnahmen[3] gelten heute vielen als Filme, die leider kein Bild haben und wo eine gute Tonaufnahme und ein schlechtes Youtube-Video zur Verfügung stehen, glauben immer noch viele Lehrer/innen, die bewegten Bilder seien dem reinen Hören hoffnungslos überlegen.

Dagegen wollen wir – ohne Filme als Medium des historischen Lernens abzuwerten – ein paar Argumente vorbringen. Zunächst ganz einfach: Historisches Lernen sollte nach Möglichkeit mit allen[4] Sinnen stattfinden – aber nicht notwendig mit allen Sinnen gleichzeitig. Das Hören ist gegenüber dem Sehen ein eigenständiger und wichtiger Aufnahme- und Verarbeitungsmodus, der freilich geschärft gehört. Und hier kann das Bild oftmals sogar ablenkend wirken; darum gibt es gute Gründe dafür, selbst da, wo Bildaufnahmen vorhanden sind, auf diese zu verzichten und ausschließlich die Tonspur zu verwenden.

Youtube, myvideo und ähnliche Webseiten sind mittlerweile, wie Jens Christian Rabe es in der Süddeutschen Zeitung so schön formulierte, zu dem gültigen, wenn auch etwas chaotischen Gedächtnis der Menschheit geworden. Wo dort historische Aufnahmen zugänglich sind und nachträglich mit Bildern unterlegt werden, die mehr oder weniger gut dazu passen, empfiehlt sich fast immer der Verzicht auf die Bildspur. Selbst wo die Bilder mehr oder weniger historisch passend *wirken*, müssen sie es noch lange nicht sein, und Quellenangaben sind ja generell Mangelware auf diesen Webseiten. Ob ein Tondokument ohne Quellenangabe überhaupt verwendet werden sollte, ist eine schwierige Frage – wissenschaftlich gesehen schwierig bis unzulässig, didaktisch zweifelhaft (wird häufiger genutzt, entspricht aber nicht wissenschaftlichen Standards), methodisch eventuell vorteilhaft (bessere Qualität als andere Version) und pragmatisch hilfreich (leicht erreichbar).

MP4-Player, Hörbücher, die Vielzahl von Radiostationen zeigen jedenfalls, dass das Zeitalter des Hörens nicht vorbei ist; also die Medienkompetenz auch in diesem Bereich zu fördern ist.

---

3   Zur Terminologie und zu Typisierung vgl. Wunderer: Tondokumente, Klenke: Musik.
4   Wobei der Geruch, als einer der intensivsten und unmittelbarsten Sinneseindrücke aus vielen Gründen im Unterricht immer nur eine randständige Rolle spielen wird – wiewohl der Braunkohle-Geruch sicherlich eine wichtige Form war, wie Westdeutsche die DDR sinnlich als anders wahrgenommen haben.

Audioquellen liegen in vielfacher Weise vor. Vor allem politische Reden sind zahlreich überliefert, seit es den Rundfunk gibt.[5] Neben den politischen Kampfliedern, sind auch Schlager großartige Quellen. Lässt sich heute ein Schlager mit der Liedzeile „Ich lass die Arbeit Arbeit sein/und pfeif auf den Gewinn" vorstellen? Natürlich dürfen aber diese Produkte einer Kulturindustrie nicht einfach für bare Münze genommen werden, sondern müssen wie jede Quelle auf ihre Repräsentativität hin befragt werden. Zeitzeugeninterviews liegen zum Teil als Ton-, zum Teil aber auch als Filmdokumente vor.

Es lohnt sich, historische Audioquellen von Audioquellen mit historischem Inhalt zu unterscheiden, und hier gleich eine Abwägungsfrage zu entscheiden: Viele Lieder und Musikstücke liegen uns nicht als Originale vor, weil es zum Entstehungszeitpunkt keine Möglichkeit der Aufzeichnung gab, für manche Lieder wissen wir weder Autor noch Entstehungszeitpunkt. Z. T. aus ganz nachvollziehbaren Gründen, wer weiß was dem Autor von „O, König von Preußen" wohl passiert wäre oder eventuell sogar passiert ist. Wo Noten und Text historisch überliefert sind, produziert ihre Interpretation durch heutige Sänger und Musiker eine hybride Quelle für die damalige Zeit. Aus geschichtsdidaktischem Purismus auf diese zu verzichten, wäre nicht sinnvoll, weil es eine Vielzahl von durchaus aussagekräftigen Quellen aus dem Geschichtsunterricht ausschließen würde. Nachgesprochene Reden sind demgegenüber fragwürdig. Sofern es zumindest der Redner selber ist, wie z. B. bei der Rede Wilhelm II. zum Kriegsausbruch 1914 oder der von Phillip Scheidemann zur Ausrufung der Republik,[6] mag es hingehen wegen der Aura der Stimme und der Nähe zum Entstehungszeitpunkt – auch wenn alles, was diese Reden im Entstehungskontext ausgemacht hat (Begeisterung des Redners, Publikumsreaktionen), notwendig verloren geht. Vorgelesene Quellen, wie z. B. die Sammlung von deutschen und französischen Soldatenbriefen, sind noch problematischer, weil diese Quellen ja eigentlich Schriftquellen sind und übrigens auch als diese gedacht waren (selbst wenn sie hier und da vorgelesen worden sein sollten). Nur wenn die Quellen nicht anders oder besser zu bekommen sind, lässt sich das diskutieren, allerdings ist dann die konkrete Umsetzung durch Sprecher/innen und Sänger/innen zunächst bedeutungslos.[7] Für langweilige Zug- und Autofahrten und ausgedehnte Gartenarbeiten haben moderne Nachfahren von Lehrschallplatten, auf denen Audioquellenschnipsel mit langem Autorenkommentar versehen wurden, sicherlich ihre Berechtigung – im Geschichtsunterricht haben hingegen CDs von Magazinen, die unter „Geschichte zum Hören" angepriesen

---

5   Auf die verschiedenen Probleme hat Wunderer: Tondokumente, S. 106 treffend hingewiesen.
6   Beide Reden wurden später in Studios nachgesprochen und aufgezeichnet, bei Scheidemann als Teil eines längeren Vortrags über die Geschehnisse im November 1918/1919.
7   Bedeutung würde sie nur dann gewinnen, wenn es um die Interpretation als Quelle für die geschichtskulturelle und -pädagogische Deutung eines Ereignisses oder Sachverhaltes ginge – allerdings gibt es für solche Fragen aussagekräftigere und einfacher entschlüsselbare Quellen.

werden, eigentlich nichts zu suchen. Sie sind nur verkleidete Lehrvorträge, ohne all die Vorzüge, die ein Lehrvortrag hat. Auch Hörspiele mit historischen Inhalten fallen unter dieses Verdikt[8], sofern nicht Schülerinnen und Schüler auf der Grundlage von Quellen (!) selber ein Hörspiel verfasst haben und aufführen oder aufnehmen – was sehr spaßig und gehaltvoll sein kann, aber natürlich keine Audioquelle hervorbringt, letztlich ein aufgenommenes Rollenspiel ist und in die Abteilung Ergebnissicherung bzw. Schüler/innenreferat gehört.

Dieser lange Vorspann hat damit zu tun, dass wir dafür plädieren, Audioquellen – und dieses Plädoyer wird sich bei jeder Quellenart und jedem Medium, letztlich bei jedem Arbeitsmittel wiederholen – in ihrer Eigenart ernst zu nehmen, also nicht nur auf den gesprochenen Text zu achten, sondern auch darauf, wie er gesprochen und unterbrochen wurde, was für Nebengeräusche auftauchen, wie der Ort hörbar wird usw.

Und nun wird es paradox: Wir behaupten, dass dies am Besten gelingt, wenn der Text nicht mühsam entschlüsselt werden muss, sondern als Arbeitsblatt vorliegt. Egal ob Rede oder Lied – zumeist ist die Tonqualität nicht so, dass durch bloßes Zuhören sich alle Wörter unmittelbar entschlüsseln lassen, beim Lied kommt noch hinzu, dass Gesang Wörter verbindet und zu einer Einheit verschmelzen lässt, und damit die Identifikation einzelner Wörter zusätzlich erschwert. Da die Schülerinnen und Schüler wissen, dass es im Geschichtsunterricht dann doch zumeist um den Text geht, werden sie sich mühsam darum kümmern, alle Wörter genau zu verstehen – und damit ist ihr Fokus weg von alledem, was ein Tondokument außer dem gesprochenen und gesungenen Wort noch ausmacht. Damit nicht einfach nur der Text mitgelesen wird, sollten eigentlich immer Beobachtungsaufgaben gegeben werden. Das kann pauschal das Notieren von Eindrücken sein, wenn es denn um den ersten Eindruck geht. Das macht in der Regel nur Sinn, wenn damit auch etwas gemacht werden soll – z. B. die fröhliche Musik mit dem mörderischen Text von „Unsere Fahne flattert uns voran" zu kontrastieren. Die vielfach vorgeschlagenen Polaritätsprofile[9] können ein anderer Weg sein, der einerseits struktu-

---

8   Die entgegengesetzte Position vertritt Sydow: Hörspiel. Wir teilen freilich ihre Ausgangsthese nicht, dass Geschichte „wie kein anderes Unterrichtsfach auf jede Möglichkeit der Vergegenwärtigung, Verlebendigung und Illustration seiner realitätsfernen (sic!) Inhalte angewiesen ist" (Sydow: Hörspiel, S. 515), sondern beharren darauf, dass das Fach Geschichte sehr viele gute Möglichkeiten gerade in seinen ziemlich realitätshaltigen Inhalten hat. Wohl ist es unwahrscheinlich, dass heutige Schüler/innen historische Hörspiele mit Audioquellen verwechseln, also Fiktion für Realität halten. Sehr wahrscheinlich ist aber, dass sie dieser – vom Lehrer eingesetzten – mehrstimmigen Erzählung genauso Glauben schenken, wie sie es auch beim Lehrvortrag, dem Darstellungstext im Schulbuch und sonstigen Meistererzählungen nicht tun sollten. (Sydow referiert diese Kritik, ohne auf sie inhaltlich einzugehen).

9   Vgl. Klenke: Musik, 445; ein Polaritätsprofil für Reden, über dessen Sinnhaftigkeit sich trefflich streiten lässt, findet sich auch bei Tischner: Reden.

riert, andererseits aber auch viel vorgibt und nur zu Quasi-Benotungsentscheidungen führen kann.

Aber widerspricht ein solches Vorgehen nicht der geforderten Konzentration auf das Hören? Lenkt das Lesen nicht vom Hören ab? Das ist nicht von der Hand zu weisen, aber wir würden neben dem bereits gebrachten Argument – unverständlicher Text lenkt noch mehr ab – auch noch pragmatisch antworten: Im seltensten Fall gibt es im Geschichtsunterricht genug Zeit, ein Tondokument zweimal abzuspielen. Darum sollten Hören und Textbe- und -erarbeitung Hand in Hand gehen. Wo keine Zeitknappheit besteht, spricht nichts dagegen, mag es sogar vorteilhafter sein, die Schülerinnen und Schüler zunächst die Augen schließen zu lassen und ihnen die Rede oder das Lied vorzuspielen, dann die Eindrücke zu sammeln und zu ordnen, um dann noch einmal anhand von Text und Ton diese Eindrücke zu überprüfen, Fragen zu klären, neue Fragen aufzuwerfen und zur inneren und äußeren Quellenkritik überzugehen. Aber wann hat man schon so viel Zeit?

Es versteht sich von selbst, dass ein Arbeitsblatt, auf dem ein Lied- oder Rede- oder Gesprächstext abgedruckt ist, alle formalen Voraussetzungen, die wir in den vergangenen Kapiteln dargestellt haben, genügen muss. Und Vorsicht: Gerade bei Liedern, aber auch bei Reden weicht der geschriebene vom gehörten Text oftmals ab.[10] Ist das so, sollte das auch angesprochen werden, einerseits um die Schülerinnen und Schüler nicht zu verunsichern („habe ich das falsch gehört?"), andererseits um Genauigkeit einzuüben. Gerade das Internet, das mit copy und paste dazu einlädt, den Text nicht abzutippen, ist voller Fehler und Abweichungen. Darum sollte nicht nur immer die genaue Quelle des Tondokuments, sondern auch des Textes angegeben und beides immer noch einmal abgeglichen werden.

Was lässt sich nun mit einem Tondokument im Zusammenspiel mit einem Arbeitsblatt im Geschichtsunterricht machen?

1. *Das Tondokument sichern und analysieren:* Natürlich kann ein Arbeitsblatt nur den Text des Liedes oder der Rede, das Entstehungsjahr, die Quelle von Text und Tondokument und die Arbeitsaufträge enthalten. Von der Lerngruppe und ihren musikalischen Qualifikationen hängt es ab, ob es Sinn macht, die Noten eines Liedes mit anzugeben.[11] Sind nur Beobachtungsaufträge zu erfüllen, sollten diese während zugehört werden soll, zunächst rein reproduktiv sein. Ist das Tondokument glücklich

10 Neben Hörfehlern hat dies auch damit zu tun, dass Redner/innen oftmals ihren Text nachbessern und es bei Liedern zudem aufgrund der längeren nicht-schriftlichen Überlieferung vielfältige, z. T. regionale Versionen gibt.
11 Vgl. Klenke: Musik, S. 446: „Im Geschichtsunterricht wird man bei der musikalischen Analyse eines Liedes auf Notenkenntnisse verzichten können". Wo sie aber vorhanden sind, sollten sie genutzt werden.

zu Gehör gebracht, sollten dann aber analytischere Aufgaben folgen. Noch empfehlenswerter ist ein Hörprotokoll: Schülerinnen und Schüler sollen vermerken, wo der Redner unterbrochen wird und wodurch (Applaus, Buhrufe), wo die Stimme erhoben und gesenkt wird, welche rhetorischen Mittel benutzt werden – bzw. wo der Gesang kräftiger oder schwächer, schneller oder langsamer wird, wann welche Instrumente einsetzen usw. In jüngeren Klassen mag es sinnvoll sein, eine Legende vorzugeben, also bestimmte Symbole oder Farben festzulegen. Ein solches Hörprotokoll muss nun nicht minutiös im Klassenverband abgeglichen werden, hier reicht es, wenn die Nachbarn es miteinander kurz vergleichen – oder sogar miteinander tauschen. Wichtiger ist ja sowieso, was uns diese Informationen über die Rede, das Gespräch oder das Lied verraten, und hier wäre ein gemeinsames Fazit z. B. in Form einer Sammlung der Eindrücke an der Tafel sinnvoll. Besser wäre es aber noch, zusätzliche Quellen – und zwar sowohl bestärkende, als auch kontrastierende – anzubieten und zusätzlich zu bearbeiten.

2. *Das Tondokument erweitern und vervollständigen:* Nicht nur der Text der Rede oder des Liedes, sondern auch verschiedene Versionen oder zusätzliche Strophen, in der Aufnahme vielleicht fehlende Teile haben auf dem Arbeitsblatt ihren Platz. Gerade bei Liedern gibt es verschiedene Versionen und Strophen, die deutsche Übersetzung der „Internationale" verzichtet auf die Übersetzung bestimmter französischer Strophen. So etwas ist spannend und erkenntnisfördernd!

3. *Das Tondokument vertiefen:* Sichtweisen, Ereignisse, Sachverhalte und Themen, die in der Rede oder dem Lied angesprochen werden, können auf dem Arbeitsblatt ausführlicher behandelt werden: Singt eine Gruppe aus der DDR von dem „hohen Fernsehturm" oder „von dem Lehrer, der erst lernen musste" sind zusätzliche Informationen zum Berliner Fernsehturm im Vergleich zu anderen zeitgenössischen Fernsehtürmen oder über die „Neulehrerbewegung" vielleicht nicht fehl am Platze. Spricht Martin Luther King von dem Gouverneur von Alabama „having his lips dripping with the words of interposition and nullification"[12], dann wäre es ja nicht schlecht zu wissen, was dieser Mann genau gesagt hat. Das kann ein Informationstext mit Quellenangabe sein – darf aber auch gerne eine Quelle, auch mit Quellenangabe, werden.

4. *Das Tondokument ergänzen:* Sichtweisen, Ereignisse, Sachverhalte, Themen, die im Tondokument nicht vorkommen, können angesprochen werden und das Bild vervollkommnen und die Aussagen der Rede oder des Liedes belegen oder relativieren.

5. *Das Tondokument mit einem anderen vergleichen.* Mut zum zweiten Tondokument: Die Gegenüberstellung vom Aufbaulied der FDJ mit dem Lied „Das weiße Band" aus der DDR mit ihren Widersprüchen und Konflikten macht nicht nur den Unter-

---

12 Kriy: Dream, S. 105.

schied zwischen Propaganda und Realitäten deutlich, sondern auch den historischen Wandel. Ein Vergleich von Liedern der FDJ und der Hitler-Jugend wird gewisse Gemeinsamkeiten, aber auch viele interessante und diskussionswürdige Unterschiede aufzeigen, z. B. das weitgehende Fehlen der sehnsüchtigen Todesbeschwörung und die schon fast emphatische Lebensbejahung der Lieder aus der DDR. Inspirierend ist natürlich auch der Vergleich des westdeutschen „Pack die Badehose ein" mit der DDR-Propaganda-Parodie. Auch ein Vergleich von ost-und westdeutschen Radionachrichten über den 17. Juni oder den 13. August ist sicherlich erhellend. Der Vergleich muss aber nicht in der gleichen Sparte bleiben.

6. *Das Tondokument hinterfragen und kritisieren:* Das gehört zum Arbeitsblatt dazu: Quellen und Sachtexte mit Interpretationen, die einen anderen Schwerpunkt haben; Bilder, die nicht zum Tondokument passen, Statistiken, die konträr zum Tondokument stehen usw. Wird in einem Lied behauptet „Ebert, der helle, der Sattlergeselle" habe „Wilhelm, dem doofen" die Krone „jeklaut", mag ein Bericht darüber, wie ärgerlich Ebert über die Ausrufung der Republik durch Scheidemann war, noch einmal einen anderen Blick auf die Anfänge der Weimarer Republik erlauben. Und selbstverständlich ist es auch lehrreich, direkt entgegengesetzte Bewertungen, Karten und Statistiken, die im Widerspruch zu dem stehen, was die Rede oder das Lied behauptet, Kritiken an gängigen Deutungen (z. B. Hitler toller Rhetoriker usw.) auf einem Arbeitsblatt zu präsentieren und damit die Diskussion zu befeuern, was denn nun stimmt, wem was warum geglaubt werden kann.

7. *Das Tondokument kontextualisieren,* z. B. mit Berichten über Wirkung der Rede, Entstehungs- und Wirkungsgeschichte von Liedern usw.

Glotzt nicht so sachbezogen – Filme und Arbeitsblätter im Geschichtsunterricht

Für die Verwendung von Filmen[13] jeglicher Art im Geschichtsunterricht müssen wir heute keine Lanze mehr brechen. Es besteht kein Zweifel mehr, dass Filme im Geschichtsunterricht eingesetzt werden können und müssen. Auch die – noch immer übliche – Praxis, Filme als Belohnung, Vertretungsstundenfüller und Vor-Ferienprogramm einzusetzen, ist mittlerweile so ins Gerede gekommen, dass wir sie in diesem Buch nicht kritisieren müssen.

Wozu der Filmeinsatz freilich dient, ist keineswegs eindeutig: Versprechen sich die einen eine Effektivierung des Unterrichts, hoffen andere darauf, die nötige Medienkom-

---

13 Zur Typisierung und zu den Unterschieden vgl. auch: Schneider: Filme und in kritischer Distanz zu Schneiders Ausführungen Näpel: Filme.

petenz zu vermitteln, um dem vielfältigen historischen Illusionstheater nicht unkritisch zu verfallen.

„[D]er Film ist Darstellung und Mittel zur Erarbeitung einer Frage"[14] mahnte schon 1967 Gerhart Binder, und das gilt für alle Filmgattungen. Auch das historische Filmdokument, also die nicht oder zeitgleich kommentierte „Original"aufnahme[15], zeigt natürlich nicht, „wie es wirklich war", sondern nur eine Perspektive auf Geschehnisse, und das gilt noch mehr für Dokumentar- und Unterrichtsfilme, historische und aktuelle Spielfilme mit historischem Inhalt. Egal wie wirkungsmächtig bestimmte Fantasy-Filme wie z. B. Herr der Ringe, Tintenherz usw. auch für bestimmte Geschichtsbilder sein mögen – sinnvoll im Geschichtsunterricht ist nur ein Einsatz von Filmen mit bestimmbaren Realitäts(verarbeitungs)anteil.

Jede Filmgattung hat ihre Vorzüge und Probleme.

Dokumentarfilme zeigen Bilder einer Epoche und haben einen Erzählertext, der diese Bilder sinnvoll einordnet. Einerseits. Andererseits erzeugen sie mit bearbeiteten Originalaufnahmen die Aura der unhinterfragbaren Quelle, die zusammen mit der allwissenden Erzählerstimme die historische Wahrheit zu berichten vorgibt. Das ist nicht nur dann problematisch, wenn – wie so oft – für die Bilder keine Quellenangabe vorliegt und wir darauf vertrauen müssen, dass uns nicht Bilder aus ganz anderen Kontexten untergejubelt werden. *Unterrichtsfilme,* also geschichtsdidaktisch für den Unterricht aufbereitete Dokumentarfilme, sollten zumindest in dieser Hinsicht vertrauenswürdig sein – aber Misstrauen ist die erste Historiker/innenpflicht. Gerade wegen ihres nahezu amtlichen Charakters sollten Schülerinnen und Schüler dafür sensibilisiert werden, dass natürlich auch diese Filme nicht nur Kinder ihrer Zeit sind, sondern auch bestimmte Tendenzen haben und eine bestimmte Sichtweise auf historische Ereignisse und Sachverhalte durchsetzen wollen, und dafür bestimmte Quellen auswählen und andere ignorieren. Hier könnte z. B. das Zeigen von Unterrichtsfilmen aus den 1950er, 1970er und 1990er Jahren zum gleichen Thema im Kontrast zueinander hochinteressant sein, und ein Arbeitsblatt, das die Aussagen zu bestimmten Themen tabellarisch gegenüber stellt, könnte einiges an Zugewinn historischer Erkenntnis bringen.[16]

Historische *Spielfilme* oder aktuelle Spielfilme mit historischem Inhalt wollen *eine,* nicht *die* Geschichte erzählen, die mehr oder weniger Realitätsanteil hat. Spielfilme sind häufig gut gemacht, spannend, aufwändig in Kostümen und Bauten (bzw. gut gemachter Computersimulation), sie sind den Schülerinnen und Schülern zudem als Medium

---

14 Binder: Widerstand, S. 6
15 Es gibt nur wenige Aufnahmen, die nicht zumindest im Studio geschnitten wurden.
16 Ein solches Vorgehen sollte allerdings vorher angekündigt werden – ansonsten klagen Schülerinnen und Schüler gerne und schnell über Einfallslosigkeit, wenn in drei Stunden hintereinander Filme gekuckt und diese analysiert werden.

gut vertraut.[17] Sie sind freilich ein Produkt, das sich verkaufen und nicht wissenschaftlich Eindruck machen soll und so sind sie auch konzipiert. 1. Sie können keinen Mut zur Lücke haben – wie würde es aussehen, wenn in einem Film über das antike Karthago zwischendurch lauter schwarze Löcher wären, „nur" weil wir keine Quellenüberlieferung haben, wie die dortigen Gebäude ausgesehen haben? 2. Sie müssen dem vermutlichen oder vermeintlichen Publikumsgeschmack entgegenkommen, also auch den von der Filmindustrie geschaffenen Seherwartungen des Publikums genügen – auch hier spielen Konvention und Tradition des Films eine größere Rolle als der Fortschritt der wissenschaftlichen Erkenntnis. Darum ist 3. der „visuelle Imperialismus" – die Überlagerung und das Überspielen der Bilder im Kopf durch die Bilder des Films – auch ein größeres Problem als bei Originalaufnahmen, die ja zumindest teilweise korrekt sind. Diese vorbewussten Formen der Beeinflussung sind fast wichtiger als das 4. immer Fiktion, Fakten, Fehler und Vermutungen bunt gemischt, verkürzt, dramatisch zugespitzt und mit – häufig nicht epochengemäßer – Musik unterlegt werden, um eine Geschichte zu erzählen, die zumeist auch noch eine Moral oder Botschaft hat, die sich an das jeweilige Publikum richtet – unabhängig davon, ob die historischen Ereignisse das hergeben oder nicht.[18] Dass thematisch 5. zumeist männliche Helden große Taten in Krieg und Politik begehen, ist durch den Einsatz von bestimmten Filmen steuerbar und selber thematisierbar. Dass 6. moderne Filme seit der Jahrtausendwende verstärkt versuchen, diese Klischees zu durchbrechen und darum weibliche und/oder nicht-europäische Held/innen mit ins Spiel bringen, auch wo es dafür keine gesicherte Überlieferung gibt, muss kein Nachteil sein, wenn darüber diskutiert wird, wo diese political correctness eventuell sogar näher an der Wahrheit ist, als die Klischees aus 120 Jahren Spielfilm und 200 Jahren Geschichtswissenschaft – und wo sie es mit ziemlicher Sicherheit nicht ist.

Die alte Debatte, ob ein Film nur ganz oder auch auszugsweise gezeigt werden kann, halten wir für entschieden. Einen Film als Ganzes zu zeigen, ist im Geschichtsunterricht nicht praktikabel und auch eher unnötig. Es geht nicht um das Kunstwerk. Natürlich sollte der Film nicht nur ein oder zwei Minuten gezeigt werden, und zumindest der Lehrer oder die Lehrerin sollte den Film ganz gesehen haben – und sich gründlich überlegen, ob sie den Film tatsächlich als Medium einsetzen möchte, oder als illustrierende Bild-Geräuschkulisse für ein Lernziel. Genau wie beim Kürzen einer Quelle muss beim Zeigen von Ausschnitten eines Films bedacht werden, dass das Medium nicht so zugerichtet wird, dass nur noch die Antworten auf die gestellten Fragen dabei herauskommen, sondern dass eine eigenständige Auseinandersetzung möglich ist.

---

17 Näpel hat freilich einige Zweifel daran aufgeworfen, dass Kinder und Jugendliche bereits zu den Konsument/innen von Spielfilmen mit historischem Inhalt gehören (Näpel: Film, S. 149).

18 Ausführlich zu den Problemen Schneider: Filme, S. 387, Näpel: Film, S. 158 ff.

Das Unterbrechen von Filmen ist sicherlich sehr unbeliebt, bei all jenen, die den Film gern konsumieren wollen. Da es darum im Geschichtsunterricht nicht geht, ist das irrelevant. Wo es für die Analyse sinnvoll ist, um z. B. auf ein bestimmtes Detail aufmerksam zu machen, dass nur kurz gezeigt wird, ist es selbstverständlich didaktisch und methodisch völlig legitim zu unterbrechen – und, auch sehr unbeliebt, im Zweifelsfall die Szenen zu wiederholen. Elektronische Tafeln bieten hier bereits einige Möglichkeiten an, und wo es möglich ist, ein kleines Detail zu vergrößern, kann das für die Arbeit mit dem Film nur gut sein.

Das kann das Arbeitsblatt im Geschichtsunterricht für den Filmeinsatz leisten:

1. *Den Film sichern und analysieren:* Um die Aufmerksamkeit zu lenken, und zu verhindern, dass Schülerinnen und Schüler in die übliche Konsumentenhaltung verfallen, ist es *immer* sinnvoll Beobachtungsaufgaben zu geben, die schriftlich in Stichpunkten zu machen sind. Um die Sache zu erleichtern, kann es sinnvoll sein, Screenshots oder Szenenfotos einzufügen, als visuelles Signal, auf welche Szene sich welche Beobachtungsaufgabe bezieht. Das ist das einzige Mal, wo wir ein Bild in so einer – letztlich doch illustrativen – Funktion sinnvoll finden. Um es Schülerinnen und Schülern zu erleichtern, sollten die Beobachtungsaufgaben auch in der Reihenfolge gestellt werden, in dem die Ereignisse oder Personen im Film auftauchen. Wo Sachen permanent ergänzt werden müssen, weil sich der Beobachtungsauftrag auf den ganzen Film bezieht, sollte dies vorher angesagt werden. Damit der Film als Lichtquelle funktioniert, sollte das Licht aus sein. Darum muss vor dem Filmstart Zeit sein, sich kurz das Arbeitsblatt mit seinen Aufgaben anzusehen und durchzulesen, damit die Schülerinnen und Schüler wissen, worauf sie achten sollen. Eine komplette Verdunkelung ist übrigens nicht zu empfehlen, wenn gleichzeitig geschrieben werden soll. Ansonsten gilt das gleiche wie für das Tondokument: Die Beobachtungsaufgaben während des Films sollten reproduktiv sein und Eindrücke festhalten, mit denen nach dem Filmende analytisch gearbeitet werden kann.

2. *Den Film erweitern:* Das wird nur selten sinnvoll oder nötig sein, aber wenn im Film eine Quelle gekürzt oder verändert vorkommt, oder z. B. sich an einem Bild orientiert wurde, von dem es auch andere Versionen gibt, mag es hin und wieder erkenntnisfördernd sein, dies zu ergänzen. Z. B. wird das Dictatus papae in der Canossa-Folge von „Die Deutschen" nicht vollständig dargeboten, hier ließe sich z. B. ein Hörprotokoll durchführen – welche Punkte werden im Film genannt, welche nicht, um später darüber zu diskutieren, inwieweit diese Kürzungen zu rechtfertigen sind.

3. *Den Film erläutern und vertiefen:* Das wird – egal ob es ein Spielfilm oder ein Unterrichtsfilm ist – häufig sinnvoll sein. Kurz werden Namen oder Ereignisse genannt oder auf Sachverhalte angespielt, die für den Film nicht, für den Geschichtsunterricht aber durchaus von Bedeutung sind. Letztlich handelt es sich dabei um eine Art Glos-

sar zum Film, das genauso sinnvoll sein kann, wie bei einem Text, nur dass es hier über die bloße Erklärung des Wortes hinausgehen sollte. Es kann ein Informationstext sein, aber natürlich auch eine Quelle. Wichtig ist zu entscheiden, ob der Film ohne die erläuternden oder vertiefenden Informationen gut verständlich ist – ist das nicht so, mag es hilfreich sein, die Texte vor dem Film zu lesen. Denn im Gegensatz zum Hören ist gleichzeitiges Lesen und Film-sehen nicht sinnvoll. Sollen Begriffe oder Sachverhalte durch Lehrvortrag, fragend-entwickelnden Unterricht oder vielleicht sogar Schüler/innenreferate ergänzt werden, sollten diese Begriffe auf dem Arbeitsblatt auftauchen, mit genügend Platz, um die zusätzlichen Informationen festzuhalten.

4. *Den Film ergänzen:* Jeder Film lebt von Verkürzung. Dass bestimmte Sichtweisen, Ereignisse, Sachverhalte oder Themen im Film nicht vorkommen, ist dem Medium schon fast selber geschuldet. Diese sollten angesprochen werden und können das Bild, das der Film zeigt, vervollkommnen oder relativieren. Und natürlich ist die Diskussion am Platze, warum diese ergänzenden Informationen nicht zum Filminhalt geworden sind, wofür es gute und weniger gute Gründe geben mag.

5. *Zwei Filme vergleichen:* Genau wie beim Tondokument können auch zwei Filme oder Filmausschnitte miteinander verglichen werden. Wer schon einmal Unterrichtsfilme über den Nahostkonflikt gezeigt hat, weiß, wie notwendig es ist, verschiedene Filme zu zeigen, da dieses Thema offensichtlich stark zum Meinen und wenig zum Differenzieren einlädt. Macht ja nichts, solange unterschiedliche Positionen pro-israelische wie pro-palästinensische und vielleicht auch noch ganz andere zu Wort kommen und auch die eigene Positionierung hinterfragt wird. Aber auch Unterrichtsfilme aus den 1950er und 1970er Jahren, oder die Gegenüberstellung von Tagesschau und Aktueller Kamera sind überaus lehrreich. Auch hier können Screenshots einen guten visuellen Anker bilden und haben darum eine Funktion.

6. *Den Film hinterfragen und kritisieren:* Und auch bei diesem Medium – nein, ganz *besonders* bei diesem Medium, das das Potential hat, seine Zuschauer gefangen zu nehmen – haben selbstverständlich Quellen und Sachtexte mit Interpretationen, die einen anderen Schwerpunkt haben, Bilder, die nicht ins Filmbild passen, Statistiken, die konträr zu der Filmaussage stehen, ihren Platz und ihren guten Sinn. Das gilt auch, wenn diese nicht nur zusätzliche kritische Informationen liefern oder im Detail abweichen, sondern der Filmaussage direkt entgegengesetzt sind. Je mehr die Filmaussage die Vorurteile der Schülerinnen und Schüler bestätigt – z.B. dass Hitlers (angeblich) großartige Rhetorik maßgeblich zu seinem Erfolg beigetragen hätte – umso mehr. Damit darf noch nichts entschieden sein, sondern muss die Diskussion und Recherche und Erarbeitung losgehen. Erziehung zur Mündigkeit und Kritikfähigkeit muss permanent stattfinden, nicht nur einmal im Jahr als quellenkritisches Beiwerk.

7. *Den Film kontextualisieren:* Auch Filme haben eine Geschichte, sind rezensiert und kritisiert, bejubelt und verrissen worden. Sich mit solchen Rezensionen, aber auch anderen Berichten über ihre Aufführung und Wirkung auf das Publikum zu beschäftigen, also mit der Wirkungsgeschichte, ist im hohen Maße sinnvoll.

Es geht auch miteinander: Schulbücher und Arbeitsblätter

Seit Arbeitsblätter zu ganz normalen Arbeitsmitteln im Unterricht geworden sind, werden sie wahlweise als Bedrohung der oder Befreiung von den Schulbüchern[19] gesehen. Dabei muss man ganz klar sagen: Auch eine noch so gelungene Sammlung von Arbeitsblättern kann ein gutes Schulbuch nicht ersetzen, umgekehrt kann ein Schulbuch nicht die Funktionen übernehmen, die ein gutes Arbeitsblatt im Geschichtsunterricht übernehmen kann. Die Konkurrenz von Arbeitsblättern und Schulbuch ist schlichtweg unsinnig, nur im äußersten Notfall können Arbeitsblätter ein – eher trauriger – Ersatz für das Schulbuch sein: Dann nämlich, wenn das Schulbuch schlecht ist, weil die Autor/innen Wissenschaftlichkeit mit Langweiligkeit und Unanschaulichkeit gleichsetzen und dies auch sprachlich zu transportieren wissen. Die übliche Praxis, wenn nicht genügend Schulbücher da sind, einfach die zu behandelnden Teile zu kopieren, mag pragmatisch sein – rechtlich gesehen ist das, je nach Ausmaß, häufig ein Verstoß gegen das Urheberrecht und keine gelungene Praxis.

Schulbücher sind heute Medienverbünde aus Sachtexten, Quellen, Bildern, Karten, Statistiken, häufig mittlerweile mit Begleit-CD, sie haben Lehrerbände und häufig gibt es auch zusätzliche Materialien – z. B. Kopiervorlagen für Arbeitsblätter.

Schulbücher sind und werden, hoffentlich sogar für immer, unverzichtbar im Geschichtsunterricht sein. Sie sind eine gute erste Orientierung nicht nur für fachfremde Lehrer/innen, sondern auch für alle Bereiche, wo sich Geschichtslehrerinnen und -lehrer nicht oder nicht so gut auskennen. Das Studium bereitet nun einmal nicht auf alle abzudeckenden Lehrbereiche vor, schon gar nicht auf interessante zusätzliche Themen, auf die man sonst vielleicht gar nicht gekommen wäre. In diesem Sinne ist es nicht falsch, vom Geschichtsschulbuch als Leitmedium zu sprechen, was aber nicht mit Hauptmedium verwechselt werden sollte.

So begeistert wir von guten Schulbüchern sind, so unbegeistert sind wir von dem Einsatz des Schulbuchs im Geschichtsunterricht, den wir häufig erleben. Unkritisch und buchstabengläubig lesen Lehrerinnen und Lehrer zusammen mit Schülerinnen und Schüler Texte durch, die sie nur oberflächlich, manchmal auch gar nicht richtig verstan-

---

19 Zur Typisierung und zu den Unterschieden s. Becher: Schulbuch.

den haben; und die inhaltliche Vorbereitung der Lehrkraft besteht darin, jeweils drei Seiten mehr als die Klasse gelesen zu haben. Das kann's nicht sein.

Denn natürlich sind die Texte in Schulbüchern so richtig oder falsch, so perspektivisch oder triftig wie andere Texte über Geschichte auch. Sie enthalten in der Tat „sehr verdichtet Informationen",[20] und manchmal versteckt sich hinter einem „auch" eine ganze Forschungskontroverse. Gründliche Lektüre von Geschichtsschulbüchern ist darum das Wichtigste, alle Untersuchungen zeigen, dass die Texte nach wie vor komplett unterschätzt werden.[21]

Wenn nunmehr häufig gefordert wird, dass Schulbücher „dekonstruiert"[22] werden sollten, dann ist das in der Tat gar nicht so neu, sondern die Fortführung dessen, was Geschichtsunterricht seit eh und je Schülerinnen und Schülern hätte beibringen müssen: Texte kritisch zu lesen, nicht nur nach dem Standpunkt des Autors, sondern auch nach der Struktur und Erzählform des Textes zu fragen, nach dem, was er benennt und was er weglässt, wie er Behauptungen begründet oder belegt und ob und wie er auf andere Sichtweisen eingeht. Schulbücher zu dekonstruieren heißt nicht, sie zu entwerten oder zu konterkarieren, nicht mal unbedingt sie zu kritisieren, sondern sie überhaupt diskutier-, kritisier- und hinterfragbar zu machen. Das ist eine gute Sache und dabei können Arbeitsblätter sehr hilfreich sein.

Das können Arbeitsblätter im Zusammenspiel mit Schulbüchern leisten:

1. *Das Schulbuch sichern:* Das klingt erstmal merkwürdig – wozu denn, das Buch ist doch da? Allerdings meist nur für ein Schuljahr. Dennoch ist das Austeilen von Quellen, die sich auch im Schulbuch finden, zunächst eine sinnlose Verdopplung, auf die Ausnahmen kommen wir noch zu sprechen. Bei der Bildinterpretation ist das hingegen hilfreich: Gibt es das Bild in Farbe im Schulbuch, macht es – wie im letzten Kapitel zum Thema Bilder schon ausgeführt – durchaus Sinn, zwar mit dem farbigen Bild zu arbeiten, das Bild aber s/w noch einmal auf ein Arbeitsblatt zu bannen und dort die Bildinterpretation zu sichern.

2. *Das Schulbuch erweitern:* Und keine Verdopplung, sondern wünschenswerte Schulung in Sachen Genauigkeit ist es, z. B. das gleiche Bild oder die gleiche Quelle wie im Schulbuch in einer anderen Version auf einem Arbeitsblatt zu liefern und sie vergleichen zu lassen. Es schärft auch den Sinn dafür, dass eben auch das Schulbuch eine Auswahl trifft, dass Quellen gekürzt werden, dass es Bilder in unterschiedlichen Versionen und Entwürfen gibt.

3. *Das Schulbuch vertiefen und ergänzen:* Sichtweisen, Ereignisse, Sachverhalte, Themen, die im Schulbuch nur kurz vorkommen, können auf Arbeitsblättern ausführlicher

---

20 Teepe: Schulbuch. S. 261.
21 Vgl. dazu u. a. Handrow/Schönemann: Schulbuchforschung, Borries: Fähigkeiten, S. 125.
22 Vgl. Schreiber/Mebus: Durchblicken.

behandelt werden, genauso wie Sichtweisen, Ereignisse, Sachverhalte, Themen, die im Schulbuch gar nicht vorkommen, aber vielleicht eine wichtige Ergänzung oder Vertiefung des Themas sind, mittels eines Arbeitsblattes geliefert werden und den Schülerinnen und Schülern die Chance geben, sich selbstständig mit der Materie zu beschäftigen, statt gläubig ins Buch zu starren.

4. *Das Schulbuch vergleichen:* Das ist nicht nur für Schulbuchforscher/innen und Geschichtsdidaktiker/innen erhellend, sondern bringt immer wieder erstaunliche Aha-Erlebnisse. Das Einfache ist immer der Vergleich mit dem DDR-Schulbuch, das ja fast immer eine entgegengesetzte Interpretation liefert. Aber auch Geschichtsbücher aus der Nazi-Zeit, der Weimarer Republik und dem Kaiserreich sind hochideologisch und das natürlich nicht nur, wenn sie ihre eigene Zeit betrachten, sondern auch bei der Interpretation von z. B. den Perserkriegen. Aber schön vorsichtig: Unideologisch sind – z. B. bei besagtem Thema – auch die Geschichtsbücher in der Bundesrepublik Deutschland nicht; die aus den 1950er und 1960er Jahren sowieso nicht, aber auch die neueren Geschichtsbücher strotzen von Wertungen, Vorannahmen, ideologischen Prämissen, dass man seine helle Freude haben kann. Jedenfalls wenn man Lust auf einen Geschichtsunterricht hat, der Lust auf Auseinandersetzung hat.

5. *Das Schulbuch hinterfragen und kritisieren:* Alle Schulbücher haben Fehler, fragwürdige Geschichtsinterpretationen, autoritativ verfasste Autorentexte und zurechtgeschnittene Quellen. Das sollte hinterfragt und kritisiert werden, sei es durch Quellen und Materialien aller Art, die einen anderen Schwerpunkt haben, die nicht ins Bild passen, Fragen und Widersprüche aufwerfen oder gar direkt die im Schulbuch vertretene Sicht angreifen. Schöne Hinweise, wie man in dieser Weise dekonstruiert, enthält das Buch „Durchblicken" von Schreiber/Mebus.

6. *Das Schulbuch kontextualisieren:* Und natürlich gibt es auch Literatur über Schulbücher, historische Forschungen zum Geschichtsunterricht, aber auch die Internationalen Berichte über Schulbuchforschung des Georg-Eckert-Instituts können durchaus gekürzt Verwendung finden. Zu begreifen, dass der gleiche „Stoff" zu verschiedenen Zeiten verschieden gelehrt wurde und wird, kann, egal ob es um das Vergleichen, das Hinterfragen oder das Kontextualisieren geht, ein guter Denkanstoß sein, über den eigenen Geschichtsunterricht zu reflektieren.

Alte Freunde, neue Chancen – Tafeln, Projektoren, Beamer

Alles, womit wir Texte oder Bilder in größerer Form einem Publikum zugänglich machen können, ist für den Unterricht sinnvoll und nützlich – und aus diesem ja auch nicht mehr wegzudenken. Schulen ohne Tafeln in allen Formen und Farben sind heute gar nicht mehr vorstellbar. Overhead-Projektor, Tageslichtschreiber, Polylux – drei Bezeichnungen für eine Sache, die recht verbreitet ist. Und dann der Beamer und die Powerpoint, die mittlerweile in der Universität Standard sind und auch in immer mehr Schulen eingeführt werden – bis hin zu Kampagnen wie „Berlin kreidefrei", in der in allen Schulen flächendeckend elektronische Tafeln eingeführt werden sollen, die die Vorzüge aller drei Medien kombinieren sollen.

Da es sich hier um technische Medien handelt, sind einige Überschneidungen zu anderen Medien und Methoden des Geschichtsunterrichts nicht zu vermeiden.

Kreidetafel

Das Zusammenspiel von Arbeitsblatt und Kreidetafel[23] findet auch heute nur sporadisch statt. Im Regelfall gehen Lehrkräfte davon aus, dass das, was an die Tafel geschrieben wird, so ins Heft abgezeichnet werden soll. Wegen dieser zusätzlichen Arbeit, der oft zu kleinen Schrift, der Impulsüberschneidung von Lehrvortrag und Tafelanschrieb mit der gleichzeitigen Anstrengung, das Angeschriebene zu erkennen und zu übertragen, sind Kreidetafeln und Tafelbilder oft sehr unbeliebt bei Schülerinnen und Schülern. Zu Unrecht, denn bei einem guten Zeitmanagement mit klarer Trennung von Erklären und Anschreiben und der Reproduktion, kann die Tafel all ihre Vorteile entfalten. Von denen hat sie einige: Permanente Verfügbarkeit ohne Anlaufzeit, geringe Störanfälligkeit, leichte Veränderbarkeit. Und – sofern sauber gewischt – eine Kontrastschärfe von der all die analogen Whiteboards, die wir darum auch keines weiteren Wortes würdigen, nur träumen könnten, könnten sie denn.

Arbeitsblätter können vor allem bei strukturierenden Tafelbildern sehr gut und hilfreich sein. Bei Tabellen erklärt sich dies von selbst, aber auch bei allen anderen Formen von Skizzen, Schemata und einfachen Visualisierungen ist ein Arbeitsblatt, auf dem sich die großen Strukturen oder die Tabellenspalten und -zeilen bereits befinden, eine Zeitersparnis und eine große Hilfe. Aber vorsichtig: Gute Tafelbilder sind zumeist dynamisch, d. h. sie werden im Unterricht entwickelt und das heißt ihre Form steht noch nicht endgültig fest – es sei denn, man hat vor, alle originellen, unerwarteten und interessanten Antworten abzubügeln und quasi einen unsichtbaren Lückentext ausfüllen zu lassen. Wer tatsächlich gemeinsam ein Tafelbild entwickeln will, muss darum auch in der Struktur auf dem Arbeitsblatt genug Raum für zusätzliche Informationen und Ideen lassen.

Nach wie vor halten viele Lehrer/innen es für überflüssig oder schädlich (Impulsüberschneidung) Stichworte zu ihrem Lehrvortrag an der Tafel zu notieren; häufig sind dies aber auch nur Ausreden, weil der Lehrvortrag spontan und quasi unvorbereitet war. Im vorbereiteten wie unvorbereiteten Fall sind wichtige Daten oder Stichwörter eigentlich

---

23 Dazu nach wie vor lesenswert Dörr: Tafelarbeit.

ein Muss im Geschichtsunterricht; es sei denn, der Lehrvortrag ist eh nur eine unnötige Dreingabe, aber dann ist er auch Zeitverschwendung. Ist der Lehrvortrag, wie es sein soll, vorbereitet und hat er eine wichtige Funktion, z. B. einen Überblick über das Thema zu geben, das nun begonnen werden soll, oder noch einmal zusammenzufassen und einzuordnen, was bislang gemacht und erreicht wurde, dann sind nicht nur Notizen an der Tafel sinnvoll, sondern auch auf einem Arbeitsblatt. Natürlich mit Platz für Notizen, damit eben der Lehrvortrag auch gesichert wird. Dabei gibt es sehr viel mehr Variationen, als alle schreiben mit, wenn einer redet. Eine Rhythmisierung von Zuhören – in eigenen Worten formulieren – mit dem Nachbarn vergleichen – Zuhören -in eigenen Worten formulieren – mit dem Nachbarn vergleichen kann eine interessante Abwechslung und Verlebendigung sein. Wenn dann noch Platz für Fragen und Diskussionen sind, und der Lehrvortrag nicht als auratische Meistererzählung, der Glauben zu schenken ist, konzipiert ist – dann haben selbst wir nichts gegen einen inhaltlich guten Lehrvortrag einzuwenden.

Alles was hier über Lehrvorträge gesagt wurde, gilt selbstverständlich auch für Referate von Schülerinnen und Schülern. Deren Präsentationen mit Magneten an der Tafel zu sichern, ist mittlerweile weit verbreitet. Diese Präsentationen dann auch zu sichern, wird dagegen häufig unterlassen. Aber gerade bei Gruppenarbeiten ist die Präsentation ja maximal die Sicherung für die eigene Gruppe, die Ergebnisse der anderen Gruppe werden zumeist nur oberflächlich zur Kenntnis genommen, womit unter der Hand übrigens das Urteil transportiert wird, nur das, was die Lehrkraft von sich gibt, sei für den Unterricht von Gewicht. Aber das Formulieren und die Präsentation eigener Ergebnisse sind für den Geschichtsunterricht von sehr großer Bedeutung vielleicht sogar von größerer als für jeden anderen Unterricht. Darum ist ein Arbeitsblatt auf dem sich alle Materialien aller Gruppen befinden wo in jeder spalte Platz ist, um das Ergebnis auch der anderen Gruppen zu sichern, im hohen Maße sinnvoll; ansonsten wird unendlich viel Potential verschenkt.

OV-Projektor

Der Overheadprojektor wird häufig als Alternative zur Tafel verhandelt – zu Unrecht, denn das ist er nicht. Als Nachfolger des Diaprojektors ist er für Bilder sehr gut, für Skizzen und Schemata nur begrenzt, für Texte eigentlich gar nicht geeignet. Außer natürlich für Lückentexte – aber diesen rein reproduktiven Texten möchten wir allenfalls in der Grundschule eine didaktische Funktion zuerkennen, für ältere Jahrgänge halten wir sie eher für fehl am Platze und z. B. dem historischen Kreuzworträtsel hoffnungslos unterlegen.

Sinnvoll geht das Zusammenspiel von OV-Projektor und Arbeitsblatt z. B. so: Ein Bild wird auf dem OV-Projektor gezeigt, während es auf dem Arbeitsblatt sowohl ganz als auch in seinen Bestandteilen gezeigt wird. In Einzel-, Gruppen- und Plenumsarbeit wird dann das Bild beschrieben, analysiert und interpretiert und kontextualisiert; die Ergebnisse werden auf dem Arbeitsblatt gesichert.

Weitgehend sinnlos kann man es hingegen so machen: Um nicht an der Tafel und nicht mit Plakaten arbeiten zu müssen, bekommen Gruppen Folien, um darauf ihre Ergebnisse zu notieren. Nicht nur, dass diese Folien weder neben noch übereinander gelegt werden können, im Regelfall schrieben Schülerinnen und Schüler zu klein und zu schmierig, um diese Ergebnisse abzuschreiben. „Macht nichts", denken sich immer wieder Studierende und Lehrer/innen, nehmen die Folien an sich und versprechen sie dann zu kopieren. Nicht bedenkend, dass diese – zumeist eher unansehnlichen – „Ergebnissicherungszettel" einmal ausgeteilt für immer und ewig vergessen sein werden. Sie tun allerhand – nur ein Ergebnis sichern, das tun sie nicht, zumindest nicht so nachhaltig, als wenn das Ergebnis selber abgeschrieben worden wäre.

Beamer
Der Beamer als Großbildschirm mit Computeranschluss hat die Universitäten fest erobert und auch in den meisten Schulen Einzug gehalten. Im Regelfall wird er benutzt, um Filme zu zeigen, oder eine Präsentation. Diese Präsentationsseiten heißen nicht umsonst Folien, denn in dieser Funktion ist der Beamer letztlich der digitale Overheadprojektor.

„Die PowerPoint-Präsentation eignet sich ... besonders für ein ‚Abspulen' ohne Interaktion mit den Zuhörerinnen und Zuhörern", es handelt sich dann um „einen medial begleitenden Lehrervortrag"[24]. Dann gilt natürlich auch all das, was bereits über Lehrvorträge an der Tafel und am Tageslichtschreiber gesagt wurde. Mit einem Unterschied: Gibt es eine fertige Präsentation, gibt es überhaupt keinen Grund, die Folien – verkleinert – nicht auf ein Arbeitsblatt zu tun, um es nicht nur zugänglich zu machen, sondern um Erklärungen und Nachfragen zu notieren. Wenn der Vortrag nicht die unsinnige Verdopplung der Präsentation ist, sondern – wie es sein sollte – weitere Informationen zu bieten, dann würde es sich allerdings lohnen, Platz zu lassen, damit diese Informationen dort aufgeschrieben werden, wo sie hingehören. Und wenn der Referent oder die Referentin vorher nachgedacht hat, dann wird er oder sie auch die Präsentation gleich so konzipieren, dass der Vortrag eben nicht nur abgespult wird, sondern es zwischendurch Fragen oder sogar Diskussionen gibt. Und wer die Antworten, Ergebnisse und Streitpunkte dann auf dem Arbeitsblatt eingetragen – sie in die Präsentation einzufügen ist deutlich zeitaufwändiger, als sie an die Tafel zu schreiben – so kommt ein neues Produkt heraus. Und das ist sehr gut, wenn die Erklärungen, Fragen und Diskussionen gut waren.

---

24 Grosch: Einsatz, S. 138.

Elektronische Tafel

Elektronische Tafel, Digitales Whiteboard, Interaktives Whiteboard, interaktive Tafel, Smartboard, Cleverboard usw. – es gibt mindestens so viele Bezeichnungen wie es Anbieter gibt, zurzeit sind dies noch mehr als 15 verschiedene Systeme.[25]

Die Literatur ist des Lobes voll: „Das interaktive Whiteboard bietet alle Funktionen und damit auch die didaktischen und methodischen Möglichkeiten der herkömmlichen Medien in einem. In ihm sind Tafel, Overhead-Projektor, Notebook mit Beamer (und ggf. mit Internetanschluss), Diaprojektor, Flipchart, Videorekorder und Cd-Player" und vermutlich auch DVD-Player „integriert".[26] Und manche Autoren sind sicher: „das Multimediale wird immer mehr Zuspruch finden und die ‚althergebrachte' Tafel langsam aber sicher verdrängen".[27]

Wir maßen uns schon wegen fehlender umfassender Erfahrungen nicht an, zu beurteilen, ob das tatsächlich der Fall ist, ob dies auch sinnvoll oder gerechtfertigt wäre oder, ob es sich hier um eine milliardenschwere didaktische Sackgasse handelt. Wir erinnern hier nur an das Schicksal der weiland hochgepriesenen, mittlerweile völlig vergessenen Sprachlabore; würden sich diese Tafeln langfristig als Flop erweisen, dann mit katastrophalen Auswirkungen: mittlerweile gibt es Schulen, die – kein Witz: auch um die Kosten für Waschbecken zu sparen – die Kreidetafeln komplett abgeschafft und auf die digitalen Whiteboards umgestellt haben. Allerdings scheint uns dies angesichts der vielfältigen Möglichkeiten, die wir selber zaghaft ausprobiert haben und ausprobieren, eher unwahrscheinlich, und dass diese Technik ihre Kinderkrankheiten hat wie jede andere auch, verwundert uns nicht.

Vielleicht ist es noch zu früh, das zu beurteilen, weil die Situation noch sehr unübersichtlich ist und wir in einer jener Technikblockadesituationen sind, wie einstmals als VHS, Betamax und Video 2000 oder Blue-Ray, Hd-DVD und VMD zur Auswahl standen und noch nicht klar war, wer sich durchsetzen würde. Die Vor- und Nachteile der verschiedenen Systeme liegen manchmal etwas versteckt und sind auch abhängig davon, wer mit den E-Tafeln denn arbeiten soll und, was dessen persönliche Vorlieben (mit oder ohne Stift) und Fächer sind (werden Lineal und Geodreieck gebraucht, die häufig Spuren hinterlassen, wo keine sein sollen?).

Wir wollen an dieser Stelle nur davon sprechen, was eine gute Arbeitsblattpraxis im Geschichtsunterricht in Zusammenhang mit Elektronischen Tafeln sein kann – und was nicht!

Zurecht wird immer wieder darauf verwiesen, dass im Gegensatz zum Beamer, wo Arbeitsblätter natürlich auch vergrößert an die Wand geworfen werden konnten, auf

---

25 Einen guten Einblick bietet Schlieszeit: Whiteboard-Konzepte, S. 33-37.
26 Aufenanger/Bauer: Whiteboards, S. 6.
27 Wich: Schultafel, S. 117.

elektronischen Tafeln diese Arbeitsblätter auch bearbeitet werden können. Und das ist natürlich prima, wenn ein Quellentext unterstrichen, Schlüsselbegriffe umkreist werden und dann an der Tafel kurz schriftlich definiert werden, wenn Bilderdetails, die auf dem Arbeitsblatt nur ganz winzig sind, groß skaliert werden, damit sie Beachtung finden, und was der guten Ideen mehr sind. Schlecht aber ist es immer dann, wenn es dazu verführt, Musterlösungen an die Tafel zu werfen, die suggerieren, dass es nur eine Lösung gibt. Es ist natürlich eine große Arbeitserleichterung, wenn einmal gezeichnete Tafelbilder gespeichert und wiederaufgerufen werden können. Aber die große Gefahr ist, dass dies nicht nur dazu verführt, mehr mit zu Hause angefertigten oder vom letzten Durchgang gespeicherten statischen Tafelbildern zu arbeiten. Und weil's so schön ist – die Schülerinnen und Schüler müssen im Unterricht weniger mitschreiben, da die Ergebnisse auf dem Server gespeichert werden können"[28] – werden diese gespeicherten Tafelbilder dann als „Ergebnissicherung" als „Arbeitsblatt" ausgeteilt, wenn sie denn nicht gleich einfach nur ins Internet zum Herunterladen gestellt werden.

Wir haben keine empirische Untersuchung auf unserer Seite, wagen aber dennoch zu behaupten, dass ein selbst abgeschriebenes Tafelbild besser im Gedächtnis bleibt als eine wie auch immer gefertigte Kopie.

Der große Vorteil der elektronischen Tafel ist, dass Schülerinnen und Schüler sie interessant finden und zumindest weniger Berührungsängste haben, als mit der Kreidetafel. Allerdings ist auch hier die Gefahr, dass vor lauter Begeisterung für die technischen Gimmicks der Inhalt zurück tritt und zudem die Einladung angenommen wird, die Tafel als Hintergrundbild für Lehrvorträge zu benutzen. Das muss nicht so sein, kann aber leicht passieren.

Ob es tatsächlich sinnvoll ist, auf die guten alten Kreidetafeln zu verzichten, wagen wir jedenfalls zu bezweifeln, solange die meisten interaktiven Tafeln nicht auch offline und wenn der Strom ausgefallen ist, als Schreibtafeln zu benutzen sind.[29]

---

28 Aufenanger/Bauer: Whiteboards, S. 7.
29 Vgl. Grosch: Einsatz, S. 137.

9. „The proof of the pudding is in the eating" – Arbeitsblätter im unterrichtlichen Handeln

Die klassische Arbeitsblattsituation

Wenn man weiß, was mit Arbeitsblättern möglich ist, welche Inhalte sie abbilden können, welchen Ansprüchen sie im Geschichtsunterricht genügen müssen, wie sie gut gestaltet sind, dann ist noch nichts erreicht. Entscheidend ist, ob und wie mit ihnen im Unterricht gearbeitet wird. Das beste Arbeitsblatt ist nichts ohne nachhaltige unterrichtliche Wirksamkeit. Und dort sind es die Schülerinnen und Schüler, auf die es ankommt und nicht die Lehrerinnen und Lehrer. Nicht was gelehrt wird, ist entscheidend, sondern was mit Arbeitsblättern gelernt wird.

Arbeitsblätter organisieren Unterricht auf ganz eigene Weise. Sie bedingen bestimmte Rollen, die Lernende und Lehrende einnehmen. Und sie unterstützen manche Unterrichtsfunktionen besser, als andere. Diesen Spezifika unterrichtlichen Handelns mit Arbeitsblättern widmet sich dieser Abschnitt.

Wir wollen mit einer Unterstellung beginnen, mit einer Behauptung, die sich aus unserer eigenen Praxis, aus von uns beobachtetem und angeleitetem Unterricht ergibt, die sich außerdem theoretisch begründen lässt, die wir aber in empirischen Studien nicht nachgeprüft haben: im klassischen Unterricht mit Arbeitsblatt arbeiten Lehrerinnen und Lehrer zu Hause, damit Schülerinnen und Schüler in der Schule arbeiten können.

Mit den auf einem Blatt fixierten Materialien und entsprechenden Arbeitsanweisungen wird eine Situation geschaffen, die Schülerinnen und Schüler aktivieren soll, die deren Lernen, deren Arbeit initiieren soll. Dieses Material muss vorbereitet werden, ausgewählt, aufbereitet, in einem didaktisch und methodisch sinnvollen und angemessenen Rahmen arrangiert werden. Diese Arbeit muss dem Unterricht vorangehen. Wenn Lehrerinnen und Lehrer mit einem Stapel guter Arbeitsblätter den Klassenraum betreten, dann haben sie bereits hart gearbeitet.

Sicher, das gilt für jede gut vorbereitete Stunde. Auf einem Arbeitsblatt ist die Vorarbeit derjenigen, die Unterricht planen, aber dokumentiert und fixiert. Die Arbeit der

Schülerinnen und Schüler muss dann so stattfinden, wie sie die Planung im Arbeitsblatt materialisiert vorsieht. Damit ist der Unterricht mit Arbeitsblättern weniger flexibel als etwa ein Lehrervortrag oder ein Unterrichtsgespräch, in dem Lehrerinnen und Lehrer den Unterrichtsverlauf im Unterricht selbst noch moderieren und variieren können. Stärken und Schwächen der Unterrichtsplanung fallen daher mit Arbeitsblättern schwerer ins Gewicht, als in anderen Unterrichtsformen. Also: keine Chance für schlechte Planung. Aber hohes Potential für das gut Vorbereitete.

Der Unterricht beginnt – die Schülerinnen und Schüler sind dran. Jeder für sich allein, in der Regel. Ansonsten lohnt sich die elaborierte Form des Arbeitsblattes nicht. Bilder, Texte, Karten, die von allen gemeinsam nur im Plenum bearbeitet werden sollen, können leichter, sichtbarer und pragmatischer eher an der Tafel erscheinen oder projiziert werden. Sollen aber alle individuell arbeiten, dann brauchen auch alle das Arbeitsmaterial, brauchen alle ihr eigenes Arbeitsblatt.

Wenn diese Arbeit im Gange ist, dann haben die Anstifter Pause. In dieser Phase braucht es die Lehrkraft nur als Beobachter und Pannenhelfer. Zuviel Eingriff würde nur den Arbeitsprozess der Schülerinnen und Schüler stören. Wie sollen die etwas zustande bringen, wenn ihnen ständig jemand ins Handwerk pfuscht.

Ist der Arbeitsprozess abgeschlossen, dann werden die Produkte in ihrer Güte eingeschätzt, werden auf dem Markt angeboten und entweder angenommen, nachgearbeitet oder verworfen. Das kann im Plenum geschehen oder auch als Arbeit Lehrerinnen und Lehrer wieder außerhalb der Schule beschäftigen. Man könnte die Metapher noch so weit treiben, dass man Noten als den Preis ansehen kann, der für das Produkt gezahlt wird, das Schülerinnen und Schüler erarbeitet haben.

Daran zeigt sich, dass Arbeitsblätter der Ethik einer Leistungsgesellschaft entsprechen. Sie sind das Produkt einer Arbeit, schon in der Vorbereitung durch Lehrerinnen und Lehrer und dann vor allem in ihrer Fertigstellung durch Schülerinnen und Schüler. Das Ergebnis von deren Arbeit wird mit deren Arbeitsblatt fixiert, sichtbar und abrechenbar, einschätzbar und auch vergleichbar. Das hat den Vorteil, dass damit Lernen reflektiert werden kann und den Nachteil, dass dabei meist nur das Produkt, nicht aber der Prozess der Bildung zählt. In Arbeitsblättern materialisiert sich also all das Lob und Leid, das Notengebung auszeichnet.

Weil Schule meist so funktioniert, werden Arbeitsblätter jeden Tag in dieser Weise in unterrichtliches Geschehen eingebracht; so wird mit Arbeitsblättern in den überwiegenden Fällen gearbeitet: Vorstrukturierung des Lernprozesses, Einzelarbeit, Abrechnung.

Muss das so sein?

Wir wollen die These wagen, dass es sich bei dieser verbreiteten Konstellation um eine Spielform des Frontalunterrichts handelt, dass Arbeitsblätter im Geschichtsunterricht zumeist gerade in dieser Weise eingesetzt werden, weil kanonisierter Frontalunterricht vielfach als erfolgreichste Form des Geschichtsunterrichts angesehen wird.[1]

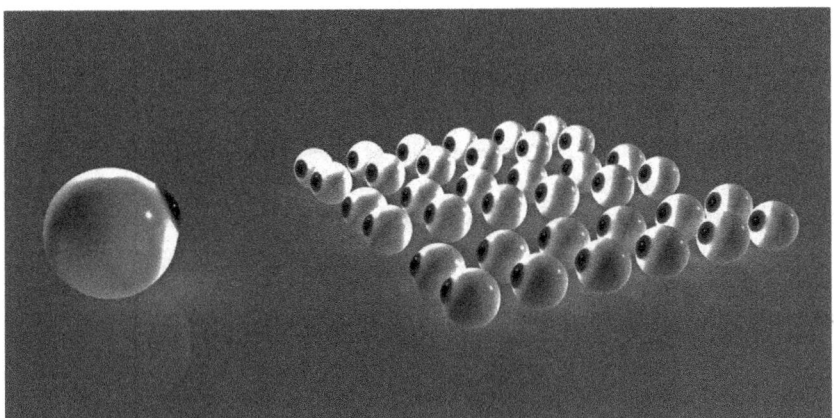

Abb. 9.1 – Frontalunterricht (Maximilian Schönherr, CC BY-SA 3.0).

Das erscheint erst einmal paradox. Wenn Schülerinnen und Schüler, wie bei der Arbeit mit Arbeitsblättern, einzeln aktiv sind, dann wird das in der Regel als Einzelarbeit klassifiziert, Frontalunterricht hingegen als Spielform des Klassenunterrichts angesehen, der in Deutschland 1824 eingeführt wurde.[2] Und doch agieren Schüler und Lehrerin, Schülerin und Lehrer im Arbeitsblattunterricht in ganz ähnlichen Rollen, wie im Frontalunterricht. Die Lehrerin, der Lehrer präsentiert den Schülerinnen und Schülern Inhalte, erwartet Konzentration und Aufmerksamkeit, unterbindet Kommunikation zwischen den Schülerinnen und Schülern und geht davon aus, dass die präsentierten Inhalte gelernt werden. „Die Kunst wird bloß sein, alle insgesamt oder jeden einzeln so aufmerksam zu machen, daß sie glauben … der Mund des Lehrers sei die Quelle, von der die Bächlein der Wissenschaften zu ihnen herabfließen". So hat das Comenius schon 1632 beschrieben.[3] 1997 stellte Hans-Jürgen Pandel fest, „daß der größte Teil des Geschichtsunter-

---

1 Interessanterweise findet sich weder im neueren Handbuch Methoden im Geschichtsunterricht noch im Handbuch Praxis der Geschichtsunterrichts ein Artikel zum Frontalunterricht. Didaktischem Anspruch nach soll er also entweder nicht vorkommen oder Lehrerinnen und Lehrer sind darin derartige Profis, dass es keine Anleitung braucht. Mayer/Pandel/Schneider (Hrsg.): Methoden. Barricelli/Lücke (Hrsg.): Praxis. Allgemeindidaktisch vgl. Gudjons: Frontalunterricht.
2 Pandel: Sozialformen, S. 394. Vgl. Ingenkamp: Jahrgangsklasse.
3 Comenius: Janua, zit. n. Pandel: Sozialformen, S. 394.

richts in dieser Weise frontal unterrichtet wird".[4] Daran hat sich sicher bis heute einiges, aber nichts Wesentliches geändert. Problematisch wird dieser Unterricht in dem Moment, in dem sich diese Aufmerksamkeit nicht einstellt, in dem die Kunst versagt. Dann werden Schülerinnen und Schüler zum Störfaktor.

Arbeitsblätter sind eine Spielform dieser ‚Kunst', Aufmerksamkeit zu erzeugen. Mit Arbeitsblättern wird nur versucht, die Effektivität solchen Unterrichts zu steigern. Zeichnet sich Frontalunterricht durch vortragende Lehrerinnen und Lehrer, durch fragend-entwickelnden Unterricht und durch enggeführtes Unterrichtsgespräch aus, dann können sich Schülerinnen und Schüler dem Unterricht relativ leicht entziehen. Mit Arbeitsblättern soll genau das unterbunden werden. Aber es ist die Lehrerin, es ist der Lehrer, der Inhalte und Aufgaben bestimmt und auswählt und dadurch den Ablauf des unterrichtlichen Geschehens vollkommen und autoritär bestimmt.[5] Auch, wenn das im Raum nicht sichtbar ist – Unterricht mit Arbeitsblättern steht tief in der Tradition eines durch Frontalunterricht gekennzeichneten Geschichtsunterrichts, in dem Lehrerinnen und Lehrer die Geschichte in Form einer Meistererzählung katechetisch und autoritär darbieten.

Aus verschiedenen Gründen ist diese Form von Unterricht problematisch geworden. Niemand, der heute eine Lanze für den Frontalunterricht bricht, will zurück zu Formen, in denen disziplinierte, passive und unkommunikative Kinder den Ausführungen eines dozierenden Lehrers folgen.[6] Lernen ist ein aktiver, kommunikativer und kreativer Prozess. Wissensstrukturen müssen individuell konstruiert werden; eine Stoffvermittlung im Sinne ‚Trichter drauf – Wissen rein' ist unmöglich (vgl. Abb. 9.2).

Und das bedeutet auch, dass man Abschied nehmen muss von der verführerischen, aber naiven Vorstellung, dass Schülerinnen und Schüler all das gelernt haben, was von Lehrerin und Lehrer gelehrt wurde (Lehr/Lern-Kurzschluss).[7] Tatsächlich führt diese Vorstellung immer wieder dazu, dass das eigentliche Lernen nicht im Unterricht stattfindet, sondern in der Freizeit der Schülerinnen und Schüler. An jedem Arbeitgeber würde man das zu Recht kritisieren. Macht man außerdem Ernst mit einer – wie auch immer verstandenen – Kompetenzorientierung von Unterricht, dann behindert katechetisch-autoritärer Frontalunterricht die Ausbildung von Sozial- und Selbstkompetenz systematisch.

In unserem Rahmen historischen Lernens kommt ein domänenspezifischer Kritikpunkt hinzu. Es gibt unseren Gegenstand an sich nicht. Geschichte entsteht erst in der

---

4 Pandel: Sozialformen, S. 394. Pandel schätzte den Anteil des Frontalunterrichts auf 80 Prozent des gesamten Geschichtsunterrichts in Deutschland. Ähnlich Gudjons: Frontalunterricht, S. 39 f. Hier auch Verweise auf andere Studien. Neuere gesicherte Untersuchungen fehlen; anzunehmen ist ein Rückgang dieses hohen Anteils bei gebliebener Dominanz.
5 In diesem Sinne auch Peschel: Offener Unterricht, S. 9.
6 In diesem Sinne: Meyer/Okon: Frontalunterricht. Meyer/Paradies: Frontalunterricht. Meyer/Meyer: Lob. Aschersleben: Frontalunterricht. Gudjons: Frontalunterricht.
7 Holzkamp: Lernen, S. 391.

Abb. 9.2 – Nürnberger Trichter,
Ansichtskarte 1905
(Privatarchiv).

aktiven Vergegenwärtigung von Vergangenheit. Erst eine Frage an die lückenhafte Überlieferung durch Quellen, erst die interpretative Füllung dieser Lücken, die Eigenart der
erzählten Geschichte und das Einbringen in einen Diskurs konkurrierender Deutungen
konstituieren den Gegenstand historischen Lernens. Das Dozieren *einer* Geschichte für
alle Schülerinnen und Schüler ignoriert deshalb vollkommen die kommunikative Struktur historischen Wissens und ist nichts als geschichtswissenschaftliche Unredlichkeit.

Das Arbeitsblatt als Möglichkeit im frontalen Unterricht

Wir hätten nicht so deutlich gegen den katechetischen Unterricht Stellung bezogen,
wüssten wir nicht, dass diese problematische Spielform des Frontalunterrichts gerade im
Geschichtsunterricht immer noch weit verbreitet ist.

Dabei kann Frontalunterricht durchaus eine sehr effektive und auch motivierende Form des Lernens sein, wenn er das volle Potential freisetzt, das Lehrerinnen und Lehrer haben, um Lernen zu initiieren und mit Impulsen zu begleiten.[8] Dabei können gerade Arbeitsblätter diesen Effekt hilfreich steigern. Auch wenn es sich um eine geschlossene Form von Unterricht handelt, bei der alles der Kontrolle und Direktion der Lehrerin/des Lehrers unterworfen wird, so kann es mit begleitenden Arbeitsblättern gelingen, Aufmerksamkeit und Aktivität der Schülerinnen und Schüler im Frontalunterricht deutlich zu steigern. Damit ist schon viel erreicht und vieles weitere ist möglich.

Wird Lernen als aktiver Prozess des Aufbaus von eigenen Wissensstrukturen verstanden, dann birgt Unterricht, der auf die Aktivierung jeder und jedes Einzelnen durch ein Arbeitsblatt setzt, zumindest erst einmal die Möglichkeit, dass im Unterricht auch gelernt werden kann. Die Qualität der Arbeitsaufträge ist dabei bedeutsam, die der Arbeitsinhalte nicht weniger. Wird beides so modelliert, dass in Korrespondenz mit den Impulsen von Lehrerin und Lehrer ein Prozess der deutenden Aneignung von Geschichte und Vergangenheit und der Artikulation der Ergebnisse dieser Sinnbildungen initiiert wird, dann ist das Maß dessen, was im Unterricht möglich ist, schon nahezu ausgeschöpft. Ob das dann frontal oder nicht frontal geschieht, ist für den Lerneffekt beinahe nebensächlich.

Arbeitsblätter bieten auch die Möglichkeit, diese Korrespondenz zwischen Lehrer/in und Schüler/in über den Unterricht hinaus und bei äußeren Unterbrechungen zu ermöglichen. Jede und jeder kann mal krank werden. Das ist ein Grund für besondere Unterstützung. Gute Arbeitsblätter haben in hohem Maße das Potential, verpassten Unterricht eigenständig nachholen zu können. Eine mit Arbeitsblatt geplante Stunde hat einen Schülerarbeitsprozess im Sinn, der selbstverständlich auch außerhalb des eigentlichen Unterrichts stattfinden kann. Dafür muss das Arbeitsblatt des verpassten Unterrichts nur seinen Weg zum Schüler finden. Warum also nicht einen zugänglichen Ordner anlegen, in den die übriggebliebenen Arbeitsblätter eingeheftet werden. Und für alle entsteht Transparenz dessen, was bisher schon passiert ist.

Ein weiteres kommt hinzu: auch wenn die Initiierung des Lernens mit Arbeitsblatt durch Lehrerinnen und Lehrer erfolgt, bedeutet das nicht zwangsläufig, dass durch diese auch die Ergebnisse des Lernprozesses starr vorgegeben werden. Schon 1774 hat Johann Matthias Schröckh postuliert: „Soll man nun die Begebenheiten der Geschichte gebrauchen können: so ist es nicht genug dieselben auswendig zu wissen."[9] Gute und elaborierte Arbeitsaufträge zielen nicht auf Wissensreproduktion, sondern auf Verknüpfungen, Abwägungen, Positionierungen und Wertungen.

---

8   Wenzel: Aufgaben(kultur), S. 27. Newman/Griffin/Cole: Construction. Baumert u.a.: TIMMS (allerdings mit Bezug auf den naturwissenschaftlichen Unterricht mit seiner ganz anders gelagerten Verfasstheit).

9   Schröckh: Lehrbuch, S. 5.

Frontalunterricht äußert sich meist in zwei Formen, dem fragend-entwickelnden Unterricht und dem Lehrvortrag. Oft ist das, was als fragend-entwickelnd bezeichnet wird, eine durch Suggestivfragen verdorbene manipulativ-autoritäre Form dessen, was aufrichtiger als Lehrvortrag geboten werden sollte. Denn ein echtes Unterrichtsgespräch durch Fragen und Impulse zu beleben, ist eine schwere Kunst.

Lehrvorträge werden dennoch gern als fragend-entwickelnder Unterricht verpackt, weil die Vortragsform so stark in der Kritik steht. Dabei redet nämlich nur einer, die Lehrkraft, und alle anderen, die Schülerinnen und Schüler, sind zu passiver Rezeptionshaltung verdammt. Im Geschichtsunterricht hat der Lehrvortrag zudem den fauligen Beigeschmack einer überwältigenden Meistererzählung.

Möglich ist es aber, dem Lehrvortrag durch gezielte Arbeitsblätter genau diese Problematik zu nehmen. Ein Lehrervortrag kann an Qualität gewinnen, wenn ein Arbeitsblatt zu intensiver Auseinandersetzung mit dem Präsentierten anleitet. Wenn es sich dabei nicht um ein vorgegebenes Ergebnissicherungsblatt handelt, sondern um ein echtes Arbeitsblatt, mit dem Präsentiertes perspektiviert, durchgearbeitet und hinterfragt werden kann, dann eröffnet diese Auseinandersetzung genau den Diskursraum, ohne den Geschichtsschreibung nicht möglich ist.

Ein solcher Frontalunterricht stimuliert mehr, als dass er blockiert. Er regt zu Auseinandersetzung an, statt diese zu unterbinden. Er schafft Kommunikation und überwindet gerade hierarchisch-katechetisches Verkünden. Und als solcher schöpft er im besten Sinne die stimulierende, mitunter auch provozierende Kraft von Lehrerinnen und Lehrern aus und macht sie für Lernprozesse der Schülerinnen und Schüler nutzbar.

Unterricht öffnen

Nach allem, was wir über historisches Lernen wissen, nämlich, dass es sich dabei um einen Prozess aus Aneignung und Deutung von Überbleibseln der Vergangenheit und aus Artikulation und Diskussion der sich daraus ergebenen Geschichten handelt, ist dieses Lernen immer eine Mischung aus individueller und sozialer Arbeit. Eine Deutung kann nur individuell hervorgebracht werden, ihre Reflexion letztendlich nur im Streit mit anderen Geschichten sinnvoll erfolgen.

Es gehört zur Eigenart historischen Lernens, dass es immer wieder Phasen konzentrierter Einzelarbeit braucht, Momente des Nachdenkens, Abwägens, Positionierens. Das ist Voraussetzung des begründeten Einbringens daraus entwickelter Standpunkte in einen Diskurs. Arbeitsblätter können genau solche Denkphasen initiieren, unterstützen und reflektieren. Dabei müssen sie exakt auf diese Funktionen abgestimmt sein. Sollen sie initiieren, müssen sie ein Problem, eine Frage aufwerfen, die im Horizont der Schülerinnen und Schüler Relevanz zu entfalten vermag. Sollen Arbeitsblätter eher Erarbeitungsprozesse unterstützen, dann müssen sie angemessenes Material bereitstellen und methodische Hilfestellung geben. Sollen sie Lernen reflektieren helfen, dann müssen sie das kriteriengeleitet anstoßen.

Wann wird Instruktion zum Problem, egal ob durch sichtbar frontale Formen wie im fragend-entwickelnden Unterricht oder durch vorstrukturierende Arbeitsblätter?[10]

Methodisch weit verbreitet ist es, mit Arbeitsblättern historisches Wissen zu erarbeiten und es dann durch Lehrerinnen und Lehrer gesteuert zu vergleichen, eigentlich besser: abzugleichen. Denn oft wird der Arbeitsprozess so vorgegliedert, dass nur das eine Ergebnis möglich, nur die eine Geschichte zugelassen ist. Am Ende solcher Arbeitsprozesse steht dann nur die Überprüfung, ob die Versionen der Schülerinnen und Schüler auch mit der der Lehrerin und des Lehrers übereinstimmen.

Solchen Unterricht würden wir als geschlossen bezeichnen, weil er keinen Aktionsraum außerhalb der vorab erstellten Unterrichtsplanung bietet. Übrigens weder für Lehrerinnen und Lehrer noch für Schülerinnen und Schüler. Keine dieser beiden Seiten hat dabei große Möglichkeiten, Unterricht innerhalb seines Prozesses aktiv mitzugestalten. Aber so funktioniert Lernen nicht. Lernen ist flexibel, braucht das Ausprobieren, das Machen von Fehlern und das Finden von Unerwartetem.

Nun kann es durchaus sinnvoll und effektiv sein, Wissen instruktiv, vorstrukturiert und in vorab eng geplanten Prozessen zu präsentieren. Das gilt aber nur für Wissen über die Vergangenheit, das als gesichert gelten kann: für Zahlen, Daten und Fakten also. Dass die Bastille in Paris am 14. Juli 1789 gestürmt wurde, ist so ein Fakt. Ob das aber als Beginn der Französischen Revolution gelten kann, wer genau mit welcher Intention hier zur Tat schritt, das sind bereits uneindeutige Ergebnisse von Deutungsprozessen. Aber erst hier wird Geschichte interessant, weil wir in der Auseinandersetzung mit Vergangenheit unser eigenes Wertesystem in Bewegung bringen.

Guter fragend-entwickelnder Unterricht bringt dieses Differenzpotential zur Geltung, versucht es geradezu zu erzeugen, um den Austausch von Deutungen zu stimulieren. Dieser Austausch kann dann auch sinnvoll von Lehrerinnen und Lehrern stimuliert und moderiert werden. Er muss aber mit zunehmender Reife auch ohne deren Impulse möglich werden. Ansonsten nimmt historisches Lernen mit dem Schulabschluss ein abruptes Ende.[11] Und das kann wirklich keiner wollen.

Kommunikation stärken

Guter Geschichtsunterricht sucht daher nicht nur nach Formen der Selbsttätigkeit von Schülerinnen und Schülern, sondern auch nach solchen, die die Kommunikation zwi-

---

10 Vgl. zu dieser Nähe auch Kap. 6 ‚Aufgabenstellung'.
11 Pandel: Geschichtsunterricht, S. 169, 172.

schen ihnen befördert. In frontalem Unterricht ist immer nur Kommunikation zwischen der Lehrkraft und jeweils einem Schüler oder einer Schülerin möglich. Partnerarbeit delegiert diese face-to-face-Situation an die Schülerinnen und Schüler und aktiviert damit immerhin schon die ganze Klasse. Gruppenarbeit schließlich erhöht die Interaktionsmöglichkeiten noch einmal.

Das heißt noch nicht, dass damit alles besser und vor allem einfacher wird. Mit der Erhöhung der Interaktionsmöglichkeiten erhöht sich auch das Konfliktpotential. Aber auch das gehört zum Lernen dazu, gerade auch zum historischen Lernen. Es braucht notwendig die Verunsicherung eigener Selbstverständlichkeiten, braucht den Streit um Deutungen. In solchen Konflikten stellen wir unser eigenes Wertesystem auf die Probe, modifizieren es, strukturieren es neu oder festigen es. Das kostet selbstverständlich Zeit und Kraft. Wem es nur um die Vermittlung von ‚Stoff‘ geht, der wird das als störend empfinden, wer aber Geschichte als Denkfach begreift, als Fach, in dem es um die Auseinandersetzung mit vergangenen Erfahrungswelten geht, der wird genau nach solchen Unterrichtsmomenten suchen.

Instruktion oder Konstruktion? Dieser Streit um den Kern des Geschichtsunterrichts wird in der Geschichtsdidaktik zwar selten offen geführt, bestimmt aber fundamental die Praxis des Geschichtsunterrichts. Auch uns hat er beim Schreiben dieses Buches umgetrieben, ohne dass wir zu einem einigenden Ergebnis gekommen wären. Er ist auch Ursache dafür, dass sich Theorie und Praxis immer weniger verstehen und sich mittlerweile auch nicht mehr gegenseitig zur Kenntnis nehmen, zu oft jedenfalls.

Arbeitsblätter können, so wie sie Frontalunterricht und Einzelarbeit unterstützen können, auch Unterricht unterstützen, der stärker auf Kommunikation und Interaktion zwischen den Schülerinnen und Schülern setzt. Aber selbstverständlich müssen diese Arbeitsblätter dann anders aussehen. Das gilt nur bedingt für die Inhalte, es gilt aber dezidiert für die Aufgabenstellung. Sie muss Partner- und Gruppenarbeit explizit einfordern und unterstützen. Arbeitsanweisungen wie ‚Sprecht mit eurem Partner …‘ oder ‚Diskutiert in der Gruppe …‘ stiften gemeinsames Arbeiten von Schülerinnen und Schülern an.

Wer Einzelarbeit und Gruppenarbeit miteinander verbinden will, der kann es mit dem Konzept des kooperativen Lernens versuchen, wie es von Johnson/Johnson/Johnson und Green/Green entworfen wurde.[12] Solchen Unterricht kann man sich wie ein Sandwich vorstellen: es gibt eine feste Lerngruppe (die Brote), die genau deshalb so fruchtbare Arbeitsergebnisse erzielen, weil das, was zwischendurch in Einzelarbeiten entsteht (und über den Geschmack des Ganzen bestimmt) immer wieder sinnvoll in die Gruppe ein-

---

12 Johnson/Johnson/Johnson Holubec: Kooperatives Lernen. Green/Green: Kooperatives Lernen. Brüning/Saum: Kooperatives Lernen. Adamski: Gruppen- und Partnerarbeit. Adamski: Kooperatives Lernen.

gebracht wird. Dadurch wird bewusst ein System gegenseitiger Abhängigkeiten erzeugt, das die soziale Komponente des Lernens explizit fördern will. Arbeitsblätter können dabei eine Reihe wichtiger Funktionen bekommen: als Impulse der Lehrerin/des Lehrers an die gesamte Gruppe oder differenzierend an einzelne Gruppenmitglieder oder auch als Ergebnisse von Einzelarbeit, die mithilfe eines durch Schülerinnen und Schüler erstellten Arbeitsblattes allen teilhaftig werden.

Eine der bekanntesten Umsetzungen ist vielleicht die Arbeit in Expertengruppen (Gruppenpuzzle). Eine Aufgabe wird einer Gruppe gestellt, die bereits in einem kommunikativen Prozess ein Ergebnis aushandeln muss, das in einem nächsten Schritt in die Diskussion unterschiedlicher Ergebnisse in einer Stammgruppe eingebracht wird. Jeder dieser Schritte kann durch Impulse der Lehrerin und des Lehrers angeleitet werden. Damit in den Gruppen aber effizient und gleichzeitig auch an unterschiedlichen Aspekten eines Themas gearbeitet werden kann, ist der Einsatz von Arbeitsblättern das sinnvolle Hilfsmittel.

Totale Öffnung

Unterricht kann aber auch noch offener gestaltet werden, wenn Arbeitsblätter ihren Charakter als verbindliche Arbeitsanweisungen verlieren und nur noch als Arbeitsanleitungen fungieren. Fertigt man gemeinsam mit Schülern Methodenblätter an, auf denen festgehalten wird, wie man z. B. eine Textquelle interpretiert oder mit einem Bild arbeitet, dann können solche Blätter zu nachhaltigen Arbeitsanleitungen werden, die von den Schülerinnen und Schülern immer dann selbstständig zum Einsatz gebracht werden, wenn sie sie brauchen. Und so etwas ist auch möglich für Blätter, die gemeinsame Arbeitsregeln enthalten oder Anleitungen für Konfliktfälle. Solche Arbeitsblätter können dazu führen, die Präsenz von Lehrerinnen und Lehrern fast unkenntlich zu machen und damit der Aktivität von Schülerinnen und Schülern absoluten Raum zu geben.

Genau diese Verlagerung der Kontrolle von Unterricht durch die Präsenz von Lehrerinnen und Lehrern in Arbeitsmaterialien, ist für manche immer noch ein Problem zuviel.[13] Es gibt einige Radikale, andere würden ‚Konsequente' sagen, die stattdessen eine wirkliche Öffnung von Unterricht, im Sinne eines weitgehenden Entzugs von Unterricht aus autoritärer Kontrolle durch Lehrerinnen und Lehrer, fordern. Sie wollen Unterricht, der sich dadurch auszeichnet, dass Schülerinnen und Schüler schrittweise befähigt werden, Inhalte, Methoden, Sozialformen, Organisation und sich selbst eigenverantwortlich mitzubestimmen.[14] Dabei sollen auch Arbeitsmaterialien einen anderen Stellenwert be-

---

13 Peschel: Offener Unterricht, S. 9.
14 Peschel: Offener Unterricht, S. 77, 90. In Ansätzen Heuer: Aufgabenkultur, S. 88, 94. Dem folgend, wenn auch in Klammern, Wenzel: Aufgaben(kultur), S. 23.

kommen: sie sollen nicht mehr Inhalte und Arbeitsprozesse vorstrukturieren, sondern allenfalls Werkzeuge für vielfältig mögliche Lernprozesse sein. Damit soll der Verschiedenheit der Lernerinnen und Lerner und ihrer Autonomie Rechnung getragen werden. Differenzierung kann im Geschichtsunterricht durch unterschiedliche Materialien, verschiedene Aufgaben, verschiedene Produkte und verschiedene Präsentationsformen angestrebt werden.[15] Das kann durch Lehrerinnen und Lehrer geplant und strukturiert sein, es kann sich aber automatisch auch dann einstellen, wenn Unterricht grundsätzlich vor allem durch die Lernenden selbst bestimmt wird. In dieser Absicht akzeptiert Peschel nur noch das weiße Blatt als Kennzeichen wirklich offenen Unterrichts.[16] Das ist der Moment, wo sich jede Funktion eines Arbeitsblatts auflöst, wo sie bewusst aufgelöst wird, weil Unterricht anders konzipiert ist.

Und damit wäre das Feld dessen vermessen, was Arbeitsblätter im Unterricht sein können, in welcher Weise sie eingesetzt werden können. Denn mehr als einen Aufriss wollen auch wir an dieser Stelle nicht bieten. Dafür haben wir uns zu lange darüber gestritten, wie offen Unterricht sein kann oder besser sein sollte. Am Ende haben wir gemerkt, dass genau dieser Dissens zeigt, in welcher Vielfalt Unterricht existieren kann.

Einig waren wir uns aber über die vielfältigen Möglichkeiten, die Arbeitsblätter sinnvoll begleiten und unterstützen können. Entscheidend für den Erfolg von Lernen ist dabei aber immer, dass das Arbeitsblatt in Konzeption, Inhalten, Arbeitsanleitung und Gestalt passgenau auf die Art von Unterricht abgestimmt ist, in der es zum Einsatz kommen soll.

---

15 Wenzel: Aufgaben(kultur), S. 29.
16 Peschel: Offener Unterricht, S. 3, 39, 111-127. Fragend, ob Differenzierung nicht auch die Zuordnung einzelner Schülerinnen zu bestimmten Niveaustufen verfestigt, Wischer/Trautmann: Differenzierung.

10. Zettels Traum –
Statt einer Zusammenfassung ...

Manchen werden wir mit unserem Buch enttäuscht haben. Wer es gekauft hat in der Hoffnung, die eine und immer gültige Bauanleitung zu bekommen, der wird dieses Buch vielleicht gar nicht bis hierher gelesen haben. Wer eine Sammlung von Musterarbeitsblättern gesucht hat, der dürfte das Buch nach dem Durchblättern wieder zurück ins Regal gelegt haben. –

Wo es auf all jene gewartet hat, die eine Reflexionshilfe gesucht haben.

Wir wollten nicht, dass die 80.000 Geschichtslehrer/innen in Deutschland eine Handvoll Arbeitsblätter immer und immer wieder kopieren. Wir wollten nicht einmal, dass die Produkte dieser Kolleginnen und Kollegen immer wieder dem einen Aufbau folgen. Wir hoffen vielmehr, dass dieses Buch dazu anregen kann, dass überall kleine eigene Arbeitsblatt-Labore entstehen und Lernen durch vielfältige und begründete Herangehensweisen vorbereitet, begleitet oder initiiert wird.

Wir wollten zum Denken anregen. Wir wollten Mut machen, selbst tätig zu werden. Wir wollten zeigen, dass es gar nicht so schwer ist, gute Arbeitsmaterialien selbst zu erstellen, dass man es sich aber auch nicht zu leicht machen sollte. Das perfekte Arbeitsblatt gibt es nicht. Aber es gibt Arbeitsblätter, die konkrete Lernsituationen besser unterstützen als andere. Und am Ende – das ist ja gerade das Gute an diesem Fach – fördert Geschichtsunterricht das eben nicht Eindeutige, bei dem man sich entscheiden muss. Das gilt auch für die Materialien, mit denen historisch gelernt werden soll, will und kann.

Es wäre nicht im Sinne dieses Buches, wenn wir am Ende den kleinen Arbeitsblatt-Katechismus zum Auswendiglernen herausgeben und die Inhalte in 10 Handlungsanweisungen konzentrieren, die dann in Prüfungen abgefragt werden können.

Deshalb möchten wir am Ende unsere Leserinnen und Leser dazu anregen, sich in Übungen praktisch noch einmal die Inhalte und Impulse dieses Buches praktisch zu vergegenwärtigen. Dafür haben wir drei Übungen konzipiert.

Übung 1 – ‚Historisches Lernen und Meistererzählungen' will zur Reflexion des Charakters historischen Lernens anregen. Das ist uns besonders wichtig, weil diese spezifische Form des Lernens sich von mathematischem oder geografischem Lernen unterscheidet und ein Arbeitsblatt historisches Lernen nur dann anregen kann, wenn klar ist, was solches Lernen überhaupt ist. In didaktischer Sicht nimmt diese Übung auf Kap. 4 Bezug, in methodischer auf Kap. 6, 7 und 8.

Übung 2 – ‚Inhalte aufbereiten‘ stellt das knifflige Problem didaktischer und methodischer Inhaltsauswahl in den Mittelpunkt. Damit kann man sich noch einmal vor Augen führen, wie schwierig das sein kann, wie relativ auf konkrete Lernsituationen das notwendig sein muss und wie unerlässlich das Entscheiden bei der Unterrichtsplanung ist. Es nimmt vor allem auf Kap. 6, 7 und 9 Bezug.

Übung 3 – ‚Arbeitsblätter bewerten‘ ist kein Kriterienkatalog zum Abarbeiten, sondern ein Anwenden dessen, was dieses Buch an Reflexionsvermögen hoffentlich angeregt hat. Anhand von drei Arbeitsblättern kann man testen, wie sehr das eigene kritische Wahrnehmungsvermögen entwickelt ist. Der Blick auf Gestaltung (Kap. 5) und das Arrangement von Inhaltskomponenten (Kap. 7) ist dabei ebenso wichtig wie die Einbettung in Unterricht (Kap. 8 und 9) und die Impulsgebung durch Aufgabenstellungen (Kap. 6). Und letztlich geht es auch hier um die Entscheidung, wie gut historisches Lernen gefördert werden kann (Kap. 4).

Übung 1: Historisches Lernen und Meister- erzählungen

Geschichte ist nicht die Vergangenheit und Geschichte ist nicht gleich Geschichte (Vgl. Kap. 4). Diese Übung soll helfen, das an einem konkreten Beispiel noch einmal zu reflektieren.

Vielfach, vielleicht auch fast immer werden Geschichten mit dem Anspruch grundsätzlicher Gültigkeit erzählt. Dabei werden oft das Zustandekommen und die Relativität solcher Meistererzählungen verschwiegen. Gerade deshalb lohnt es sich, diese zu durchkämmen und ihnen ihre Perspektivität zurückzugeben. Wir haben ein Beispiel zu solcher Auseinandersetzung:

Das deutsche Kaiserreich 1870-1918 – zwei Sichtweisen

„Überhaupt war es ja nicht so, daß ein tyrannisches, volksfremdes Regiment einem weisen Volk gegenüberstanden und es, wider seinen Willen, auf der Bahn des Verderbens vorwärtsgestoßen hätte. Dergleichen gab es im frühen 20. Jahrhundert unter so wohlhabenden, zivilisierten, gebildeten Menschen wie den Deutschen nicht. Erlaubte auch das preußische Staatsrecht noch dem König von Preußen, sich als Monarch von Gottes Gnaden darzustellen, gab das Spiel des preußischen Verfassungslebens dem Adel Einflußmöglichkeiten, die im Glauben des Volkes längst keine Rechtfertigung mehr fanden: es spielten doch tausend Fäden zwischen Regierenden und Regierten. Von Wilhelm II. kann man wohl sagen, daß er nicht den Geist, aber doch einen Geist, der damals im Volke umging, genau und glänzend repräsentierte. Mit dem Reichstag ferner stand es so, daß, wenn er das Zeug dazu gehabt hätte, er das parlamentarische oder demokratische Regierungssystem jetzt hätte erzwingen können. Das Zeug fehlte ihm. Er war längst heruntergekommen, durch Schuld des Bismarckschen Systems, des öffentlichen Geistes, der Wähler, gleichviel. Er war in sich zerteilt, gewohnt, nur noch nach den materiellen Interessen seiner Auftraggeber zu schauen und das übrige ‚denen da oben‘ zu überlassen, nicht gewohnt, die Macht auszuüben, viel weniger, kühn nach ihr zu greifen."

Mann, Golo: Deutsche Geschichte des 19. und 20. Jahrhunderts. FaM: Büchergilde Gutenberg 1958, S. 531.

„Die Masse des Volks – ausgenommen die organisierte Industriearbeiterschaft, die den Nationalismus schon fast überwunden hatte und in den von Marx und Engels entwickelten Begriffen des internationalen Klassenkampfes zu denken begann – ließ sich von Paradenmärschen und Hurrageschrei darüber hinwegtäuschen, daß das endlich – wenn auch nur teilweise – geeinte Vaterland wahrlich nicht das Reich war, für das die Väter auf den Barrikaden der Revolution von 1848/49 gekämpft hatten: Es gab nach wie vor – neben der mit der erblichen Kaiserwürde ausgestatteten Familie des verstorbenen „Kartätschenprinzen" den Hohenzollern, noch 21 regierende Fürstenhäuser im Deutschen Reich. Sie lebten wie die Maden im Speck und trieben auf Kosten des Volkes einen Aufwand, der im umgekehrten Verhältnis zu ihrer völligen Nutzlosigkeit stand. Es gab nirgendwo wirkliche

Demokratie. In den preußischen zwei Dritteln des Reiches sorgte das Dreiklassenwahlrecht für krasse Ungleichheit zugunsten des Herrschenden und Besitzenden; in den meisten anderen Bundesländern war es ähnlich, wenn auch nicht so ins Auge springend wie in Preußen. In den mecklenburgischen Großherzogtümern gab es ‚Verfassungen‘, die aus dem Jahre 1755 stammten und bis 1918 galten, fast die Hälfte der Bevölkerung ohne jedes Wahlrecht ließen und in der Praxis nichts anderes bewirkten als die Verewigung der Tyrannei einiger Junker über die Masse abhängiger Bauern und Landarbeiter. Und selbst in den Hansestädten stand die Demokratie nur auf dem Papier …

Engelmann, Bernt: Wir Untertanen. Ein deutsches Anti-Geschichtsbuch. FaM: Fischer 1982, S. 298/299.

1| Stellen Sie wesentliche Fragen, um diese Darstellungen zu analysieren und zu dekonstruieren.

_____

_____

_____

_____

_____

_____

_____

_____

_____

_____

_____

_____

_____

_____

_____

_____

_____

_____

2| Entwickeln Sie daraus drei Arbeitsaufträge für Schüler/innen, die diese zu einer kritischen Überprüfung der Thesen anregen.

_____

_____

_____

_____

_____

_____

_____

_____

_____

Übung 2: Inhalte aufbereiten

Wenn historisches Lernen gelingen soll, brauchen Schülerinnen und Schüler Material, dem sie Relevanz zumessen, dem gegenüber sie Interesse aufbringen oder entwickeln können. Vielfach sind diese Inhalte nicht direkt verfügbar, sondern müssen durch Lehrerinnen und Lehrer erstellt werden. Dafür müssen Quellen adaptiert, gekürzt, aufbereitet und mit Impulsen versehen werden. Das Ergebnis beruht im besten Falle auf sachlichen ('Was ist aus fachwissenschaftlicher Sicht wichtig?'), didaktischen ('Warum sollen Schüler/innen sich damit beschäftigen wollen?') und methodischen (Wie kann damit gelernt werden?) Begründungen.

Wir haben 42 Studierende im fortgeschrittenen BA-Lehramtsstudiengang gebeten, eine zugegebenermaßen schwere Quelle, die Abdankung Franz II. als Kaiser des Heiligen Römischen Reiches Deutscher Nation im Jahr 1806, sinnvoll für eine 8. Klasse zu kürzen. Hätten wir alle Vorschläge berücksichtigt, wäre die Quelle gänzlich verschwunden. Markiert sind die Textteile, die mindestens die Hälfte der Studierenden gestrichen haben.

Wir Franz der Zweyte, von Gottes Gnaden erwählter römischer Kaiser, <u>zu allen Zeiten Mehrer des Reichs,</u> Erbkaiser von Oesterreich etc., König in Germanien, zu Hungarn, Böheim, Croatien, Dalmazien, Slavonien, Galizien, Lodomerien und Jerusalem; Erzherzog zu Oesterreich, etc.

Nach dem Abschlusse des Preßburger-Friedens war Unsere ganze Aufmerksamkeit und Sorgfalt dahin gerichtet, allen Verpflichtungen, <u>die Wir dadurch eingegangen hatten,</u> mit gewohnter Treue und Gewissenhaftigkeit das vollkommenste Genügen zu leisten, <u>und die Segnungen des</u> Friedens Unsern Völkern zu erhalten, <u>die glücklich wieder hergestellten friedlichen Verhältnisse allenthalben zu befestigen, und zu erwarten, ob die durch diesen Frieden herbeygeführten wesentlichen Veränderungen im deutschen Reiche, es Uns ferner möglich machen würden, den nach der kaiserlichen Wahlcapitulation Uns als Reichs-Oberhaupt obliegenden schweren Pflichten genug zu thun.</u> Die Folgerungen, welche mehreren Artikeln des Preßburger-Friedens gleich nach dessen Bekanntwerdung und bis jetzt gegeben worden, und die allgemein bekannten Ereignisse, welche darauf im deutschen Reiche Statt hatten, haben Uns aber die Ueberzeugung gewährt, daß es unter den eingetretenen Umständen unmöglich seyn werde, die durch den Wahlvertrag eingegangenen Verpflichtungen ferner zu erfüllen: <u>und wenn noch der Fall übrig blieb, daß sich nach fördersamer Beseitigung eingetretener politischen Verwickelungen ein veränderter Stand ergeben dürfte,</u> so hat gleichwohl die am 12. Julius zu Paris unterzeichnete, und seit dem von den betreffenden Theilen begnehmigte Uebereinkunft mehrerer, vorzüglichen Stände zu ihrer gänzlichen Trennung von dem Reiche und ihrer Vereinigung zu einer besondern Conföderation, die gehegte Erwartung vollends vernichtet.

Bey der hierdurch vollendeten Ueberzeugung von der gänzlichen Unmöglichkeit, die Pflichten Unseres kaiserlichen Amtes länger zu erfüllen, sind Wir es Unsern Grundsätzen und Unserer Würde schuldig, auf eine Krone zu verzeihen, welche nur so lange Werth in Unsern Augen haben konnte, als Wir dem, von Kurfürsten, Fürsten und Ständen, und übrigen Angehörigen des deutschen Reichs

Abb. 10.1 – Abdankung Franz II. im Jahr 1806 (wikimedia.commons).

Uns bezeigten Zutrauen zu entsprechen und den übernommenen Obliegenheiten ein Genügen zu leisten im Stande waren.

Wir erklären demnach durch Gegenwärtiges, daß Wir das Band, welches Uns bis jetzt an den Staatskörper des deutschen Reichs gebunden hat, als gelöst ansehen, daß Wir das reichsoberhauptliche Amt und Würde durch die Vereinigung der conföderirten rheinischen Stände als erloschen und Uns dadurch von allen übernommenen Pflichten gegen das deutsche Reich los gezählt betrachten und die von wegen desselben bis jetzt getragene Kaiserkrone und geführte kaiserliche Regierung, wie hiermit geschieht, niederlegen.

Wir entbinden zugleich Kurfürsten, Fürsten und Stände und alle Reichsangehörigen, insonderheit auch die Mitglieder der höchsten Reichsgerichte und die übrige Reichsdienerschaft von ihren Pflichten, womit sie an Uns, als das gesetzliche Oberhaupt des Reichs, durch die Constitution gebunden waren.

Unsere sämmtlichen deutschen Provinzen und Reichsländer, zählen Wir dagegen wechselseitig, von allen Verpflichtungen, die sie bis jetzt unter was immer für einem Titel gegen das deutsche Reich getragen haben, los und Wir werden selbige in ihrer Vereinigung mit dem ganzen österreichischen Staatskörper, als Kaiser von Oesterreich unter den wieder hergestellten und bestehenden friedlichen Verhältnissen mit allen Mächten und benachbarten Staaten, zu jener Stufe des Glücks und Wohlstandes zu bringen beflissen seyn, welche das Ziel aller Unserer Wünsche, der Zweck Unserer angelegensten Sorgfalt stets seyn wird.

Gegeben in Unserer Haupt- und Residenzstadt Wien, den 6. August, im eintausend achthundert und sechsten, Unserer Reiche des Römischen, und der Erbländischen im fünfzehnten Jahre.

> Franz.
> Johann Philipp Graf von Stadion.
> Ad Mandatum Sacrae Caesareae ac caes. regiae apost. Maj. proprium.
> Hofrath von Hudelist.

1| Schätzen Sie die Kürzungen in sachlicher, didaktischer und methodischer Hinsicht ein.

2| Kürzen Sie nun Sie selbst die Quelle zum Einsatz in einer 8. Klasse Real- oder Sekundarschule und reflektieren Sie die Kriterien, nach denen Sie das tun.

Im Folgenden finden Sie zwei konkrete Kürzungsvorschläge der Studierenden.

Variante 1:

[...]

Nach dem Abschlusse des Preßburger-Friedens war Unsere ganze Aufmerksamkeit und Sorgfalt dahin gerichtet, allen Verpflichtungen, die Wir dadurch eingegangen hatten, mit gewohnter Treue und Gewissenhaftigkeit das vollkommenste Genügen zu leisten [...]. Die Folgerungen, welche mehreren Artikeln des Preßburger-Friedens gleich nach dessen Bekanntwerdung und bis jetzt gegeben worden, und die allgemein bekannten Ereignisse, welche darauf im deutschen Reiche Statt hatten, haben Uns aber die Ueberzeugung gewährt, daß es unter den eingetretenen Umständen unmöglich seyn werde, die durch den Wahlvertrag eingegangenen Verpflichtungen ferner zu erfüllen […], so hat gleichwohl die am 12. Julius zu Paris unterzeichnete, und seit dem von den betreffenden Theilen begnehmigte Uebereinkunft mehrerer, vorzüglichen Stände zu ihrer gänzlichen Trennung von dem Reiche und ihrer Vereinigung zu einer besondern Conföderation, die gehegte Erwartung vollends vernichtet. […]

Wir erklären demnach durch Gegenwärtiges, daß Wir das Band, welches Uns bis jetzt an den Staatskörper des deutschen Reichs gebunden hat, als gelöst ansehen, daß Wir das reichsoberhauptliche Amt und Würde durch die Vereinigung der conföderirten rheinischen Stände als erloschen und Uns dadurch von allen übernommenen Pflichten gegen das deutsche Reich los zählt betrachten und die von wegen desselben bis jetzt getragene Kaiserkrone und geführte kaiserliche Regierung, wie hiermit geschieht, niederlegen.

Wir entbinden zugleich Kurfürsten, Fürsten und Stände und alle Reichsangehörigen, insonderheit auch die Mitglieder der höchsten Reichsgerichte und die übrige Reichsdienerschaft von ihren Pflichten, womit sie an Uns, als das gesetzliche Oberhaupt des Reichs, durch die Constitution gebunden waren.

[…]

Variante 2:

Wir Franz der Zweyte, von Gottes Gnaden erwählter römischer Kaiser, zu allen Zeiten Mehrer des Reichs, Erbkaiser von Oesterreich etc., König in Germanien, zu Hungarn, Böheim, Croatien, Dalmazien, Slavonien, Galizien, Lodomerien und Jerusalem; Erzherzog zu Oesterreich, etc.

[…]

Bey der hierdurch vollendeten Ueberzeugung von der gänzlichen Unmöglichkeit, die Pflichten Unseres kaiserlichen Amtes länger zu erfüllen, sind Wir es Unsern Grundsätzen und Unserer Würde schuldig, auf eine Krone zu verzeihen, welche nur so lange Werth in Unsern Augen haben konnte, als Wir dem, von Kurfürsten, Fürsten und Ständen, und übrigen Angehörigen des deutschen Reichs Uns bezeigten Zutrauen zu entsprechen und den übernommenen Obliegenheiten ein Genügen zu leisten im Stande waren.

[…]

Wir entbinden zugleich Kurfürsten, Fürsten und Stände und alle Reichsangehörigen, insonderheit auch die Mitglieder der höchsten Reichsgerichte und die übrige Reichsdienerschaft von ihren Pflichten, womit sie an Uns, als das gesetzliche Oberhaupt des Reichs, durch die Constitution gebuuden waren.

Unsere sämmtlichen deutschen Provinzen und Reichsländer, zählen Wir dagegen wechselseitig, von allen Verpflichtungen, die sie bis jetzt unter was immer für einem Titel gegen das deutsche Reich getragen haben, los und Wir werden selbige in ihrer Vereinigung mit dem ganzen österreichischen Staatskörper, als Kaiser von Oesterreich unter den wieder hergestellten und bestehenden friedlichen Verhältnissen mit allen Mächten und benachbarten Staaten, zu jener Stufe des Glücks und Wohlstandes zu bringen beflissen seyn, welche das Ziel aller Unserer Wünsche, der Zweck Unserer angelegensten Sorgfalt stets seyn wird.

Gegeben in Unserer Haupt- und Residenzstadt Wien, den 6. August, im eintausend achthundert und sechsten, Unserer Reiche des Römischen, und der Erbländischen im fünfzehnten Jahre.

> Franz.
> Johann Philipp Graf von Stadion.
> Ad Mandatum Sacrae Caesareae ac caes. regiae apost. Maj. proprium.
> Hofrath von Hudelist.

3| Beschreiben Sie, wie die Kürzungen die Quelle inhaltlich verändern.

4| Begründen Sie, ob Sie diese Auswirkungen aus didaktischer und methodischer Sicht für gerechtfertigt halten.

5| Vergleichen Sie auf dieser Grundlage die beiden Vorschläge.

6| Beurteilen Sie begründet, welchen von beiden Sie für besser halten.

Wir haben die Studierenden auch gebeten, Arbeitsaufträge zu formulieren. Daraus fünf Beispiele:

a| „Teilt den Text in Sinnabschnitte ein und verfasst zu jedem Abschnitt eine Teilüberschrift."

b| „Unterstreiche dir die wichtigsten Wörter und visualisiere die historischen Zusammenhänge mittels deiner markierten Schlüsselbegriffe in einem Schaubild."

c| „Warum kommt der Kaiser zu der Überzeugung seine Krone niederlegen zu müssen?"

d| „Benenne die von dem Verzicht betroffenen Personen(gruppen) und die Folgen für sie."

e| „Beantworte folgende Frage: Hättest Du, als Kaiser Franz der Zweite, ebenfalls die Krone niedergelegt oder hättest Du anders auf die Geschehnisse reagiert? (Wenn ja, wie?) Begründe."

7| Prüfen Sie, ob die Aufgabenstellungen inhaltlich begrenzt, didaktisch begründet und präzise formuliert sind (Kap. 6).

8| Reflektieren Sie, welche Anforderungsbereiche bedient werden und ob dabei Operatoren angemessen verwendet werden (Kap. 6).

9| Begründen Sie, inwiefern diese geeignet sind, historisches Lernen zu ermöglichen und anzuregen (Kap. 4).

10| Formulieren Sie drei eigene Arbeitsaufträge.

_____

_____

_____

_____

_____

_____

_____

_____

_____

_____

_____

Übung 3: Arbeitsblätter bewerten

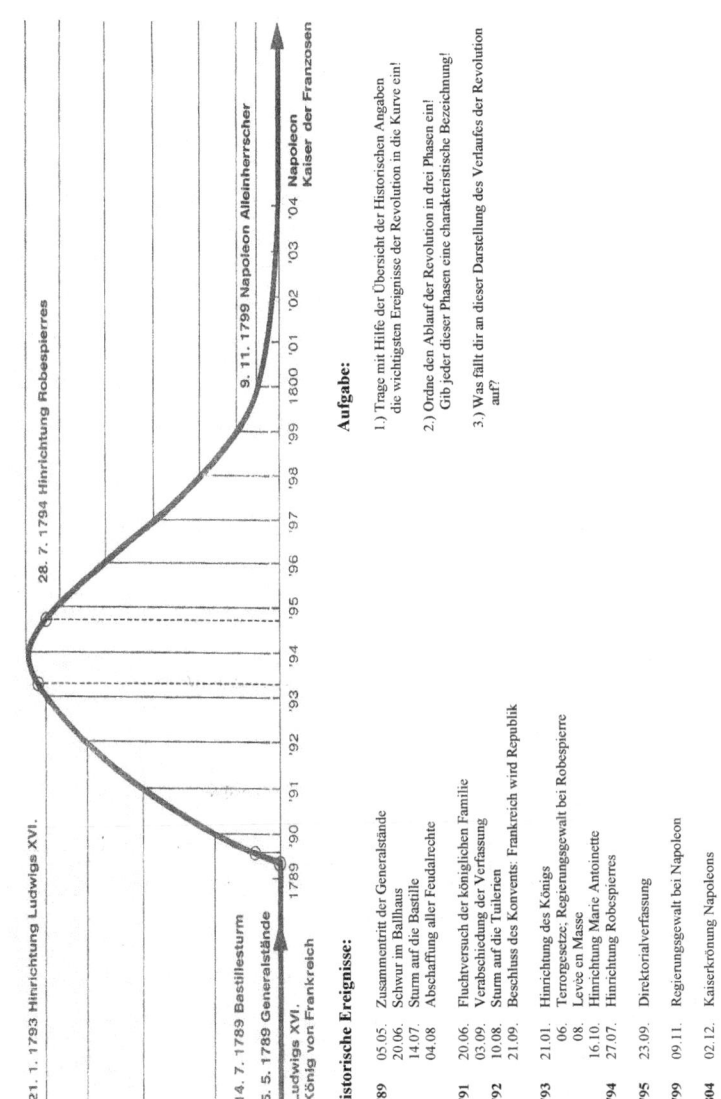

Abb. 10.2 – Arbeitsblatt 1 (entstanden in einem Seminar an der Universität Greifswald, mit freundlicher Genehmigung der Verfasserin T. B.).

Widerstand von Frauen in der Antike

DID∫SKALO
Quellen & Materialien für
den Geschichtsunterricht

Frauen waren in den antiken Reichen zumeist von der politischen Partizipation ausge-schlossen. Doch nicht die Möglichkeit zu haben, aktiv an der Gestaltung der Institutionen teilzuhaben, bedeutete keineswegs eine vollständige Passivität von Frauen in Politik und Gesellschaft. So sind zwei Aufstände von Frauen überliefert, die sich aktiv gegen Sondersteuern gewehrt haben und damit auch erfolgreich waren.

Partizipation: Substantiv; Teilnahme, Mitarbeit

Passivität: Substantiv; untätig sein müssen oder wollen; nicht teilnehmen; Gegenteil: Aktivität

Einerseits gab es im 1. Jahrhundert v. Chr. einen Gesetzesvorschlag, dass Frauen zur Finanzierung des Bürgerkrieges zusätzliche Steuern zu zahlen hätten. Die betroffenen Frauen schlossen sich jedoch zusammen und wählten Hortensia, die Tochter des berühmten Redners und Konsuls Quintus Hortensius Hortalus, 42 v. Chr. eine Rede vor den Triumvirn zu halten. Die gerade beschlossene Sondersteuer wurde in der Folge sofort aufgehoben.

Finanzierung: Substantiv; Bereitstellung von Geld oder Sachen, um etwas zu bezahlen

Deutlich mehr Spuren hinterließ jedoch ein Aufstand um 195 v. Chr. zur Aufhebung der Lex Oppia. Dieses Gesetz verbot 215 v. Chr. das Tragen von Schmuck und Stoffen, um den Zweiten Punischen Krieg (218 – 201 v. Chr.) besser finanzieren zu können. Obwohl 201 v. Chr. der Krieg gegen Karthago beendet war, galt das Gesetz weiterhin, sodass sich die Frauen dafür entschieden, sich für die Abschaffung des Gesetzes einzusetzen – auch das gelang ihnen.

Zu den Geschehnissen um 195 v. Chr. sind zwei Quellen überliefert:

M1: Marcus Porcius Cato der Ältere, Zensor

[…] Wo soll das hinführen? Anstand und Sitte, ja die Ordnung des Staates ist in Gefahr! Und es geht gar nicht nur um dieses eine Gesetz – um es ganz deutlich zu sagen: Die Frauen begehren Freiheit, ja Willkür, völlige Unabhängigkeit in allem; sie wollen euch Männern gleich sein, und dann haben sie alsbald auch die Herrschaft über euch! Und passt nur auf: Wenn ihr den Luxuswünschen eurer Frau nicht nachgebt, dann wird es bald ein anderer tun – sie sind ja nun gewohnt, fremde Männer um etwas zu bitten!

Marcus Porcius Cato d. Ä.

Willkür: Substantiv; wie in einer Diktatur sich nicht an Gesetze oder Regeln gebunden fühlen; machen, was man will

M2: Lucius Valerius, Volkstribun

Öffentliche Auftritte von römischen Frauen gehören zu den Ruhmestaten unserer Geschichte. Haben sich die Frauen nicht tapfer dazwischen geworfen, als Römer und Sabiner sich mitten in Rom eine Schlacht lieferten? Sind sie nicht hinausgezogen vor die Stadt und haben die feindlichen Volsker unter Coriolan zum Abzug bewogen? Und als die Gallier Rom erobert hatten, gaben die Frauen einmütig all ihren Schmuck, um das Lösegeld aufzubringen. Und man braucht doch nicht zu befürchten, dass der römische Staat in Anarchie versinkt, wenn ein Gesetz, das aus der Not geboren war, als Hannibal vor den Toren stand, nun wieder abgeschafft wird. Sollen die Männer Purpurgewänder tragen, sollen fremde Frauen in Rom mit dem Wagen fahren dürfen, und unsere Frauen nicht?

Ruhmestaten: zusammengesetztes Substantiv aus Ruhm und Taten

einmütig: Adjektiv; einig, alle gemeinsam, einer Meinung

Anarchie: Substantiv; Gesellschaft ohne Herrschaft oder herrschende Gruppen

Vorbereitende Hausaufgabe:
Lest die Texte mindestens zweimal. Schlagt Begriffe nach, die ihr nicht verstanden habt und wiederholt noch einmal *Triumvirn* und *Punische Kriege*. Recherchiert auch, was es mit den *Sabinern* auf sich hat.

Aufgaben für den Unterricht:
1. Vergleicht die beiden Quellen miteinander. Welche Meinungen haben Marcus Porcius und Lucius Valerius zu den Aufständen der Frauen? Notiert ihre Argumente und stellt sie gegenüber. Welche Position findet ihr nachvollziehbarer?
2. Auch wenn ihr nun erst diese wenigen Quellen gelesen habt: Was meint ihr, welche Rolle Frauen in der Römischen Republik gespielt haben? Notiert euch Fragen und Themen, die ihr braucht, um das besser einschätzen zu können.

DIDASKALO | Bearbeiter(in): Pauline Koester | www.didaskalo.de

Abb. 10.3 – Arbeitsblatt 2 (entstanden in einem Seminar der Freien Universität Berlin, mit freundlicher Genehmigung der Verfasserin P. K.).

Die Außenpolitik der Weimarer Republik

In der Außenpolitik der Weimarer Republik kam es zum Abschluss von drei bedeutenden Verträgen: dem Vertrag von Rapallo (1922), dem Vertragswerk von Locarno (1925) und dem Berliner Vertrag (1926). Von 1923-1929 prägte der deutsche Außenminister Gustav Stresemann so sehr die deutsche Politik, dass man von einer „Ära Stresemann" sprechen darf. Die Deutung seiner Persönlichkeit und Politik blieb lange Zeit beherrscht von konträren Urteilen. Für die Einen war Stresemann eine guter Demokrat und Europäer aus Überzeugung, für die Anderen ein doktrinärer Nationalist und Verfechter einer hemmungslosen Machtpolitik.

Gustav Stresemann (1878-1929)
Außenminister von 1923-1929

Q 1 Brief Stresemanns an Kronprinz Wilhelm, 7.9.1925:

1 Die deutsche Außenpolitik hat ... drei große Aufgaben: einmal die Lösung der Reparationsfrage in einem ... erträglichen Sinne und die Sicherung des Friedens, die Voraussetzung für die Wiedererstarkung Deutschlands
5 ist. Zweitens rechne ich dazu den Schutz der Auslands-deutschen, jener 10–12 Millionen Stammesgenossen, die jetzt unter fremdem Joch ... leben. Die dritte große Aufgabe ist die Korrektur der Ostgrenzen: die Wieder-gewinnung von Danzig, vom polnischen Korridor und
10 eine Korrektur der Grenzen in Oberschlesien. Im Hinter-grunde steht der Anschluss von Deutsch-Österreich ... Daher der Sicherheitspakt, der uns einmal den Frieden garantieren und [die] Westgrenze festlegen soll. Der Sicherheitspakt birgt andererseits den Verzicht auf ...
15 Elsass-Lothringen, [was] aber insoweit nur theoretischen Charakter hat, als keine Möglichkeit eines Krieges gegen Frankreich besteht.

(In: Informationen zur politischen Bildung, H. 261, Bonn 1998. Bearbeitet)

1. Fassen Sie Stresemanns Ziele zur deutschen Außenpolitik zusammen (Q1)!
2. Lesen Sie sich die Texte zu den Verträgen aufmerksam durch!
3. Nennen Sie die jeweils beteiligten Verhandlungs-partner (Staaten) und die Ergebnisse des jeweiligen Vertrages!
4. Begründen Sie, welche Bedeutung der jeweilige Vertrag für Deutschland hatte!

Rapallo-Vertrag: Vertrag zwischen dem Deutschen Reich und der Sowjetunion über gegenseitigen Verzicht auf Kriegsentschädigung, über diplomatische Anerkennung und wirtschaftliche Zusammenarbeit. In einem geheimen Zusatzprotokoll wurde die Zu-sammenarbeit zwischen Roter Armee und Reichs-wehr bei der Produktion und Erprobung bestimmter Waffen, die im Versailler Vertrag für Deutschland verboten waren, vereinbart. Im Berliner Vertrag 1926 wurde der Rapallo-Vertrag bestätigt und er-gänzt. (1922)

Das Vertragswerk von Locarno. Der britische Au-ßenminister Chamberlain und sein französischer Kollege Briand waren überzeugt, daß Deutschland die harten Friedensauflagen von Versailles auf Dauer nicht tragen würde. Sie suchten nach Wegen, um den deutsch-französischen Gegensatz abzu-bauen. In Deutschland war Gustav Stresemann damals (1924) Außenminister. Auch er wollte dem französischen Nachbarn entgegenkommen, weil nur so Erleichterungen für Deutschland erreichbar schienen. Es kam zu Verhandlungen, an denen neben Frankreich, Deutschland und Großbritannien auch Italien, Belgien, Polen und die Tschechoslowa-kei teilnahmen. Am 16. Oktober 1925 wurde der *Vertrag von Locarno* abgeschlossen. Deutschland, Frankreich und Belgien bestätigten die Unver-letzlichkeit der Grenzen, wie sie durch den Versail-ler Friedensvertrag festgesetzt worden waren. Deutschland akzeptierte die unbefristete Entmilitari-sierung des Rheinlandes. Weiterhin hieß es: „Deutschland und Belgien und ebenso Deutschland und Frankreich verpflichten sich gegenseitig, in keinem Falle zu einem Angriff oder zu einem Ein-fall oder zum Kriege gegeneinander zu schreiten."

Der deutsch-sowjetische Vertrag von Berlin. Nach Locarno bemühte sich die Sowjetregierung erneut um Zusicherung, daß Deutschland auch wirklich neutral bliebe, wenn Rußland gezwungen sei, Krieg zu führen; denn Rußland fühlte sich von Polen und Rumänien bedroht, die mindestens der französi-schen Unterstützung sicher waren (■■■■■). Im April 1926 kam in Berlin ein Freundschafts- und Neutralitätsvertrag zustande. Die Sowjetunion und das Deutsche Reich verpflichteten sich, neutral zu bleiben, falls einer von ihnen angegriffen würde. Deutschland sollte sich auch keiner Koalition an-schließen, die einen wirtschaftlichen oder finanziel-len Boykott der Sowjetunion anstrebte. Der Vertrag sollte zunächst für fünf Jahre gelten und dann erneuert und gegebenenfalls weiter ausgestaltet werden.

Stresemanns Außenpolitik war es gelungen, die Tür zur Aussöhnung mit den Westmächten aufzustoßen und zugleich die freundschaftlichen Beziehungen zur Sowjetunion zu stärken. Er betrieb konsequent eine Politik des Gleichgewichts und der außenpoliti-schen Sicherung für Deutschland.

Texte zu den Verträgen aus: Hug, Wolfgang (Hg.), Unsere Geschichte. Band 3, Frankfurt am Main 1986, S. 115.

Abb. 10.4 – Arbeitsblatt 3 (entstanden in einer schulpraktischen Übung an der Universität Greifswald, mit freundlicher Genehmigung der Verfasserin A.H.).

Ein gutes Arbeitsblatt zu erstellen ist schwer und ein perfektes wird es wohl nie geben. Vor allem kein Arbeitsblatt, das für alle Schülerinnen und Schüler einer Klasse in gleicher Weise perfekt ist.

Auch ist die Einschätzung, was perfekt ist und was nicht, abhängig von didaktischen Absichten und individuellen Arbeits- und Lernvoraussetzungen. All das ist nicht fest und objektiv, sondern immer verhandelbar.

Genau das kann in dieser Übung getan werden.

Es liegen drei Arbeitsblätter vor, die von Studierenden an der Universität Greifswald und der Freien Universität Berlin erstellt wurden und in Schulpraktischen Studien zum Einsatz kamen.

1| Schätzen Sie die Arbeitsblätter ein und bewerten Sie dabei sachliche, didaktische und methodische Ebene.

2| Beschreiben Sie die Art der Aufgabenstellungen.

3| Untersuchen Sie Gestaltungszusammenhänge (Kap. 5).

4| Bewerten Sie, inwieweit die Gestaltung Handhabungsmöglichkeiten unterstützt oder behindert.

5| Beurteilen Sie, wie mit diesen Impulsen historisches Lernen angeregt werden kann.

Wir haben selbstverständlich auch eigene Antworten zu diesen Fragen. Die soll Sie nicht zu sehr beeinflussen und ist schon gar nicht als Musterantwort gedacht, nach der Sie Ihre Antworten überprüfen sollen. Vielmehr wollen wir unsere Position deutlich machen, an der Sie sich auch reiben dürfen – denn: auch wenn wir uns das gerne wünschen würden, bei der Arbeitsblattgestaltung gibt es keine Patentrezepte oder Bauanleitungen.

Unser Favorit: Arbeitsblatt 2 ‚Widerstand von Frauen in der Antike'

Nein, dieses Arbeitsblatt wurde nicht von einer professionellen Gestaltungsagentur erstellt, sondern von einer BA-Studentin im 3. Semester ihres Lehramtstudiums. Aber es ist auffällig, wie angenehm es ist, das Blatt auch nur anzuschauen. Es ist übersichtlich, ausgewogen, klar gegliedert, lenkt die Aufmerksamkeit geschickt und ermöglicht so eine Orientierung geradezu auf den ersten Blick. Die Grafik ist von bester Qualität. Nichts stört hier. Alles ist zielgerichtet.

Der Blick auf Geschlechterbeziehungen ist ein immer noch unterschätztes Thema des Geschichtsunterrichts. Obwohl er den Alltag entscheidend prägt, ist die historische Auseinandersetzung im Unterricht eher eine Seltenheit. Für Kinder in der 7. Klasse beginnt das Thema auf jeden Fall an Relevanz zu gewinnen.

Die Informationen, die das Blatt anbietet, gliedern sich in drei Bereiche: Informationstext und zwei, sich eher widersprechende Quellen. Die kontextualisierende Erzählung ist ausgewogen und unaufdringlich sachlich, hält sich mit Wertung zurück, umreißt aber das Thema in größtmöglicher Breite. Dadurch hilft es, Orientierung zu geben, auch bei der Einordnung der Quellen.

Die Aufgabenstellungen sind präzise. Auch wenn man darüber diskutieren könnte, so gibt auch die Aufgabe zum Lesen als präzise Handlungsanleitung methodische Sicherheit. Auffällig ist die dabei verwendete zugängliche Sprache. Und, was selten ist – ein Glossar hilft nicht nur Schüler/innen mit DaZ-Hintergrund, die Texte zu verstehen. Die beiden Aufgaben für den Unterricht leiten zu differenzierter Erarbeitung an, zu Abwägung und Urteilsbildung. Vor allem aber stiften sie eigenständige Forschung an, das Entwerfen eines eigenen Forschungsablaufes. Hier geht es nicht ums Abarbeiten, sondern ums Denken, um lebendige Auseinandersetzung, auch mit sich selbst im Spiegel der Vergangenheit. Das ist historisches Lernen.

Nicht schlecht, aber es geht noch besser: Arbeitsblatt 3 ‚Die Außenpolitik der Weimarer Republik‘

Zu historischem Lernen gehört es auch, scheinbar Selbstverständliches zu hinterfragen, aufzubrechen, gängige Deutungen zu verunsichern und dadurch zu neu begründeter und differenzierterer Position zu gelangen. Das Arbeitsblatt zur Außenpolitik der Weimarer Republik unterläuft die vielfach anzutreffende Deutungslinie, wonach eine auf Ausgleich bedachte Außenpolitik der Weimarer Republik harmonisierend zwischen Kaiserreich und Nationalsozialismus gestanden hätte. Und dass Stresemann als Außenminister einer Republik dem Kronprinzen überhaupt eine Rechenschaft über sein Wirken gibt – das könnte Anlass zum Fragen geben. Insofern sind hier Inhalte sehr gut und weitsichtig ausgewählt, gerade weil eben nicht alles so glatt aufgeht.

Hinzu kommt, dass sehr unterschiedliche Quellen versammelt werden und auch nicht alles gleichsam auf dem Präsentierteller serviert wird.

Inhaltsauswahl und didaktische Absicht sind also sehr gelungen.

Problematisch sind eher die äußeren Zusammenhänge der Präsentation. Welche Funktion hat das Porträt Stresemanns? Sicher, es steht in Zusammenhang zur Quelle 1. Warum aber dann kein Bild vom Kronprinzen? Ja, auch der Einleitungstext spricht von der ‚Ära Stresemann‘. Aber über reine Illustration geht es nicht hinaus, eine epistemologische Funktion hat es nicht, fällt aber dafür sofort in den Blick.

Überhaupt herrscht eine recht chaotische Aufmerksamkeitsführung. Das liegt an der fehlende Rasterausrichtung der Inhalte, am Wechsel zwischen Linksbündigeit und Blocksatz, an unterschiedlichen Schrifttypen lediglich aufgrund unterschiedlicher Kopiervorlagen, unterschiedlichen Schriftgrößen ohne Funktion, handschriftlichen Ergänzungen. Q 1 ist nummeriert, die beiden anderen Quellen nicht. Die Überschrift ist, warum auch immer, mehrfach ausgezeichnet. Bezieht sich die Literaturangabe am unteren Ende der Seite auf alle Quellen, eine oder die beiden Verträge? Das alles schafft Wahrnehmungsunsicherheit und muss eben nicht sein.

Am problematischsten ist die Positionierung der Aufgabenstellung. Wie lange haben Sie gesucht, bis Sie gefunden haben, was zu tun ist? Und dabei hat es sicher eine Menge Arbeit gemacht, die unterschiedlichen Inhaltskomponenten zu kopieren, auszuschneiden, zu positionieren und zu einer neuen Kopiervorlage zu ordnen. Mit einfachster, computergestützter Verarbeitung wäre hier aber so viel zu gewinnen. Das ist ausbaufähig.

Keine Erkenntnis: Arbeitsblatt 1 ‚Verlauf der französischen Revolution'

Auf den ersten Blick wirkt Arbeitsblatt 1 sehr professionell und elaboriert. Das liegt auch daran, dass hier mit dem Diagramm eine grafische Form zum Einsatz kommt, die uns tagtäglich als Mittel von Exaktheit und Wahrheit vor Augen geführt wird und die geisteswissenschaftlichen Darstellungsformen immer mehr den Rang abgelaufen hat.

Das hier aber ist pseudoexakt. Denn: Was wird hier eigentlich abgebildet, an welcher Zahl wird die Revolutionsintensität festgemacht? An den Zahlen der Toten, den gefallenen Gewehrschüssen in Paris oder der Anzahl im Umlauf befindlicher Flugblätter?

Für Historikerinnen und Historiker, also auch alle, die für Geschichte interessiert werden sollen, ist das hier Präsentierte eine Unmöglichkeit. Es wird schon massiv eine Deutung vorgegeben: der Höhepunkt der Revolution liegt im Jahr 1794. Unseretwegen, Herr Robespierre wird sich über das posthume Kompliment freuen – aber warum ist das so? Die Revolution hat drei Phasen – warum nicht fünf oder sieben, warum überhaupt chronologisch abfolgende Phasen? Das muss doch begründet oder eine Begründung zumindest angedeutet werden – oder, was wirklich eine schöner Arbeitsauftrag wäre, kritisiert und diskutiert werden. Aber nichts dergleichen: Eine Fülle von Daten muss nicht verstanden werden, sondern lediglich von horizontaler Reihung in eine vertikale gebracht werden. Das ist sinnlos. Mit diesem Arbeitsblatt kann nicht historisch gelernt werden.

Die Arbeitsaufträge sind zwar präzise und aufeinander aufbauend, die Antwort zu Frage 2 ist aber in der Grafik schon suggeriert (Anfang – Höhepunkt – Niedergang). Frage 3 soll eventuell auslösen, was wir eben angemahnt haben, nämlich eine eigene Deutung. Dafür ist der Arbeitsauftrag auf schlechte Weise „offen", er ist unklar, was auf ihn geantwortet werden soll; auch die Antwort „Nichts." wäre eine Lösung. Hier fehlt der Operator und ein Hinweis, worauf geachtet werden soll.

Die Aufteilung der Inhalte auf dem Blatt ist eher ungünstig. Drängungen stehen unmotivierten weißen Flächen gegenüber und sorgen für eine Verlorenheit der Aufmerksamkeitsführung, auch wenn die Aufgabenstellung grundsätzlich hervorgehoben ist.

Nur eines macht dieses Arbeitsblatt recht gut: es schafft Arbeit. Hier muss etwas getan werden. Es regt Tätigkeit an. Nur ist diese Tätigkeit eben ohne jeden Nutzen, ja im schlimmsten Fall blockiert sie sogar Interesse und verstehende Auseinandersetzung mit dem Thema.

So besser nicht, sondern besser wie in den anderen beiden Beispielen.

Hinweise

Mit einigen kurzen Hinweisen wollen wir noch einmal deutlich machen, was uns wichtig ist, wie wir uns vorstellen, wie mit guten Arbeitsblättern im Geschichtsunterricht gearbeitet werden kann. Das kann im Sinne dieses Buches nicht vollständig sein. Deshalb beschränken wir uns auf 9 Hinweise. Damit hat man schon mal eine ganze Menge, aber immer noch das Gefühl, dass das noch nicht alles sein kann. Frohes Schaffen!

1. Inspirieren geht über Kopieren!

Sie sind verlockend, sie sind einfach, sie sind zeitsparend – die Arbeitsblätter von der Stange. Sei es, dass man sie gleich im Klassensatz bestellt und geliefert bekommen hat, sei es, dass die Kopiervorlage im Begleitheft zum Schulbuch vorhanden war, sei es, dass sie als gelungenes oder weniger gelungenes Beispiel in diesem Buch abgedruckt war. Sei es, dass einem ein netter Kollege ein gutes Arbeitsblatt ins Fach gelegt hat. Und natürlich: Man muss das Rad nicht neu erfinden, rund hat sich bewährt. Aber: Man wird mit diesem Arbeitsblatt nie so vertraut sein, wie mit dem selbst angefertigten. Darum ist geteiltes Arbeitsblatt oft halbes Arbeitsblatt, weil der Sinn der Arbeitsaufträge, die Widersprüche und Probleme der ausgewählten Quellen, die nötigen Zusatzinformationen zum Verfassertext eben nicht da sind – und das lädt zum oberflächlichen Bearbeiten ein. Vor allem dann, wenn das Arbeitsblatt eigentlich nur eine Verlegenheitslösung und ein Zeitersparnis ist, wird nicht das gemacht, was bei einem fremden Arbeitsblatt eigentlich zwingend nötig ist: Die geschichtswissenschaftliche, didaktische und methodische Analyse, die einen sinnvollen Einsatz erst erlaubt. Anders formuliert: Wird auch das Arbeitsblatt der anderen als Medium historischen Lernens ernst genommen, ist eine Vorbereitung seines Einsatzes nötig, die die eigentliche Zeitersparnis zunichtemacht. Darum: Inspirieren sollte man sich von vorgefertigten und übernommenen Arbeitsblättern immer gerne, insbesondere bei den Inhaltskomponenten. Sie einfach zu übernehmen ist selten eine gute Idee, sie zu diskutieren und vielleicht sogar zu kritisieren, kann hingegen sehr produktiv sein.

2. Die Arbeitsaufträge sind entscheidend!

Egal ob bei übernommenen oder bei selbst gemachten Arbeitsblättern: Alles, was sich auf dem Arbeitsblatt befindet, wird erst lebendig und zum Gegenstand der Auseinandersetzung, wenn ein Arbeitsauftrag dies anleitet. Auf die klare und knappe Formulierung sollte man also Zeit und Gehirnschmalz verwenden; das zahlt sich aus. Allerdings nur dann, wenn man einen Fehler vermeidet, den auch wir zu unserem eigenen Ärger immer wieder machen – nämlich einen anderen Arbeitsauftrag mündlich zu geben, als den, der schriftlich formuliert ist; zumeist im Glauben, das gesagt zu haben, was auf dem Arbeitsblatt auch stand. Nicht nur, dass das dauernde Überspielen des Arbeitsauftrags zur nachlässigen Beachtung schriftlich gestellter Aufgaben erzieht, was sich bei Arbeiten und Klausuren ganz böse rächen kann. Selten ist es so, dass der situative mündlich-formulierte Arbeitsauftrag es mit dem schriftlich formulierten in Sachen Präzision, Tiefgang und methodisch-didaktischer Passung aufnehmen kann. (Selbstverständlich sollte, wenn ein fehlerhafter Arbeitsauftrag erkannt wird, dieser korrigiert werden – am besten aber nicht nur mündlich durch die Lehrer/in, sondern auch schriftlich von den Schüler/innen. Sonst passen nachher Arbeitsauftrag und Ergebnis nicht zusammen). Am Sinnvollsten ist es, die Arbeitsaufträge laut vorlesen zu lassen und erst einmal zu Nachfragen aufzufordern. Dann hat sich auch die Zeit für die Formulierung gelohnt, und die Ergebnisse rechtfertigen den Zeitaufwand allemal.

3. Lehrer/innen müssen zuhause arbeiten, damit die Schüler/innen in der Schule arbeiten

Kaum ein Medium hat ähnlich revolutionär den Geschichtsunterricht verändert, wie das Arbeitsblatt. Es hat dem vorherrschenden Frontalunterricht in Form von Lehrvortrag und fragend-entwickelndem Unterricht harte Konkurrenz gemacht. Im Gegensatz zu diesen Formen, bei denen sich Schülerinnen und Schüler leicht aus dem Unterricht ausklinken können, ist das Arbeitsblatt auf totale Aktivierung aus. Das hat Unterricht intensiver und auch effektiver gemacht. Es hat die Handlungskarten im Unterricht vollkommen neu verteilt. Nahmen bis zum Aufkommen des Arbeitsblattes Lehrerinnen und Lehrer eine sichtbar dominante Rolle im Klassenraum ein, so treten sie in den letzten Jahren scheinbar in den Hintergrund und überlassen das Feld den Schülerinnen und Schülern, die es wohl oder übel einnehmen müssen. Damit dieser Konstellationswechsel funktioniert, damit Schülerinnen und Schüler im Unterricht auch arbeiten können, müssen präzise Materialien durch Lehrerinnen und Lehrer entsprechend vorbereitet werden. Und das ist zum Teil deutlich schwerer, als wenn im Unterricht flexibel agiert wird. Für ein Arbeitsblatt muss alles vorab durchdacht, strukturiert und formuliert sein. Kaum eine Unterrichtsvorbereitung ist so fixiert, wie die in einem Arbeitsblatt.

4. Lernen geht nur durch Denken!

Es ist hoffentlich deutlich geworden: Es geht uns nicht nur um Selbsttätigkeit, sondern im Rahmen schulischer Möglichkeiten – die wir unterschiedlich bewerten – auch um Selbstständigkeit. Ein Arbeitsblatt soll kein Instruktionszettel sein, sondern im besten Fall ein gelungenes Zusammenwirken verschiedener Medien, das eigenständig bearbeitet werden soll – auch mit eigenständigen Fragen, eigenem Denken, eigenen Interessen. Wohl wahr, dass sich alles drei in der Schule nicht voraussetzen lässt, genauso wahr aber, dass alles drei wohl kaum entstehen wird, wenn wir nicht zumindest versuchen, dazu anzuregen. Arbeitsaufträge, die rein reproduktiv sind, Materialien, die nur eine Frage zulassen und diese auch gleich noch beantworten, Widersprüche, die nicht diskutiert, sondern beziehungslos nebeneinander gestellt werden – das alles sind gute Ideen, Arbeitsblätter zu einem langweiligen Folterinstrument zu machen. Offenere Arbeitsaufträge, die zum Transfer, zum Selberdenken und zum Problemlösen einladen anhand von Materialien, die Fragen aufwerfen, die auch heute noch für uns relevant sind und an deren Ende ein selbstgefertigtes Produkt oder zumindest eine eigene Präsentation steht – das ist eine Arbeitsblattpraxis, die den Geschichtsunterricht nach vorne bringt.

5. Auch das Design bestimmt das Bewusstsein!

Natürlich sollte das Äußere nicht entscheidend sein. Form follows function, ganz klar. Aber lieblos gestaltete Arbeitsblätter oder schlechte Kopien vermitteln den Eindruck von Wurstigkeit. Lehrerinnen und Lehrer können kein Interesse von Schülerinnen und Schülern für Sachen verlangen, für die sie sich selbst nicht interessieren. Das gilt nicht nur für Inhalte, sondern auch für Materialien. Wer Arbeitsblätter nicht wertschätzend erstellt und behandelt, sollte sich nicht wundern, wenn sie in erster Linie als Papierschwalben Verwendung finden. Neben diesen Offensichtlichkeiten bestimmt die äußere Form aber eben auch, wie zugänglich die Funktionen sind und wie groß die Ablenkungen. Deshalb ist es keine Spielerei, wie ein Arbeitsblatt daherkommt. Um heute ein Arbeitsblatt angemessen zu gestalten, braucht es so wenig: Scanner, Bild- und Textbearbeitungsprogramm, Drucker und ein rudimentäres Verständnis von Typografie. Wer sich da noch mit grafischen Katastrophen entschuldigen will, der verdient kein Verständnis.

6. Passgenaue Lösungen sind gut, Recycling ist praktisch!

Der beste Unterricht ist nach präziser Diagnostik genau auf die Bedürfnisse, Schwächen und Stärken einer Lerngruppe abgestimmt und im besten Fall auch noch binnendifferenziert geplant und gestaltet. Das bedeutet, Abstand zu nehmen von den Arbeitsblättern, die Jahr für Jahr immer wieder hervorgekramt werden. So etwas führt nicht nur zu eigener geistiger Trägheit, sondern auch zu Wissenskanonisierung, die es so im Fach

Geschichte nicht geben kann. Das heißt nicht, dass alles, was einmal entstanden ist und eingesetzt wurde, in den Müll fliegen muss. Im Gegenteil. Wer einen Computer beherrscht, und das sollte man als Handwerkszeug von Lehrerinnen und Lehrern ansehen dürfen, der kann gespeicherte Arbeitsblätter ganz leicht modifizieren, kann Quellen austauschen, Arbeitsanweisungen anpassen. Deshalb: lieber abspeichern als abheften und vor dem erneuten Ausdrucken überprüfen, ob das Arbeitsblatt immer noch und auch der neuen Lernsituation entspricht.

7. Einmal ausgeteilt für immer vergessen – das war kein Arbeitsblatt!

Wer von Thema zu Thema springt und getrieben ist, etwas nicht zu behandeln, der hat auf jeden Fall den Grundstein für erfolgreiches Vergessen gelegt. Der darf sich aber darüber nicht wundern und hat vor allem kein Recht, die Ursache für diese schlechten Behaltensleistungen bei den Schülerinnen und Schülern zu suchen. Nachhaltigkeit kann nur das erfahren, was mehrfach auftaucht, in Strukturen eingebunden wird und immer wieder neu beleuchtet Relevanz zu entfalten vermag. Schluss mit dem Hetzen durch Stofffüllen! Das kann sich beim besten Willen niemand merken. Und Schluss auch damit, Arbeitsblätter nur zur effektiveren Bewältigung von noch mehr Stoffmengen zu verwenden. Arbeitsblätter sollten dafür da sein, dass sich Schülerinnen und Schüler intensiv mit einem Thema beschäftigen können. Ergebnissicherungsblätter, schon vor dem eigentlichen Unterricht vom Lehrer gefüllt, verlagern das Lernen in die Freizeit der Schülerinnen und Schüler. Informationsblätter sind keine Arbeitsblätter und haben ihre Berechtigung nur dann, wenn sie in irgendeiner Weise in einen Arbeitsprozess eingebunden werden. Wo die Unwirtschaftlichkeit der Blätterflut beklagt wird, da ist bereits der Hase im Pfeffer, nicht weil hier zu viele Bäume gefällt werden müssen, sondern vorrangig weil hier Unterricht nicht nachhaltig gestaltet wird.

Besser sollten Arbeitsblätter zu Lernprotokollen werden, sollten Gegenüberstellungen und Synopsen sein, die nicht nur gemeinsame Lernergebnisse festhalten, sondern auch vergleichbar mit früheren machen. Auf Arbeitsblätter sollte zurückgekommen werden, damit die Schülerinnen und Schüler auch merken, dass diese Arbeitsmaterialien wichtig sind, sie sollten ergänzt und verbessert werden, wo dies nötig oder sinnvoll ist.

8. Lieber weniger, aber besser!

Wir kennen sie alle, diese Blätter, die einen schon beim ersten Anblick erschlagen. Acht Textquellen, noch zwei schlechte Bilder, drei klitzekleine Diagramme und unten in der Ecke war ja auch noch Platz für eine Karikatur, auch wenn sie nur quer und etwas abgeschnitten auf das Blatt passte. Und wo war die Aufgabenstellung noch mal? So etwas ist deshalb so unmotivierend, weil die Arbeit, die ins Haus steht, in ihrem Umfang nicht abgesehen werden kann und das Ende in weiter Ferne scheint. Der Inhalt eines Arbeitsblatts muss schnell erfassbar sein: hier die Überschrift, da die Materialien, dort die Aufgabenstellung. Zudem bringt es nichts, wenn eine Vielzahl von Facetten nur angerissen wird. Das ist schon eine Garantie für schnelles Vergessen. Schülerinnen und Schüler sollen lernen und Lernen ist ein aktiver Prozess, der intensive Auseinandersetzung braucht. Deshalb: weniger, aber intensiver. Nur das macht Nachhaltigkeit überhaupt erst möglich.

9. Historisches Denken braucht Diskussion!

Historisches Wissen ist immer diskursives Wissen. Es wird dadurch generiert, dass man sich durch Quellen vergangene Erfahrungszusammenhänge erschließt. Dabei ist es heuristisch entscheidend, wie die Quelle zur untersuchten Vergangenheit steht, für den Prozess des Erforschens hingegen macht es keinen Unterschied, ob es sich um Überreste, Traditionen oder Sekundäres handelt. In gleicher Weise gilt: es müssen Quellen erschlossen werden, damit Erkenntnis gewonnen werden kann. Und so wie Wasser auch, ist diese Erkenntnis niemals fest und in der Hand zu halten. Denn das, was wir als Quellen haben, ist lückenhaft. Und ich betrachte und interpretiere es immer aus meiner je eigenen Perspektive. Für uns ist unsere Geschichte sinnvoll. Es werden aber andere kommen, deren Geschichte nicht ganz der meinen entspricht, die mich irritieren, mich herausfordern, mit mir streiten. Und das ist gut so. Nur in diesen Spiegeln können sich mir neue Perspektiven auftun, kann sich mein Bild verstärken oder auflösen, kann ich beginnen zu reflektieren, unter welchen Voraussetzungen ich zu Erkenntnis gelangt bin und was diese Maßstäbe taugen. Diese Dynamik erst erlaubt es mir, meine eigenen Deutungen zu hinterfragen. Nur diese Arbeit lohnt sich. Deshalb müssen Arbeitsblätter dazu anregen, dass Erarbeitung stattfinden kann, dass eigenständiges Deuten unterstützt wird, Artikulation eingefordert ist und vor allem Austausch stattfinden kann. Der ist mitunter anstrengend, sicher. Aber erst in der Kombination mit unterschiedlichen Sozialformen, die auf Kommunikation aus sind, kann überhaupt erst historisch gelernt werden. Ein Arbeitsblatt, das nur auf das isolierte Wiederkäuen vorgefertigter Deutungen aus ist, ist ein verfehltes Arbeitsblatt, eines, das hingegen zu eigenständiger Sinngenese und kommunikativer Sinndiskussion anregt, ist ein Blatt, das die Bezeichnung Arbeitsblatt verdient.

Operatoren für das Fach Geschichte in der Bundesrepublik Deutschland, Österreich und der deutschsprachigen Schweiz

Operatoren sind Arbeitsanweisungen für Schülerinnen und Schüler. Es handelt sich dabei um Verben, „die bei den SchülerInnen relativ genau vordefinierte und eintrainierte Handlungsweisen zur Bearbeitung einer gestellten Aufgabe auslösen sollen."[1] Sie sind in der Bundesrepublik Deutschland in der gymnasialen Oberstufe Pflicht, sollten aber auch schon in der Mittelstufe, sowohl in Gymnasien als auch in den Regional-, Ober- und Sekundarschulen an die Stelle der guten alten W-Fragen (wer, was, wann, wo, wie, warum) treten.

In einigen Bundesländern gibt es eine verbindliche Liste von Operatoren für das Fach Geschichte, in einigen Bundesländern fachübergreifende verbindliche Listen von Operatoren, in einigen Bundesländern haben die Listen nur Empfehlungscharakter. Die Bundesländer Berlin, Brandenburg, Rheinland-Pfalz und Sachsen-Anhalt beziehen sich auf die Einheitlichen Prüfungsanforderungen in der Abiturprüfung im Fach Geschichte (EPA). Egal ob verpflichtend oder empfehlend – die Operatoren von den offiziellen Listen sollten v. a. dort benutzt werden, wo es ein Zentralabitur gibt. Denn die Aufgaben werden mit den offiziellen Operatoren formuliert werden.

Für die Republik Österreich ist der Verbindlichkeitsgrad unklar. Die Operatoren für die deutschsprachige Schweiz folgen nicht den bundesdeutschen Anforderungsbereichen. Sie sind im Folgenden darum separat gelistet.

Die Zuordnung zu den Anforderungsbereichen ist schematisch; letztlich hängt es immer auch vom Material und der genauen Aufgabenstellung ab, ob eine Aufgabe dem AF I, II oder III zuzurechnen ist. Einigen Operatoren wird – z. B. von den Kultusministerien Hessens und Nordrhein-Westfalens, aber auch von den Einheitlichen Prüfungsanforderungen in der Abiturprüfung im Fach Geschichte[2] – nachgesagt, sie seien übergeordnete Operatoren, die alle drei Anforderungsbereiche umfassen würden. Darüber kann man streiten; sie sind jeweils mit einem * gekennzeichnet. Einige Operatoren werden in verschiedenen (Bundes-)Ländern auch verschiedenen Anforderungsbereichen zugeordnet. Diese sind mit einem ** gekennzeichnet.

---

1 Kühberger: Operatoren, S. 14
2 http://www.kmk.org/fileadmin/veroeffentlichungen_beschluesse/1989/1989_12_01-EPA-Geschichte.pdf

Einige der auf den EPA basierenden Operatoren werden in mehreren (Bundes)Ländern (A, BW, HB, HE, HH, MV, NI, TH) zum Teil mit anderem Wortlaut erklärt. Sofern der Sinn dabei nicht verändert worden ist, wurde für die vorliegende Liste die Formulierung der EPA genommen. Zudem haben einige Bundesländer (BW, HE, NI, TH) Operatoren fächerübergreifend aufgelistet, hier wurden nur die für das Fach Geschichte relevanten Operatoren mit in die vorliegende Liste aufgenommen.

Aufträge zur Informationsbeschaffung und -gestaltung *(lesen, zuhören, ansehen, unterstreichen, Informationen sammeln, etwas zusammenstellen, recherchieren* usw.) und der Ergebnissicherung *(aufschreiben, herausschreiben, notieren, Überschrift/Zwischenüberschrift/Text verfassen)* sind keinem Anforderungsbereich zugeordnet.

Für Saarland und Schleswig-Holstein konnten keine expliziten Operatoren-Listen gefunden werden. Recherchen zu diesen Bundesländern blieben erfolglos.

Anforderungsbereich I = Reproduktion		
nennen, aufzählen	=	zielgerichtet Informationen zusammentragen, ohne diese zu kommentieren. (**EPA**, A, BB, BE, BW, BY, HB, HE, HH, MV, NI, NW, RP, SN, ST, TH)
*herausarbeiten***	=	Zusammenhänge unter bestimmten Aspekten aus dem zur Verfügung gestellten Material erkennen und wiedergeben. (A)
bezeichnen, schildern, skizzieren, veranschaulichen	=	historische Sachverhalte, Probleme oder Aussagen erkennen und zutreffend formulieren. (**EPA**, A, BB, BE, BY, HB, HE, HH, MV, NI, NW, RP, SN, ST, TH)
aufzeigen, beschreiben, zusammenfassen, wiedergeben	=	historische Sachverhalte unter Beibehaltung des Sinns auf Wesentliches reduzieren. (**EPA**, A, BB, BE, BW, BY, HB, HE, MV,NI, NW, RP, SN, ST)
berechnen, ermitteln	=	Aufgaben anhand vorgegebener Daten und Sachverhalte lösen. (A, HE)
gliedern, klassifizieren, ordnen	=	Personen oder Gegenstände, Sachverhalte oder Prozesse auf der Basis ihrer Gemeinsamkeiten in Gruppen ordnen und mit entsprechenden Oberbegriffen versehen. (MV, TH)
*charakterisieren***	=	eine Epoche, eine Politik, ein System usw. in ihren Eigenarten beschreiben und diese dann unter einem bestimmten Gesichtspunkt zusammenfassen. (BW)
Weitere mögliche Operatoren im AF I: darstellen*, ergänzen, sich äußern, besprechen, berichten, herausfinden, auflisten, feststellen, in Thesen zusammenfassen, berechnen, schildern, lokalisieren, definieren, zusammenstellen ...		

Anforderungsbereich II = Reorganisation und Transfer		
analysieren, untersuchen	=	Materialien oder historische Sachverhalte kriterienorientiert/ aspektgeleitet erschließen. (**EPA**, A, BB, BE, BW, BY, HB, HE, HH, MV, NI, NW, RP, SN, ST)
anwenden	=	Modelle, Theorien, Regeln auf Sachverhalte oder Materialien übertragen. (HB, HE, MV)
auswerten	=	Daten oder Einzelergebnisse zu einer abschließenden Gesamtaussage zusammenführen. (A, HE)
begründen, nachweisen	=	Aussagen (Z.B. Urteil, These, Wertung) durch Argumente nachweisend stützen, die auf historischen Beispielen und anderen Belegen gründen. (**EPA**, BB, BE, BW, BY, HB, HE, HH, MV, NI, NW, RP, SN, ST)
*charakterisieren***	=	historische Sachverhalte in ihren Eigenarten beschreiben und diese dann unter einem bestimmten Gesichtspunkt zusammenfassen. (**EPA**, BB, BE, BY, HB, HE, HH, MV, NI, NW, RP, SN, ST; TH)
ein-, zuordnen	=	einen oder mehrere historische Sachverhalte in einen historischen Zusammenhang stellen. (**EPA**, A, BB, BE, BW, BY, HB, HE, HH, NI, NW, RP, SN, ST, TH)
erklären	=	historische Sachverhalte durch Wissen und Einsichten in einen Zusammenhang (Theorie, Modell, Regel, Gesetz, Funktionszusammenhang)einordnen und begründen. (**EPA**, A, BB, BE, BW, BY, HB, HE, HH, MV, NI, NW, RP, SN, ST, TH)
erläutern	=	wie *erklären,*aber durch zusätzliche Informationen und Beispiele verdeutlichen. (**EPA**, BB, BE, BW, BY, HB, HE, HH, MV, NI, NW, RP, SN, ST, TH)
entfalten	=	Einen Zusammenhang, einen Sachverhalt oder die eigene Position umfassend und begründet ausführen. (HB)
erstellen	=	Sachverhalte inhaltlich und methodisch angemessen graphisch darstellen und mit fachsprachlichen Begriffen beschriften (z.B. Fließschema, Diagramm, Mind Map, Wirkungsgefüge). (BW)
*herausarbeiten***, herleiten*	=	aus Materialien nicht explizit genannte historische Sachverhalte herausfinden und Zusammenhänge zwischen ihnen herstellen. (**EPA**, BB, BE, BY, HB, HE, HH, NI, NW, RP, SN, ST, TH)
kennzeichnen	=	Typisches/Auffälliges hervorheben, herausarbeiten und exakt veranschaulichen. (SN, TH)
markieren	=	zentrale Begriffe, Gedanken und Informationen in einem Text *kennzeichnen* Verbindungen zwischen gleichen und ähnlichen Aspekten verdeutlichen. (TH)

illustrieren	=	eine Aussage bzw. einen Sachverhalt mit Worten, Bildern, Diagrammen oder Beispielen veranschaulichen. (TH)
gegenüberstellen	=	wie *skizzieren* (AF I) mehrerer historische Sachverhalte und diese argumentierend gewichten. (**EPA**, BB, BE, BY, HB, HE, HH, NI, NW, RP, SN, ST)
gestalten, formulieren, verfassen	=	Sich produkt-, rollen- bzw. adressatenorientiert mit einem Problem durch Entwerfen z.B. von Reden, Streitgesprächen, Strategien, Beratungsskizzen, Szenarien oder Modellen auseinandersetzen. (HB, HE, MV)
widerlegen	=	Argumente dafür anführen, dass eine Behauptung zu Unrecht aufgestellt wird. (**EPA**, BB, BE, BY, HH, NI, NW, RP, SN, ST)
in Beziehung setzen	=	Zusammenhänge unter vorgegebenen oder selbst gewählten Gesichtspunkten begründet herstellen. (HE, MV)
nachweisen	=	Materialien auf Bekanntes hin untersuchen und belegen. (NI)
zitieren, belegen	=	Aus Material einzelne Stellen wörtlich mit Zeilenangabe wiedergeben. (SN, TH)
konspektieren	=	(knappes) Erfassen und verdichtetes Fixieren des Hauptgedankens eines Textes. Kernstellen können zitiert werden, bibliographische Angaben erforderlich. (SN)
definieren	=	die Bedeutung eines Begriffs unter Angabe eines Oberbegriffs und unveränderlicher Merkmale bestimmen. (MV, TH)
*vergleichen***	=	auf der Grundlage von Kriterien historische Sachverhalte problembezogen gegenüberstellen, um Gemeinsamkeiten, Unterschiede, Teil-Identitäten, Ähnlichkeiten, Abweichungen oder Gegensätze zu beurteilen. (A, BW, HB, HE, MV, NI)
beweisen	=	Verteidigung einer Position/eines Sachverhaltes auf Grundlage von Fakten. (MV)
*diskutieren***	=	zu einer historischen Problemstellung oder These eine Argumentation entwickeln, die zu einer begründeten Bewertung führt. (MV)
erarbeiten	=	Entwicklung von Konzepten und Darstellungen zur Verdeutlichung bestimmter Strukturen. (MV)
*prüfen**, überprüfen***	=	Aussagen (Hypothesen, Behauptungen, Urteile) an historischen Sachverhalten auf ihre Angemessenheit hin untersuchen. (MV)
zuordnen, systematisieren	=	Eingliedern einzelner Sachverhalte in größere Zusammenhänge. (MV)
Weitere mögliche Operatoren im AF II: erörtern*, sich entscheiden, übersetzen, referieren, kommentieren, unterscheiden, klären, sich verständigen, übertragen, gliedern ...		

Anforderungsbereich III = Reflexion und Problemlösung		
beurteilen	=	den Stellenwert historischer Sachverhalte in einem Zusammenhang bestimmen, um ohne persönlichen Wertbezug zu einem begründeten Sachurteil zu kommen. (**EPA**, A, BB, BE, BW, BY, HB, HE, HH, MV, NI, NW, RP, SN, ST)
bewerten, Stellung nehmen	=	wie *beurteilen*, aber mit persönlichem Wertbezug und dem Offenlegen und Begründen eigener Wertmaßstäbe, die Pluralität einschließen und zu einem Werturteil führen, das auf den Wertvorstellungen des Grundgesetzes basiert. (**EPA**, A, BB, BE, BW, BY, HB, HE, HH, MV, NI, NW, RP, SN, ST)
entwickeln	=	gewonnene Analyseergebnisse synthetisieren, um zu einer eigenen Deutung zu gelangen. (**EPA**, BB, BE, BY, HB, HE, HH, NI, NW, RP, SN, ST)
sich auseinandersetzen**, diskutieren	=	zu einer historischen Problemstellung oder These eine Argumentation entwickeln, die zu einer begründeten Bewertung führt. (**EPA**, BB, BE, BY, HB, HE, HH, MV, NI, NW, RP, SN, ST)
prüfen**, überprüfen**	=	Aussagen (Hypothesen, Behauptungen, Urteile) an historischen Sachverhalten auf ihre Angemessenheit hin untersuchen. (**EPA**, BB, BE, BW, BY, HE, HH, NI, NW, RP, SN, ST)
vergleichen**	=	auf der Grundlage von Kriterien historische Sachverhalte problembezogen gegenüberstellen, um Gemeinsamkeiten, Unterschiede, Teil-Identitäten, Ähnlichkeiten, Abweichungen oder Gegensätze zu beurteilen. (**EPA**, BB, BE, BY, HH, NW, RP, SN, ST, TH)
erschließen, schlussfolgern	=	Etwas Neues oder nicht explizit Formuliertes auf der Basis von Theorien und Modellen durch Schlussfolgerungen herleiten. (HB)
entwerfen	=	Ein begründetes Konzept für eine offene Situation erstellen und dabei die eigenen Analyseergebnisse in einen eigenständigen Beitrag einbringen. (HB)
rekonstruieren, erzählen	=	siehe unter *darstellen*. (A, TH)
reflektieren	=	Nachdenken über bestimmte Aspekte eines Textes oder Sachverhaltes und Bezugssetzung zu eigenen Handlungen, Erfahrungen und Empfindungen. (MV)
dekonstruieren	=	kritisches Durchschauen und Durchleuchten einer vorgegebenen Erzählung über die Vergangenheit und ihrer Bausteine (u.a. Bewertungen, Erzählstruktur, Fakten). (A)

Weitere mögliche Operatoren im AF III: interpretieren*, deuten, verallgemeinern, einen Vorschlag/ eine Lösung/ein Szenario entwickeln, eine Alternative vorschlagen, kritisieren, ableiten ...

Anforderungsbereich I-III, bzw. übergeordnet		
interpretieren	=	Sinnzusammenhang aus Quellen erschließen und eine begründete Stellungnahme abgeben, die auf einer Analyse, Erläuterung und Bewertung beruht. (**EPA**, A, BB, BE, BY, HB, HE, HH, MV, NI, NW, RP, SN, ST, TH)
erörtern	=	Eine These oder Problemstellung durch eine Kette von Für- und-Wider bzw. obwohl-als-auch-Argumenten auf ihren Wert und ihre Stichhaltigkeit hin abwägend prüfen und auf dieser Grundlage eine eigene Stellungnahme dazu entwickeln. Die Erörterung einer historischen Darstellung setzt deren Analyse voraus. (**EPA**, A, BB, BE, BW, BY, HB, HE, HH, MV, NI, NW, RP, SN, ST, TH)
darstellen	=	historische Entwicklungszusammenhänge und Zustände mit Hilfe von Quellenkenntnissen und Deutungen beschreiben, verdeutlichen, erklären und beurteilen. (**EPA**, A, BB, BE, BW, BY, HE, HH, MV, NI, NW, RP, SN, ST, TH)

Operatoren für die deutschsprachige Schweiz

Die Operatoren für den Geschichtsunterricht in jüngeren Jahrgängen für die deutschsprachige Schweiz folgen nicht den Anforderungsbereichen. Sie sind im Folgenden separat gelistet.

Die Welt wahrnehmen	
erfahren	Interesse und Neugierde entwickeln; etwas auf sich wirken lassen; begegnen, erleben, staunen, suchen
betrachten	Phänomene nach Gesichtspunkten anschauen
beobachten	Veränderungen, Abläufe nach Gesichtspunkten anschauen
erkennen	sich etwas vergegenwärtigen; erfassen, wiederfinden
beschreiben	darüber sprechen, formulieren, nennen, skizzieren, wiedergeben, zeichnen, aufzählen, auflisten
Fragen stellen*	Thesen/Hypothesen bilden, vermuten

Sich die Welt erschließen	
erkunden	am Original oder im Gelände nach Eindrücken, Spuren, Merkmalen suchen; Daten erheben: kartographieren, sammeln
explorieren	spielerisch an einem Problem arbeiten; ausprobieren, entdecken
laborieren	fragengeleitet arbeiten, insbesondere um Vorgehen und Methoden kennen zu lernen
untersuchen*	erforschen, fragengeleitet an einem Problem arbeiten: messen, schätzen, zählen, herausarbeiten
experimentieren	Fragen stellen, Hypothesen bilden, Experiment planen, durchführen und auswerten, schlussfolgern; Ergebnisse darstellen und reflektieren
recherchieren	Informationen erschließen*: sie auffinden, lesen, zusammentragen, verarbeiten, auswerten z.B. aus Bildern, Texten, Karten, Tabellen, Diagrammen, Grafiken; befragen, sich erkundigen
dokumentieren	berichten, entwerfen, festhalten, protokollieren, zeichnen, darstellen; Skizzen, Tabellen, Karten, Diagramme, Grafiken erstellen, zusammenfassen

Sich in der Welt orientieren	
ordnen*	Gesammeltes, Erkundetes, Ergebnisse, Informationen nach Gesichtspunkten ordnen; einordnen, zuordnen, identifizieren, kategorisieren, verorten, zusammenstellen,
vergleichen	differenzieren, gegenüberstellen, unterscheiden, überprüfen

benennen	Namen und Begriffe für Sachen, Merkmale suchen; bezeichnen, kennzeichnen, lokalisieren, charakterisieren
strukturieren*	in Beziehung setzen; in einen Zusammenhang stellen; systematisieren, vernetzen
modellieren*	in Modellen denken, Analogien bilden, Gesetzmäßigkeiten ableiten generalisieren
erzählen	zusammenhängend berichten, in eine Reihenfolge stellen und dabei Sachen, Situationen für sich klären
erklären	Sachverhalte durch zusätzliche Informationen und Beispiele verdeutlichen .und für sich klären; darlegen, erläutern, kommentieren
analysieren	abwägen, bestätigen, deuten, falsifizieren, interpretieren, schlussfolgern, verifizieren, begründen
einschätzen*	sein eigenes Verständnis ausdrücken; Stellung beziehen; argumentieren, gewichten, argumentieren
beurteilen*	sich eine eigene Meinung bilden; bewerten, Prognosen stellen
reflektieren	kritisch betrachten, nachdenken, philosophieren, hinterfragen; aus verschiedenen Perspektiven, eigene Perspektive wechseln

In der Welt handeln	
sich entscheiden	sich einbringen, sich abgrenzen
mitteilen*	austauschen*, aushandeln, diskutieren, kommunizieren, präsentieren; eigene Anliegen formulieren, schreiben, eine Rede verfassen, ein Flugblatt oder ein Plakat gestalten
entwickeln*	Ideen generieren, Lösungen suchen, entwerfen, planen, erfinden, andenken, konstruieren, gestalten
umsetzen*	anwenden, herstellen, nutzen, realisieren, zubereiten, übertragen
sich engagieren	Bewusstsein entwickeln, achten, Anteil nehmen, sich einsetzen, mitwirken, respektieren, Rücksicht nehmen, Verantwortung übernehmen, Verständnis zeigen; berücksichtigen, beachten, bedenken

* Handlungsaspekte der Grundkompetenzen für die Naturwissenschaften (nationale Bildungsstandards)

Herkunft der verschiedenen Operatoren:

Einheitliche Prüfungsanforderungen in der Abiturprüfung im Fach Geschichte (EPA): http://www.kmk.org/fileadmin/veroeffentlichungen_beschluesse/1989/1989_12_01-EPA-Geschichte.pdf

EPA-Beschluß vom 10.2.2005, wird ebenfalls genutzt von:
Berlin (BE), Brandenburg (BB), Rheinland-Pfalz (RP) und Sachsen-Anhalt (ST)

Österreich (A):
http://www.bmukk.gv.at/medienpool/21067/reifepruefung_ahs_lfgsk.pdf

Baden-Württemberg (BW):
http://lehrerfortbildung-bw.de/faecher/gwg/fb1/modul1/geo/operator/

Bayern (BY):
http://www.isb.bayern.de/

Bremen (HB):
http://www.lis.bremen.de/sixcms/media.php/13/GES_GyQ_2008.pdf

Hamburg (HH):
http://www.hamburg.de/contentblob/1788390/data/ar-geschichte.pdf

Hessen (HE): http://www.kultusministerium.hessen.de/irj/servlet/prt/portal/prtroot/
slimp.CMReader/HKM_15/HKM_Internet/med/22b/22b60044-ff6a-da01-be59-
2697ccf4e69 f.,22222222-2222-2222-2222-222222222222

Mecklenburg-Vorpommern (MV):
http://www.bildung-mv.de/export/sites/lisa/de/leseforum/lehrer/schulpraxis/gym_gade-
busch/Operatorenkarte_-_Vorlage_doppelseitig.pdf

Nordrhein-Westfalen (NW)
www.standardsicherung.nrw.de/abitur-gost/getfile.php?file=489
Niedersachsen (NI):
http://www.nibis.de/nli1/gohrgs/operatoren/operatoren_ab_2012/2009_10Ek_Ge_Po_
neu.pdf

Sachsen (SN):
http://tu-dresden.de/die_tu_dresden/fakultaeten/philosophische_fakultaet/ig/ngdg/da-teien%20ngdg/EPA.pdf

Thüringen (TH):
http://www.lernkompetenz.th.schule.de/doc/faecheruebergreifende%20Operatoren%20 und%20ihre%20Definitionen.pdf
Schweiz (CH):
Lehrplan 21, Natur, Mensch, Gesellschaft. Deutschschweizer-Erziehungsdirektoren Konferenz (D-EDK) (Hrsg.), Luzern 2013, S. 12. [orthographische Anpassung an bundesdeutschen Standard]
http://konsultation.lehrplan.ch/downloads/container/31_6_0_0_1_1.pdf (abgerufen 3.11.2013).

Webseiten zuletzt eingesehen: am 14.6.2012

Zusammenstellung: Andreas Bücker, Studentische Hilfskraft im Arbeitsbereich Didaktik der Geschichte des Historischen Instituts der Universität Paderborn, Ergänzung: Jens Leverentz, Tutor am Seminar für Geschichtsdidaktik der Goethe-Universität Frankfurt.

Im Text zitierte Literatur, Archivalien und Internetseiten

Literatur

Peter Adamski: Die didaktische Analyse. In: Michele Barricelli/Martin Lücke (Hrsg.): Handbuch Praxis des Geschichtsunterrichts, Bd. 2. Schwalbach/Ts. 2012, S. 224-237.

Peter Adamski: Gruppenarbeit und kooperatives Lernen. Gemeinsam historisch lernen. In: Geschichte lernen 123 (2008), S. 2-14.

Peter Adamski: Gruppen- und Partnerarbeit im Geschichtsunterricht. Historisches Lernen kooperativ. Schwalbach/Ts. 2010.

Peter Adamski/Markus Bernhardt: Diagnostizieren – Evaluieren – Leistungen beurteilen. In: Michele Barricelli/Martin Lücke (Hrsg.): Handbuch Praxis des Geschichtsunterrichts, Bd. 1. Schwalbach/Ts. 2012, S. 401-435.

Frede Andersen/Kaj Kingo Sörensen: Medien im Unterricht. Stuttgart 1976.

Peter Aufenanger/Petra Bauer: Interaktive Whiteboards. Neue Chancen für Lehrer, Schüler und Schüler. In: Computer + Unterricht 78/2010.

Augstein, Franziska: Woher wir kommen. Das ZDF zeigt die Geschichte der Deutschen, die seit Otto I. als Doku-Disco auf 1990 zuläuft. In: *Süddeutsche Zeitung* v. 29.10.2008, S. 15.

Karl Aschersleben: Frontalunterricht – klassisch und modern. Eine Einführung. Neuwied u. a. 1999.

Julian Barnes: Vom Ende einer Geschichte. Köln 2012.

Michele Barricelli: Problemorientierung. In: Ulrich Mayer/Hans-Jürgen Pandel/Gerhard Schneider (Hrsg.): Handbuch Methoden im Geschichtsunterricht. Schwalbach/Ts. 2007, S. 78-90.

Michele Barricelli: Schüler erzählen Geschichte. Narrative Kompetenz im Geschichtsunterricht. Schwalbach/Ts. 2005.

Michele Barricelli/Martin Lücke (Hrsg.): Handbuch Praxis des Geschichtsunterrichts, 2 Bde. Schwalbach/Ts. 2012.

Karen Bauer/Rosa Drew: Ohne Arbeitsblatt geht's auch! Praktische Alternativen zum Arbeitsblatt. Mülheim an der Ruhr 2008.

Jürgen Baumert, et al.: TIMMS – Mathematisch-naturwissenschaftlicher Unterricht im internationalen Vergleich. Deskriptive Befunde. Opladen 1997.

Ursula Becher: Schulbuch. In: Hans-Jürgen Pandel/Gerhard Schneider (Hrsg.): Handbuch Medien im Geschichtsunterricht. Schwalbach/Ts. 2010, S. 45-68.

Axel Becker/Christian Heuer: Erkenntnistheoretische Grundlagen historischen Lehrens und Lernens. In: Michele Barricelli/Martin Lücke (Hrsg.): Handbuch Praxis des Geschichtsunterrichts. Historisches Lernen in der Schule, Bd. 1. Schwalbach/Ts. 2012, S. 77-88.

Manuela Bendix: Wissenschaftliche Arbeiten typografisch gestalten. Mit Word und InDesign ans Ziel, Berlin/Heidelberg 2008.

Klaus Bergmann/Gerhard Schneider: Das Bild. In: Hans-Jürgen Pandel/Gerhard Schneider (Hrsg.): Handbuch Medien im Geschichtsunterricht. Schwalbach/Ts. 2010, S. 211-254.

Anja Besand/Wolfgang Sander: Handbuch Medien in der politischen Bildung. Schwalbach/Ts. 2010.

Heinrich Besuden: Helen Parkhurts Dalton-Plan in den Vereinigten Staaten. Oldenburg 1955.

Gert Biesta: Wider das Lernen. Die Wiedergewinnung einer Sprache für Erziehung im Zeitalter des Lernens. In: Vierteljahrsschrift für wissenschaftliche Pädagogik 84 (2008), S. 179-194.

Gerhart Binder: Widerstand. Arbeitsblätter zur Filmauswertung. Konferenz der Landesfilmdienste, Bonn 1967.

Corinna Bischoff/Gotthard Görlitz/Alfred Mühlegg: Basiswissen Mediengestaltung. Itzehoe 2008.

Horst Walter Blanke: Kontingenz. In: Ulrich Mayer, et al. (Hrsg.): Wörterbuch Geschichtsdidaktik. Schwalbach/Ts. 2006, S. 109 f.

Sigrid Blömeke, et al.: Analyse der Qualität von Aufgaben aus didaktischer und fachlicher Sicht. In: Unterrichtswissenschaft 4 (2006), S. 330-357.

Klaus Boeckmann/Norbert Heymen: Unterrichtsmedien selbst gestalten. Handbuch für Schule und Ausbildungspraxis. München 1990.

Manfred Bönsch: Funktionen und Formen individualisierender Lernmaterialien. In: Manfred Bönsch (Hrsg.): Funktionen und Formen von Lernmaterialien. Ravensburg 1976.

Bodo von Borries/Hans-Jürgen Pandel/Jörn Rüsen: Geschichtsbewußtsein empirisch. Pfaffenweiler 1991.

Bodo von Borries: Fähigkeiten zur De-Konstruktion von Geschichts-Schulbüchern. Empirische Befunde und fachdidaktische Vorschläge. In: Waltraud Schreiber/Sylvia Mebus (Hrsg.): Durchblicken. Dekonstruktion von Schulbüchern. Neuried 2006, S. 125-132.

Bodo von Borries: Das Geschichtsbewußtsein Jugendlicher. Erste repräsentative Untersuchung über Vergangenheitsdeutungen, Gegenwartswahrnehmungen und Zukunftserwartungen von Schülerinnen und Schülern in Ost- und Westdeutschland. Weinheim/München 1995.

Bodo von Borries: „Reifung" oder „Sozialisation" des Geschichtsbewußtseins? Zur Rekonstruktion einer vorschnell verschütteten Kontroverse. In: Geschichtsdidaktik 12 (1987), S. 143-159.

Philipp Breunig: Geschichtliche Arbeitsblätter. München 1978.

Jörn Brüggemann: Inwiefern beeinflussen kulturhistorische Lernarrangements die Ausprägung von literarischer Verstehenskompetenz? In: Irene Pieper/Dorothee Wieser (Hrsg.): Fachliches Wissen und literarisches Verstehen. Studien zu einer brisanten Relation. Frankfurt/M. 2012, S. 275-295.

Christina Brüning: Die Verwendung von Textquellen im Geschichtsunterricht. In: Michele Barricelli/Martin Lücke (Hrsg.): Handbuch Praxis des Geschichtsunterrichts, Bd. 2. Schwalbach/Ts. 2012, S. 92-107.

Ludger Brüning/Tobias Saum: Erfolgreich unterrichten durch Kooperatives Lernen. Strategien zur Schüleraktivierung. Essen 2006.

Oscar Bühler: Arbeitsblätter zur Gemeinschaftskunde. Stuttgart 1977 f.

B. Casper: Das Arbeitsblatt – lernförderndes oder lernhemmendes Arbeitsmittel? In: Unterrichten/erziehen (1988)

Johann Amos Comenius: Janua linguarum reserata. Sive, seminarium linguarum, et scientiarum omnium. Leipzig 1632.

Franziska Conrad: Diagnostizieren im Geschichtsunterricht. In: Geschichte lernen 116 (2007), S. 2-11.

Franziska Conrad/Elisabeth Ott: Didaktische Analyse. In: Ulrich Mayer/Hans-Jürgen Pandel/Gerhard Schneider (Hrsg.): Handbuch Methoden im Geschichstunterricht. Schwalbach/Ts. 2007, S. 561-676.

Arthur C. Danto: Analytische Philosophie der Geschichte, Frankfurt/M. 1974.

Marko Demantowsky: Die Geschichtsmethodik in der SBZ und der DDR. Ihre konzeptuelle, institutionelle und personale Konstituierung als akademische Disziplin 1945-1970. Idstein 2003.

Klaus W. Döring: Lehr- und Lernmittel. Zur Geschichte und Theorie unter besonderer Berücksichtigung der Arbeitsmittel. Weinheim 1969.

Margarete Dörr: Tafelarbeit. In: Hans-Jürgen Pandel/Gerhard Schneider (Hrsg.): Handbuch Medien im Geschichtsunterricht. Schwalbach/Ts. 2002.

Johann Gustav Droysen: Die Erhebung der Geschichte zum Rang einer Wissenschaft. In: Historische Zeitschrift 9 (1863); S. 1-22.

Johann Gustav Droysen: Historik (hrsg. v. Peter Leyh). Stuttgart 1977.

Rudolf Eckert: Das Arbeitsblatt im Unterricht. Gestaltungshilfen und Beispiele für die Grund- und Hauptschule. München 1980.

Knut Engeler: Geschichtsunterricht und Reformpädagogik. Eine Untersuchung zur Praxis des Geschichtsunterrichts an höheren Schulen der Weimarer Republik. Münster 2009.

Johann Fackelmann/Klaus Patho: Didaktisch-methodische Grundsätze für die Gestaltung, Auswahl und den Einsatz von Arbeitsblättern und Arbeitsheften. In: Seminardigest 4 (1979).

Klaus Fieberg: Horizonte. Kopiervorlagen und Lösungen Arbeitsblätter für den Geschichtsunterricht, 3 Bde. Braunschweig 2009-11.

Célestin Freinet: Schluß mit den Schulbüchern. 1925.

Claudia Funk: Grundkurs Typografie und Layout, Bonn 2005.

Hans-Georg Gadamer: Wahrheit und Methode. Grundzüge einer philosophischen Hermeneutik. Tübingen 1960.

Damien Gautier/Claire Gautier: Gestaltung, Typografie etc. Ein Handbuch. Sulgen [u. a.] 2009.

Bruno Gentner/Reinhold Kruppa (Leiter des Autorenkollektivs): Methodik Geschichtsunterricht. Berlin 1983.

Horst Gies: Das Erbe von Geschichtsmethodik und Geschichtsunterricht in der DDR. In: Horst Gies: Geschichte, Geschichtslehrer, Geschichtsunterricht. Weinheim 1998.

Horst Gies: Geschichtsunterricht. Ein Handbuch zur Unterrichtsplanung. Köln/Weimar/Wien 2004.

Renate Girmes: Schule und Gesellschaft im 21. Jahrhundert. In: Michele Barricelli/ Martin Lücke (Hrsg.): Handbuch Praxis des Geschichtsunterrichts, Bd. 1. Schwalbach/Ts. 2012, S. 42-58.

Norm Green/Kathy Green: Kooperatives Lernen im Klassenraum und im Kollegium. Das Trainingsbuch. Seelze-Velber 2009.

Waldemar Grosch: Der Einsatz digitaler Medien in historischen Lernprozessen. In: Michele Barricelli/Martin Lücke (Hrsg.): Handbuch Praxis des Geschichtsunterrichts, Bd. 2. Schwalbach/Ts. 2012, S. 125-145.

Arthur Gruber: Apparate zur Vervielfältigung von Schrift und Zeichnung. Ravensburg 1948.

Hilke Günther-Arndt: PISA und der Geschichtsunterricht. In: Hilke Günther-Arndt (Hrsg.): Geschichts-Methodik. Handbuch für die Sekundarstufe I und II. Berlin 2007, S. 254-264.

Hilke Günther-Arndt: Umrisse einer Geschichtsmethodik. In: Hilke Günther-Arndt, (Hrsg.): Geschichtsmethodik. Handbuch für die Sekundarstufe I und II. Berlin 2007.

Herbert Gudjons: Frontalunterricht – neu entdeckt. Integration in offene Unterrichtsformen. Bad Heilbrunn 2011.

Wilhelm Hagemann/Gerhard Tulodziecki: Unterrichtsplanung und Medienentwicklung. Studientexte zur Eigenerstellung von Medien durch den Lehrer. Köln 1979.

Benno Hafenegger: Bildung und Lernen in der Gesellschaft des 21. Jahrhunderts. In: Michele Barricelli/Martin Lücke (Hrsg.): Handbuch Praxis des Geschichtsunterrichts, Bd. 1. Schwalbach/Ts. 2012, S. 25-41.

Peter Hagmüller: Einführung in die Unterrichtsvorbereitung. Düsseldorf 1980.

Christoph Hamann: Bildquellen im Geschichtsunterricht. In: Michele Barricelli/Martin Lücke (Hrsg.): Handbuch Praxis des Geschichtsunterrichts, Bd. 2. Schwalbach/Ts. 2012, S. 108-124.

Christoph Hamann: Visual History und Geschichtsdidaktik. Bildkompetenz in der historisch-politischen Bildung. Herbolzheim 2007.

Norbert Hammer: Mediendesign für Studium und Beruf. Grundlagenwissen und Entwurfssystematik in Layout, Typografie und Gestaltung, Berlin/Heidelberg 2008.

Handels Arbeitsbogen für Volksschulen: Deutsche Geschichte. Arbeitsunterrichtliche Ergänzung zu jedem Schülerheft für Geschichte. Breslau 1924.

Saskia Handro/Bernd Schönemann (Hrsg.): Geschichtsdidaktische Schulbuchforschung. Münster 2011.

Georg Philipp Harsdörffer: Poetischer Trichter. Die Teutsche Dicht- und Reimkunst ohne Behuf der Lateinischen Sprache in VI. Stunden einzugiessen. Nürnberg 1648-1653.

Oswald Hauser (Hrsg.): Geschichte und Geschichtsbewußtsein. 19 Vorträge. Göttingen 1981.

Werner Heil: Kompetenzorientierter Geschichtsunterricht. Stuttgart 2010.

Gerhard Henke-Bockschatz: Forschend-entdeckendes Lernen. In: Ulrich Mayer/Hans-Jürgen Pandel/Gerhard Schneider (Hrsg.): Handbuch Methoden im Geschichtsunterricht. Schwalbach/Ts. 2004, S. 15-29.

Gerhard Henke-Bockschatz: Guter Geschichtsunterricht aus fachdidaktischer Perspektive. In: Geschichte in Wissenschaft und Unterricht, Heft 5/6 (Mai/Juni), 2011, S. 298 – 311.

Christian Heuer: Für eine neue Aufgabenkultur – Alternativen für historisches Lehren und Lernen an Hauptschulen. In: Zeitschrift für Geschichtsdidaktik 9 (2010), S. 79-97.

Christian Heuer: Kompetenzraster im Geschichtsunterricht. In: Geschichte lernen 116 (2007), S. 28-33.

Hermann Holstein: Arbeitsmittel im Unterricht. Bochum [1967].

Klaus Holzkamp: Lernen. Subjektwissenschaftliche Grundlegung. Frankfurt/M. 1993.

Hübner, Max: Methodik des Geschichtsunterrichts in preußischen Volksschulen. Breslau 1892.

Freerk Huisken: „… ich will es bis heute nicht glauben!". Rezension zu: Sabine Czerny: Was wir unseren Kindern in der Schule antun … und wie wir das ändern können", auf: http://www.fhuisken.de/Czerny.pdf, eingesehen am 27.04.2011. Langversion von: Huisken, Freerk: „Das Schulsystem zwingt uns Versager zu produzieren", *Süddeutsche Zeitung* v. 27/28.11.2010.

Achim Imlau: Die Copy-Story. Ein Streifzug durch die faszinierende Welt der Kopiersysteme. Essen 1991.

Karlheinz Ingenkamp: Zur Problematik der Jahrgangsklasse. Weinheim 1969.

Karl-Ernst Jeismann: Geschichtsbewusstsein. Überlegungen zu einer zentralen Kategorie eines neuen Ansatzes der Geschichtsdidaktik. In: Hans Süssmuth (Hrsg.): Geschichtsdidaktische Positionen. Bestandsaufnahme und Neuorientierung. Paderborn 1980, S. 179-222.

David W. Johnson/Roger T. Johnson/Edythe Johnson Holubec: Kooperatives Lernen, kooperative Schule. Tipps – Praxishilfen – Konzepte. Mülheim an der Ruhr 2005.

Siegfried Kawerau: Alter und neuer Geschichtsunterricht. Leipzig 1924.

Martin Luther King Jr.: I have a dream (hrsg. v. James M. Washington). San Fransisco 1992.

Constanze Kirchner/Georg Peez: Kreativität in der Grundschule erfolgreich fördern. Arbeitsblätter, Übungen, Unterrichtseinheiten und empirische Untersuchungsergebnisse. Braunschweig 2009.

Wolfgang Klafki: Didaktische Analyse als Kern der Unterrichtsvorbereitung. In: Heinrich Roth/Alfred Blumenthal (Hrsg.): Auswahl. Grundlegende Aufsätze aus der Zeitschrift Die Deutsche Schule. Hannover et al. 1964, S. 5-34.

Dietmar Klenke: Musik. In: Hans-Jürgen Pandel/Gerhard Schneider (Hrsg.): Handbuch Medien im Geschichtsunterricht. Schwalbach/Ts. 2002, S. 407-450.

Dagmar Klose: Die Entwicklung von Sinnbildungsniveaus historischen Lernens bei elf- und zwölfjährigen Kindern. In: Bodo von Borries/Hans-Jürgen Pandel (Hrsg.): Zur Genese historischer Denkformen. Qualitative und quantitative empirische Zugänge (Jahrbuch für Geschichtsdidaktik 4). Pfaffenweiler 1994, S. 47-97.

Carlos Kölbl: Geschichtsbewußtsein im Jugendalter. Grundzüge einer Entwicklungspsychologie historischer Sinnbildung. Münster 2004.

Andreas Körber: Graduierung von Kompetenzen. In: Michele Barricelli/Martin Lücke (Hrsg.): Handbuch Praxis des Geschichtsunterrichts, Bd. 1. Schwalbach/Ts. 2012, S. 236-254.

Lawrence Kohlberg: Zur kognitiven Entwicklung des Kindes. Drei Aufsätze. Frankfurt/M. 1974.

Ken Kolsbun: Peace. The Biography of a Symbol. Washington 2008.

Baldur Kozdon: Wird das Schulbuch im Unterricht noch gebraucht? Situationsanalyse eines Mediums. Bad Heilbrunn 1974.

Christoph Kühberger: Operatoren als strukturierende Elemente von Aufgabenstellungen für Geschichte und Sozialkunde/Politische Bildung. In: Bundesministerium für Unterricht, Kunst und Kultur: Die kompetenzorientierte Reifeprüfung – Geschichte und Sozialkunde, Politische Bildung. Wien 2011.

Christoph Kühberger: Vergangenheitsbewirtschaftung. Public History zwischen Wirtschaft und Wissenschaft. Innsbruck 2012.

Waltraud Küppers: Zur Psychologie des Geschichtsunterrichts. Bern/Stuttgart 1961.

Volker Ladenthin: Das Arbeitsblatt. In: Ingbert von Martial/Volker Ladenthin (Hrsg.): Medien im Unterricht. Grundlagen und Praxis der Mediendidaktik. Hohengehren 2002, S. 155-189.

Traute Langer-Geißler/Ulrich Lipp: Pinwand, Flipchart und Tafel. Weinheim/Basel 1994.

Claus Langheinrich: Arbeitsblätter sach- und schülergerecht gestalten. In: Lehrer-Journal (1984).

Martin Liebig: Die Infografik. Konstanz 1999.

Otwin Loeser/Werner Könings: Tafelbild, Arbeitstransparent, Arbeitsblatt im Unterricht. Eine Handreichung für Lehrende. Darmstadt 1990.

Chris Lorenz: Konstruktion der Vergangenheit. Eine Einführung in die Geschichtstheorie, Köln/Weimar/Wien 1997.

Ralf-Peter Märtin: Ist Deutschland auf der Suche nach sich selbst? Die Sehnsucht nach Geschichte und Geschichten wächst. In: *chrismon* 11/2009.

Gabriele Magull: Sprache oder Bild? Unterrichtsforschung zur Entwicklung von Geschichtsbewusstsein. Schwalbach/Ts. 2000.

Ulrich Mayer/Hans-Jürgen Pandel/Gerhard Schneider: Handbuch Methoden im Geschichtsunterricht. Schwalbach/Ts. 2007.

Otto Meißner: Arbeitsblätter. In: Werner Altmann/Otto Meißner/Helmut Zöpfl (Hrsg.): Grundbegriffe des Unterrichts und der Organisation der Schule (Handbuch der Unterrichtspraxis Bd. 1). München 1973, S. 232-255.

Otto Meißner: Die unterrichtliche Verwendung von Schulbuch und Arbeitsblatt. In: Albert Schnitzer (Hrsg.): Medien im Unterricht. Intention, Analyse, Methode. München 1977, S. 38-68.

Ernst Meyer/Wincenty Okoń: Frontalunterricht. Frankfurt/M. 1984.

Meyer, Hilbert: Was ist guter Unterricht. Berlin 2006

Hilbert Meyer/Meinert Meyer: Lob des Frontalunterrichts. In: Lernmethoden – Lehrmethoden. Friedrich-Jahresheft XVII (1997), S. 34-37.

Hilbert Meyer/Liane Paradies: Frontalunterricht lebendiger machen. Oldenburg 1993.

Oliver Näpel: Filme und Geschichte: ‚Histotainment' im Geschichtsunterricht. In: Michele Barricelli/Martin Lücke (Hrsg.): Handbuch Praxis des Geschichtsunterrichts, Bd. 2. Schwalbach/Ts. 2012, S. 146-171.

Alexander S. Neill: Neill, Neill, Birnenstiel. Erinnerungen des großen Erziehers. Reinbek 1973.

Alexander S. Neill: Das Prinzip Summerhill. Fragen und Antworten. Reinbek 1971.

Dennis Newman/Peg Griffin/Michael Cole: The construction zone. Working for cognitive change in school. Cambridge 1989.

Gotthard Niemer: Dichter als Wegbereiter des Dritten Reichs. Ein Lese- und Arbeitsbogen für die deutsche Jugend. Breslau [1935].

Friedrich Nietzsche: Vom Nutzen und Nachteil der Historie für das Leben. In: Giorgio Colli/Mazzino Montinari (Hrsg.), Nietzsche Werke. Kritische Gesamtausgabe, Bd. 3.1. Berlin/New York 1972 [zuerst 1874].

Christian Noack: Stufen der Ich-Entwicklung und Geschichtsbewußtsein. In: Bodo von Borries/Hans-Jürgen Pandel (Hrsg.): Zur Genese historischer Denkformen. Qualitative und quantitative empirische Zugänge (Jahrbuch für Geschichtsdidaktik 4). Pfaffenweiler 1994, S. 9-46.

Florian Osburg/Anneliese Ernst/Hans-Eberhard Ernst: Tafelskizzen für den Geschichtsunterricht: 260 Tafelbilder. Frankfurt/M.1994.

Hans-Jürgen Pandel: Bildinterpretation. Die Bildquelle im Geschichtsunterricht. Schwalbach/Ts. 2008.

Hans-Jürgen Pandel: Dimensionen des Geschichtsbewußtseins. Ein Versuch, seine Struktur für Empirie und Pragmatik diskutierbar zu machen. In: Geschichtsdidaktik 12 (1987), S. 130-142.

Hans-Jürgen Pandel: Zur Genese narrativer Kompetenz. In: Bodo von Borries/Hans-Jürgen Pandel (Hrsg.): Zur Genese historischer Denkformen. Qualitative und quantitative empirische Zugänge (Jahrbuch für Geschichtsdidaktik 4). Pfaffenweiler 1994, S. 99-122.

Hans-Jürgen Pandel: Geschichtsbewusstsein. In: Ulrich Mayer, et al. (Hrsg.): Wörterbuch Geschichtsdidaktik. Schwalbach/Ts. 2006, S. 69 f.

Hans-Jürgen Pandel: Geschichtsdidaktik. Eine Theorie für die Praxis. Schwalbach/Ts. 2013.

Hans-Jürgen Pandel: Geschichtsuntericht nach PISA. Kompetenzen, Bildungsstandards, Kerncurricula. Schwalbach/Ts. 2007.

Hans-Jürgen Pandel: Geschichtsunterricht in den unterschiedlichen Schulformen (insbesondere Sekundarstufe I). In: Michele Barricelli/Martin Lücke (Hrsg.): Handbuch Praxis des Geschichtsunterrichts, Bd. 1. Schwalbach/Ts. 2012, S. 167-175.

Hans-Jürgen Pandel: Historisches Erzählen. Narrativität im Geschichtsunterricht, Schwalbach/Ts. 2010.

Hans-Jürgen Pandel/Gerhard Schneider (Hrsg.): Handbuch Medien im Geschichtsunterricht. Schwalbach/Ts. 2010.

Hans-Jürgen Pandel: Quelleninterpretation. Schwalbach/Ts. 2003.

Hans-Jürgen Pandel: Sozialformen. In: Klaus Bergmann, et al. (Hrsg.): Handbuch der Geschichtsdidaktik. Seelze-Velber 1997, S. 389-399.

Falko Peschel: Offener Unterricht. Idee, Realität, Perspektive und ein praxiserprobtes Konzept zur Diskussion. Teil I: Allgemeindidaktische Überlegungen. Baltmannsweiler 2002.

Joachim Pfennig: Geräte und Verfahren der Kopiertechnik und ihre Anwendungsmöglichkeiten in Bibliotheken. Köln 1971.

Jean Piaget/Bärbel Inhelder: Die Psychologie des Kindes. Olten 1972.

Susanne Popp/Michael Wobring: Der europäische Bildersaal. Bilder, die Geschichte machen. Schwalbach/Ts. 2011.

Leopold von Ranke: Sämtliche Werke, Bd. 33/34. Leipzig 1885.

Sandra Rendgen/Julius Wiedemann: Information Graphics. Köln 2012.

Joachim Rohlfes: Geschichte und ihre Didaktik, Göttingen 1986.

Heinrich Roth: Kind und Geschichte. Psychologische Voraussetzungen des Geschichtsunterrichts in der Volksschule. München 1968.

Axel Rühe: „Ja Mei". In: Süddeutsche Zeitung v. 7. Mai 2012, S. 11.

Jörn Rüsen: Einleitung. In: Jörn Rüsen (Hrsg.): Geschichtsbewußtsein. Psychologische Grundlagen, Entwicklungskonzepte, empirische Befunde. Köln/Weimar/Wien 2001, S. 1-13.

Jörn Rüsen: Historisches Lernen. Grundlagen und Paradigmen. Schwalbach/Ts. 2008.

Jörn Rüsen: Historisches Lernen. In: Klaus Bergmann, et al. (Hrsg.): Handbuch der Geschichtsdidaktik. Seelze-Velber 1997, S. 261-265.

Jörn Rüsen: Die vier Typen historischen Erzählens. In: Jörn Rüsen (Hrsg.): Zeit und Sinn. Strategien historischen Denkens. Frankfurt/M. 1990, S. 153-230.

Michael Sauer: Bilder im Geschichtsunterricht. Seelze-Velber 2007.

Michael Sauer: Geschichte unterrichten. Eine Einführung in die Didaktik und Methodik. Seelze-Velber 2009.

Michael Sauer: Medien im Geschichtsunterricht. In: Michele Barricelli/Martin Lücke (Hrsg.): Handbuch Praxis des Geschichtsunterrichts, Bd. 2. Schwalbach/Ts. 2012, S. 85-91.

Theodore Sauer: Arbeitsblätter gestalten – blitzschnell mit Word. Deutsch in Klasse 1-4. Donauwörth 2008.

Horst Schaub: Entwicklungspsychologische Grundlagen für historisches Lernen in der Grundschule. In: Waltraud Schreiber (Hrsg.): Erste Begegnungen mit Geschichte. Grundlagen historischen Lernens, Bd. 1. Neuried 1999, S. 215-251.

Jürgen Schlieszeit: Whiteboard-Konzepte. In: Computer + Unterricht 78/2010.

Wolfgang Schmale: Schreib-Guide Geschichte. Schritt für Schritt wissenschaftliches Schreiben lernen. Köln/Weimar/Wien 2006.

Gerhard Schneider: Die Arbeit mit schriftlichen Quellen. In: Hans-Jürgen Pandel/Gerhard Schneider (Hrsg.): Handbuch Medien im Geschichtsunterricht. Schwalbach/Ts. 2010, S. 15-40.

Gerhard Schneider: Filme. In: Hans-Jürgen Pandel/Gerhard Schneider (Hrsg.): Handbuch Medien im Geschichtsunterricht. Schwalbach/Ts. 2002, S. 365-386.

Rolf Schörken: Historische Imagination und Geschichtsdidaktik. Paderborn 1994.

Johann Matthias Schrökh: Lehrbuch der allgemeinen Weltgeschichte zum Gebrauche bey dem ersten Unterrichte der Jugend. Berlin/Stettin 1774.

Gerhard Schoebe: Quellen, Quellen, Quellen … Polemik gegen ein weit verbreitetes Unterrichtskonzept. In: Geschichte in Wissenschaft und Unterricht 34 (1983), S. 298-317.

Bernd Schönemann/Holger Thünemann/Meik Zülsdorf-Kersting: Was können Abiturienten? Zugleich ein Beitrag zur Debatte über Kompetenzen und Standards im Fach Geschichte. Berlin 2010.

Waltraud Schreiber/Sylvia Mebus (Hrsg.): Durchblicken. Dekonstruktion von Schulbüchern. Neuried 2006.

W. Schumann: Die Verwendung von Arbeitsblättern. In: Pädagogische Welt (1986).

W. Schumann: Unterricht ohne Arbeitsblatt? In: Lehrer-Journal (1987).

Senatsverwaltung für Bildung, Jugend und Sport Berlin: Rahmenlehrplan für die Sekundarstufe I Geschichte. Berlin 2006.

M. Seinfeld: Ästhetische und funktionale Gestaltung von Arbeitsblättern und Hefteinträgen. In: Lehrer-Journal (1984).

Bernd Siegler: Rechtsextremismus in der DDR und den neuen Ländern. In Jens Mecklenburg (Hrsg.): Handbuch Deutscher Rechtsextremismus. Berlin 1996, S. 616-638.

Ständige Konferenz der Kultusminister der Länder in der Bundesrepublik Deutschland: Einheitliche Prüfungsanforderungen in der Abiturprüfung Geschichte. Beschluss vom 1.12.1989 in der Fassung vom 10.2.2005 (München 2005).

Jürgen Straub: Geschichten erzählen, Geschichte bilden. Grundzüge einer narrativen Psychologie historischer Sinnbildung. In: Jürgen Straub (Hrsg.): Erzählung, Identität und historisches Bewußtsein. Die psychologische Konstruktion von Zeit und Geschichte. Frankfurt/M. 1998, S. 81-169.

Wulfhild Sydow: Das Hörspiel. In: Hans-Jürgen Pandel/Gerhard Schneider (Hrsg.): Handbuch Medien im Geschichtsunterricht. Schwalbach/Ts. 2002, S. 483-506.

Ernst-Günther Tange: Sag's mit Biß. Das Wörterbuch der boshaften Definitionen. Frankfurt/M. 1985.

Renate Teepe: Umgang mit dem Schulbuch. In: Ulrich Mayer/Hans-Jürgen Pandel/ Gerhard Schneider (Hrsg.): Handbuch Methoden im Geschichtsunterricht. Schwalbach/Ts. 2004, S. 255-268.

Christian K. Tischner: Historische Reden im Geschichtsunterricht. Schwalbach/Ts. 2008.

Bernhard Treeck: Das große Graffiti-Lexikon. Berlin 2001.

Gerhard Tulodziecki: Neue Medien und Schule. Paderborn 1997.

Gerhard Tulodziecki: Medien in Erziehung und Bildung: Grundlagen und Beispiele einer handlungs- und entwicklungsorientierten Medienpädagogik. Bad Heilbrunn 1997.

Gerhard Tulodziecki/Bardo Herzig: Mediendidaktik: Medien in Lehr- und Lernprozessen. Stuttgart 2004.

Uwe Uffelmann: Problemorientierter Geschichtsunterricht. Grundlegung und Konkretionen. Villingen-Schwenningen 1990.

Verband der Geschichtslehrer Deutschlands: Bildungsstandards Geschichte (Sekundarstufe I), 2011.

Bärbel Völkel: „Steinzeitmänner gingen auf die Jagd, die Frauen wuschen Wäsche." Kategorien und Prinzipien historischen Denkens in Schüleräußerungen erkennen. In: Geschichte lernen 116 (2007), S. 46-53.

Bernd Wagner (Hrsg.): Handbuch Rechtsextremismus. Netzwerke, Parteien, Organisationen, Ideologiezentren, Medien. Hamburg 1994

Bernd Wagner: Rechtsextremismus und kulturelle Subversion in den neuen Ländern. Berlin 1998.

Karlheiz Weißmann: Das Hakenkreuz. Symbol eines Jahrhunderts. Schnellroda 2006.

Walter Wellenhofer: Das Arbeitsblatt als Lernhilfe. In: Hauptschulmagazin (1987).

Walter Wellenhofer: Arbeitsblatt. In: Ludwig Eckinger/Heinz-Jürgen Ipfling (Hrsg.): Handbuch für Lehrer und Erzieher. München 1987.

Walter Wellenhofer: Das Arbeitsblatt auf dem Prüfstand. In: Unterrichten/erziehen (1988).

Walter Wellenhofer: Didaktische Grundlagen und Gestaltungsprinzipien des Arbeistblattes. In: Pädagogische Welt (1979).

Walter Wellenhofer: Didaktische, lernpsychologische und methodische Aspekte zur Beurteilung und Bewertung von Arbeitsblättern. In: Monatshefte für die Unterrichtspraxis (1979).

Walter Wellenhofer: Grundlagen einer modernen Arbeitsblatt-Praxis: Ziele, Konzeptionen, Möglichkeiten, Grenzen. München 1991.

Walter Wellenhofer: Unterricht heute. Aufgaben – Möglichkeiten – Probleme. Ainring 1997.

Günter Wettstädt: Vertretungsstunden Geschichte [bisher 3 Bde.] Stuttgart 2002-5.

Birgit Wenzel: Aufgaben im Geschichtsunterricht. In: Hilke Günther-Arndt (Hrsg.): Geschichts-Methodik. Handbuch für die Sekundarstufe I und II. Berlin 2007, S. 77-86.

Birgit Wenzel: Aufgaben(kultur) und neuere Prüfungsformen. In: Michele Barricelli/ Martin Lücke (Hrsg.): Handbuch Praxis des Geschichtsunterrichts, Bd. 2. Schwalbach/Ts. 2012, S. 23-36.

Hayden White: Auch Klio dichtet oder Die Fiktion des Faktischen. Studien zur Tropologie des historischen Diskurses. Stuttgart 1986.

Hans Peter Willberg/Friedrich Forssmann: Erste Hilfe Typografie. Ratgeber für Gestaltung mit Schrift. Mainz 2009.

Franz Wich: Das große Buch der Schultafel. Halle 2008.

Beate Wischer/Matthias Trautmann: Innere Differenzierung als reformerischer Hoffnungsträger? Eine einführende Problemskizze zu Leerstellen und ungelösten Fragen. In: Thorsten Bohl, et al. (Hrsg.): Binnendifferenzierung. Didaktische Grundlagen und Forschungsergebnisse zur Binnendifferenzierung im Unterricht. Immenhausen 2012, S. 24-39.

Hartmann Wunderer: „Nichts veraltet heute schneller als Wissen". Probleme und Profile des Geschichtsunterrichts in der gymnasialen Oberstufe. In: Geschichte lernen 68 (1999), S. 9-16.

Hartmann Wunderer: Tondokumente. In: Hans-Jürgen Pandel/Gerhard Schneider (Hrsg.): Handbuch Medien im Geschichtsunterricht. Schwalbach/Ts. 2002, S. 468-482.

R. Würth: Der Einsatz von Schulbuch und Arbeitsblatt im Geschichtsunterricht. In: Pädagogische Welt (1979).

Archivalien

Schriften zu Deutschlands Erneuerung, „Zur Einführung" (Berliner Staatsbibliothek, Kinder- und Jugendbuchabteilung, BII, 331ᵃ- 1/20), Breslau o. J. [verm. 1935]

Schriften zu Deutschlands Erneuerung, „Zur Einführung" (Berliner Staatsbibliothek, Kinder- und Jugendbuchabteilung, BII, 331 1/30).Brelau o. J. [verm. 1937]

Broermann, Karl: Andreas Hofer, Ferdinand v. Schill. Zwei deutsche Freiheitskämpfer. Schöninghs Arbeitsbogen für den Deutschen Gesamtunterricht, Nr. 4. (Berliner Staatsbibliothek, Kinder- und Jugendbuchabteilung, B X 122).Paderborn o. J. [verm. 1934].

Internetseiten

www.politikgeschichte.net

www.4teachers.de

www.meinunterricht.de

http://de.wikipedia.org/wiki/Matrizendrucker

ZEIT-Infografik Nr. 145. http://images.zeit.de/wissen/2012-03/Infografik-Graffiti.pdf
(aufgerufen am 09.04.2012)

http://www.zitate-online.de/sprueche/historische-personen/19829/geschichte-ist-die-luege-auf-die-man-sich-geeinigt-hat.html

http://www.br.de/radio/bayern2/sendungen/zuendfunk/regener_interview100.html

http://www.kmk.org/fileadmin/veroeffentlichungen_beschluesse/2009/2009_11_28-Fotokopieren-an-Schulen.pdf

http://lehrerfortbildung-bw.de/faecher/gwg/fb1/modul1/geo/operator/

http://www.isb.bayern.de/

http://www.kmk.org/fileadmin/veroeffentlichungen_beschluesse/1989/1989_12_01-EPA-Geschichte.pdf

http://www.lis.bremen.de/sixcms/media.php/13/GES_GyQ_2008.pdf

http://www.hamburg.de/contentblob/1788390/data/ar-geschichte.pdf

http://www.kultusministerium.hessen.de/irj/servlet/prt/portal/prtroot/slimp.CMReader/HKM_15/HKM_Internet/med/22b/22b60044-ff6a-da01-be59-2697ccf4e69f., 22222222-2222-2222-2222-222222222222

http://www.bildung-mv.de/export/sites/lisa/de/leseforum/lehrer/schulpraxis/gym_gadebusch/Operatorenkarte_-_Vorlage_doppelseitig.pdf

http://db2.nibis.de/1db/cuvo/datei/kc_gym_gesch_08_nib.pdf

http://www.nibis.de/nli1/gohrgs/operatoren/operatoren_ab_2012/2009_10Ek_Ge_Po_neu.pdf

http://www.bmukk.gv.at/medienpool/21067/reifepruefung_ahs_lfgsk.pdf

http://tu-dresden.de/die_tu_dresden/fakultaeten/philosophische_fakultaet/ig/ngdg/dateien%20ngdg/EPA.pdf

http://www.lernkompetenz.th.schule.de/doc/faecheruebergreifende%20Operatoren%20und%20ihre%20Definitionen.pdf

http://www.byzantium1200.com

http://www.iegmaps.de

www.informationisbeautiful.net

www.heymat.hu-berlin.de/sarrazin2010/

www.didaskalo.de

WOCHEN SCHAU VERLAG

Geschichte unterrichten

Ulrich Schnakenberg

Geschichte in Karikaturen II

Karikaturen als Quelle 1900-1945

Der Band präsentiert eine frische, unverbrauchte Auswahl von 50 internationalen Top-Karikaturen der Jahre 1900 bis 1945 – vom Imperialismus über die Weltkriege bis zur Wirtschafts- und Sozialgeschichte.

Wie sein Vorgänger bietet „Geschichte in Karikaturen II" so die Möglichkeit, zentrale lehrplanrelevante Themen innovativ und abwechslungsreich einzuführen, zu erarbeiten oder zu wiederholen. Die thematisch gruppierten Karikaturen eignen sich auch zum Einsatz im Rahmen des Stationenlernens sowie zu arbeitsteiligen Wiederholung zentraler Themen im Vorfeld der Abiturprüfungen.

„Geschichte in Karikaturen" enthält zahlreiche ausländische – vor allem angelsächsische – Karikaturen und ist somit auch für den bilingualen Geschichtsunterricht verwendbar.

Die knappen und übersichtlichen Hinweise, Interpretationen und Arbeitsvorschläge im Doppelseitenprinzip direkt neben der Karikatur ermöglichen der Lehrkraft eine schnelle Orientierung ohne lange Vorbereitung.

ISBN 978-3-89974998-4
112 S., € 24,80

Dr. Ulrich Schnakenberg, geb. 1975, Studienrat für Englisch, Politik und Geschichte an einem Gymnasium in Moers; seit 2006 regelmäßig Lehraufträge; seine Arbeitsschwerpunkte sind u.a. bilingualer Unterricht und Karikaturenforschung

Vom selben Autor erschienen:
Geschichte in Karikaturen I.
Karikaturen als Quelle 1945 bis heute
ISBN 978-3-89974651-8
112 S., € 24,80

Die Karikatur im Geschichtsunterricht
ISBN 978-3-89974757-7
176 S., € 14,80

www.wochenschau-verlag.de    www.facebook.com/ wochenschau.verlag   @wochenschau-ver

Adolf-Damaschke-Str. 10, 65824 Schwalbach/Ts., Tel.: 06196/86065, Fax: 06196/86060, info@wochenschau-verlag.de

WOCHEN SCHAU VERLAG
... ein Begriff für politische Bildung

METHODEN
HISTORISCHEN
LERNENS

Ulrich Schnakenberg

Die Karikatur
im Geschichtsunterricht

Wie kein zweites Medium lädt die Karikatur als authentische zeitgenössische Quelle zum Entdecken, Rätseln und Denken ein. Gerade durch die oft einseitigen und zugespitzten Sichtweisen der Zeichner auf „die" Vergangenheit wird der Konstruktcharakter von Geschichte deutlich. Karikaturen eigen sich somit hervorragend, historische Frage-, Sach-, Methoden- und Urteilskompetenz als die zentralen im Geschichtsunterricht zu erwerbenden Fähigkeiten und Fertigkeiten herauszubilden.

ISBN 978-3-89974757-7, 176 S., € 14,80

Aus dem Inhalt:

I. Theoretischer Teil

   Einleitung • Kurze illustrierte Geschichte der Karikatur • Medientheoretische Überlegungen • Geschichtsdidaktische Überlegungen zum Einsatz der politischen Karikatur: Das Lernpotential von Karikaturen im Geschichtsunterricht • Karikaturen im Geschichtsschulbuch

II. Praktischer Teil

   Die Karikatur im Geschichtsunterricht: Hinweise zum Umgang mit einer anspruchsvollen Gattung • Unterrichtspraktische Beispiele zur Einsatzmöglichkeit von Karikaturen

www.wochenschau-verlag.de  www.facebook.com/ wochenschau.verlag @wochenschau-ver

Adolf-Damaschke-Str.10,65824 Schwalbach/Ts.,Tel.:06196/86065, Fax:06196/86060, info@wochenschau-verlag.de